财务业务一体化实训教程

（用友U8 V10.1）微课版（第2版）

孙莲香 主 编

刘兆军 安玉琴 副主编

清华大学出版社

北 京

内容简介

本书是校企合作、理实一体并集线下学习与训练和线上微视频学习于一体的立体化教材。书中以用友ERP-U8 V10.1版软件为蓝本，由企业中富有经验的ERP管理软件的应用人员和学校的教师一起，将企业典型的购销存业务转化为教学任务，以企业真实工作为载体，进而以业务驱动财务、业财融合的任务驱动式教学方式，讲解ERP管理软件中财务与业务一体化管理软件的应用方法；以工学结合为切入点，实现理实一体的“学中做”和“做中学”。

本书共分为6章(其中包括18个上机任务)和两个综合实验，集学习、单项训练、综合训练(小组合作、综合实训)为一体。全书中18个教学任务均以微课的形式进行了讲解，学习者可以通过手机扫码即时进行学习，使学习无处不在。

本书教学资源丰富，实现了教材和资源的立体化链接，为泛在的、移动的、翻转的学习提供基础条件。

本书可作为职业院校大数据与会计专业、会计信息管理专业、财务管理专业、审计专业及相关经济管理专业会计信息系统应用相关课程的教材，也适用于欲掌握ERP软件应用的人员使用。

图书在版编目(CIP)数据

财务业务一体化实训教程：用友U8 V10.1：微课版/孙莲香主编. —2版. —北京：清华大学出版社，2022.5（2024. 2重印）

ISBN 978-7-302-60793-9

Ⅰ. ①财… Ⅱ. ①孙… Ⅲ. ①财务软件—教材 Ⅳ. ①F232

中国版本图书馆CIP数据核字(2022)第073033号

责任编辑：刘金喜
封面设计：常雪影
版式设计：孔祥峰
责任校对：成凤进
责任印制：曹婉颖

出版发行：清华大学出版社
网　　址：https://www.tup.com.cn，https://www.wqxuetang.com
地　　址：北京清华大学学研大厦A座　　邮　　编：100084
社 总 机：010-83470000　　邮　　购：010-62786544
投稿与读者服务：010-62776969，c-service@tup.tsinghua.edu.cn
质 量 反 馈：010-62772015，zhiliang@tup.tsinghua.edu.cn
印 装 者：三河市铭诚印务有限公司
经　　销：全国新华书店
开　　本：185mm×260mm　　印　　张：14.75　　字　　数：370千字
版　　次：2019年4月第1版　　2022年6月第2版　　印　　次：2024年2月第2次印刷
定　　价：59.00元

产品编号：097890-01

前言

党的二十大报告指出："我们要坚持教育优先发展、科技自立自强、人才引领驱动，加快建设教育强国、科技强国、人才强国，坚持为党育人、为国育才，全面提高人才自主培养质量，着力造就拔尖创新人才，聚天下英才而用之。"社会的高质量发展，离不开人才的高质量培养。人才的培养要时刻结合当代社会的变化与改革，随着社会市场就业结构以及就业领域职业岗位规范的变动而变化。

国家教育事业发展"十四五"规划提出，我国在"十四五"期间，要完成"构建适应技能中国建设需要的职业教育技术体系"，"深化职业教育改革创新，大力培养技术技能人才"的重大任务。为了完成国家教育发展"十四五"规划的重大任务，职业教育应更加重视创新型、复核型、应用型和技术技能型人才培养，为全面建设社会主义现代化国家提供有力人才和技能支撑。

本书贯彻党的二十大精神，遵照国家教育事业发展"十四五"规划刚要，全面落实立德树人根本任务。为了达到培养适合企业需要的会计信息化专门人才的目标，本书编写人员集中优势资源，以工学结合为切入点，根据课程内容和学生特点，精心打造了这一立体化、微课型教材。本书的编写目标是，强化会计信息化基础能力、核心专业技术应用能力和一般关键能力，使学生不仅能够掌握ERP企业管理软件中财务与业务一体化的基本操作技能，同时还能够学到会计工作岗位之间的业务衔接关系和内部控制要求，从而完成理论转向实践、单项技能向综合技能的过渡。

本书针对用友U8 V10.1中财务与购销存业务的基本知识和操作方法进行介绍，能够使学生系统地学习会计信息系统的结构及数据联系，企业组织架构的建立，采购管理、销售管理、库存管理和存货核算业务处理的基本工作原理及会计核算与管理的全部工作过程。

本书共分为6章，共计18个上机任务和两个综合实验。每一章以任务驱动方式进行"做中学""学中做"，每个具体任务都录制了操作和讲解的视频，学生可以随时随地扫码学习。在完成任务的过程中还及时列出相应的知识要点，以拓展学习内容，引起学生的注意。由此可以看出，本书注重理论与实践相结合，针对职业教育学生的认知特点，由浅入深，循序渐进，不仅能够完成基本任务，还可以有更多的拓展空间，有效地激发学生学习的主动性和积极性，培养学生的学习能力。本书充分满足了会计信息化专门人才培养的需要，突出了理论教学构筑学生的知识结构、实践教学构筑学生的职业技能结构的教学原则。

为满足学生针对不同内容进行训练的需要，我们对书中的18个上机任务和两个综合实验的数据都进行了备份，课堂上可以任意选取所要完成的教学任务，不必因为数据准备不充分，而不能自由选取教学内容。为了满足教师教学的需要，我们为教师设计了从教学计划、教学大纲、电子教案到电子课件的全部教学资料。

本书主要特色

(1) 校企双元合作开发优质教材。

本书的编写人员共12人，其中4位来自企业，分别是赵政、郭莹、刘金和高弘，均为用友ERP和畅捷通T3软件的应用人才；另8位来自院校，分别是主编孙莲香，副主编刘兆军和安玉琴，参编鲍东梅、梁润平、周梅、秦竞楠和宁小博，均为会计信息系统应用课程的专职教师。另外，来自用友软件、畅捷通软件和软件应用单位的陈江北、王皎、刘金秋、赵笛等对案例的制作提供了第一手资料和建议。在全体编写人员充分调研和论证的基础上，以用友ERP-U8 V10.1版软件为蓝本，以企业真实案例为载体，将企业的实际工作任务转化为学习型的教学任务。校企双元合作，开发适合职业教育的优质教材。

(2) 理实一体、知识技能齐头并进。

本书一方面注重对ERP理论和原理的学习，另一方面注重对学生动手实践能力的培养和检验，以工学结合为切入点，通过单项训练和综合实验，真正做到“做中学”“学中做”“教学做”一体化，全面实现理实一体的综合能力的全方位培养和训练，使得知识和技能齐头并进。

(3) 学习内容以工作任务为引领。

书中以一个完整的案例贯穿始终，将案例分为18个工作任务，全面学习以业务驱动财务的财务业务一体化的会计核算与业务处理，实现课程内容教学设计与工作任务的紧密融合。

(4) 内容组织以工作流程为载体。

书中将企业典型的购销存业务按照业务流程划分，注重数据流程和业务流程的学习和应用，全方位进行购销存业务处理的单项训练及系统间的流程管控训练。感受企业多角色、多部门、多系统共同完成会计核算和业务处理的会计信息化，真正认知企业中各部门之间的协同和分工，领悟企业内部控制的重要性。

(5) 利用信息技术改变教学形态。

在信息技术带来教育技术变革的时代，教育信息化迅速改变课堂教学形态，因此，升级教材和资源的立体化链接势在必行。编者对书中的18个学习训练任务均分步骤制作了微视频，实现扫码即时学习，使得学习无处不在。

(6) 符合技术技能人才培养规律。

本书以职业能力培养为核心，兼顾职业道德培养和职业技能的训练，通过单项训练及综合实验的教学内容和教学设计，提升学生的职业认知和团队协作能力；在书中的18个学习任务之后共配有一百多个拓展任务，可以有效地拓展学生的学习范畴，激发学生学习的主动性和积极性。本书从理论知识的学习到任务导入—单项训练—拓展任务再分小组综合实验，最后进行财务业务一体化的综合实验，符合技术技能人才的培养规律。

(7) 提供教学资源满足教学需要。

本书为教师和学生配备了全面的教学资源，包括：教师备课用的教学计划、教学大纲、电子教案和电子课件(教学用PPT)，用友ERP-U8 V10.1教学版软件，分阶段上课及学生学习用的账套备份，以及为每个教学任务制作的操作微视频(讲解每个案例的处理方法)，这些教学资源能够很好地满足教学需要。

服务邮箱：476371891@qq.com

编 者

2023年8月

教学资源使用说明

为便于教学和自学，本书提供了以下资源：

- 用友U8 V10.1软件(教学版)；
- 实验账套备份；
- 微课操作视频；
- 教学计划、教学大纲；
- PPT课件、电子教案；
- 实训练习。

上述资源存放在百度网盘上，读者可通过扫描下方二维码获取相应链接地址。

教学资源下载

本书微课视频也通过二维码的形式呈现在了纸质教材上，读者可用移动终端扫码播放。

读者若因链接问题出现资源无法下载等情况，请致电010-62784096，也可发邮件至服务邮箱476371891@qq.com。

目录

第1章 会计信息系统的结构、数据联系及实施过程

主要任务

在系统学习ERP企业管理软件中财务与业务一体化的原理和业务处理方法之前，应全面了解会计信息系统的结构及数据关系，主要包括会计信息系统的总体结构、财务系统与业务系统的数据联系及会计信息系统的实施过程。

会计信息系统，是指由会计软件及其运行所依赖的软硬件环境组成的集合体，是一个对会计数据进行采集、存储、加工、传输并输出大量会计信息的系统。它通过输入原始凭证和记账凭证，运用本身特有的一套方法，从价值方面对本单位的生产经营活动及经营成果进行全面、连续和系统的定量描述，并将账簿、报表和计划分析等输出反馈给各有关部门，为企业的经营活动和决策活动提供帮助，为投资人、债权人、政府部门提供会计信息，以便更加有效地组织和运用现有资金。

会计信息系统作为企业管理信息系统的一个重要组成部分，其开发与使用的最终目标就是满足企业现代化管理的需要，这就是说，在特定时期开发出来的会计信息系统，其结构与功能必须适应特定时期的企业管理体制。另外，计算机管理系统的开发与应用也会在一定程度上改变企业手工业务处理流程，促进企业管理的规范化和现代化，使企业管理进入一个更高层次。为了全面了解财务业务一体化的解决方案，应首先了解会计信息系统的总体结构、数据联系及会计信息系统的实施过程，有的放矢地进行财务业务一体化解决方案的设计和实施。

思政园地

作为新时代青年，我们应能适应信息技术的不断发展、管理理念的不断更新和完善的市场要求，提高自己的信息化管理水平，与时俱进，勇于探索。要培养爱国情怀、改革精神和创新能力，深入学习理论，提升思维层次，把自己打造成为应用型、技能型、复合型人才，为社会主义现代化建设贡献自己的力量。

1.1 会计信息系统的总体结构

会计信息系统的总体结构，是指一个完整的会计软件由哪几个子系统组成，每个子系统具有哪些功能，以及各子系统之间的相互关系等。

会计信息系统是随着信息技术革命和会计学科的发展逐步发展和完善的。早期的会计信息系统所包含的子系统非常少，主要包括工资核算、总账、报表等子系统；每个子系统的功能相对比较简单，主要是帮助财会人员完成记账、算账、报账等基本核算业务。随着信息技术的革命和会计学科的发展，有越来越多新的信息技术(如网络技术)应用于会计信息系统；与此同时，随着会计改革的不断深入，越来越多的先进会计管理理论和管理方法也不断加入会计信息系统中，使会计信息系统功能不断丰富和完善。到目前为止，会计信息系统已经从核算型发展成为管理型，它涵盖供、产、销、人、财、物及决策分析等企业经济活动的各个领域，功能不断完善，子系统不断扩展，基本满足了各行各业会计核算和管理的需要。

由于企业性质、行业特点及会计核算和管理的需求不同，会计信息系统所包含的内容不尽相同，其子系统的划分也不尽相同。一般认为，会计信息系统由三大系统组成，即财务系统、购销存系统、管理分析系统，每个系统又进一步分解为若干个子系统。

1.1.1 财务系统

财务系统主要包括总账子系统、工资子系统、固定资产子系统、应收子系统、应付子系统、成本子系统、报表子系统和资金管理子系统等。

1. 总账子系统

总账子系统以凭证为原始数据，通过凭证输入和处理，完成记账和结账、银行对账、账簿查询及打印输出，以及系统服务和数据管理等工作。近年来，随着用户对会计信息系统需求的不断提高和软件开发公司对总账子系统的不断完善，许多商品化总账子系统已经增加了个人往来款核算和管理、部门核算和管理、项目核算和管理及现金银行管理等功能。

2. 工资子系统

工资子系统以职工个人的原始工资数据为基础，完成计算职工工资，汇总和分配工资费用，计算个人所得税，查询、统计和打印各种工资表，自动编制工资费用分配转账凭证传递给账务处理等功能。工资子系统实现了对企业人力资源的部分管理。

3. 固定资产子系统

固定资产子系统主要是对设备进行管理：存储和管理固定资产卡片，灵活地进行增加、删除、修改、查询、打印、统计与汇总；进行固定资产的变动核算，输入固定资产增减变动或项目内容变化的原始凭证后，自动登记固定资产明细账，更新固定资产卡片；完成计提折旧和分配，产生“折旧计提及分配明细表”“固定资产综合指标统计表”等；费用分配转账凭证可自动转入账务处理等系统，灵活地查询、统计和打印各种账表。

4. 应收子系统

应收子系统完成对各种应收账款的登记、核销工作；动态反映各客户信息及应收账款信息；进行账龄分析和坏账估计；提供详细的客户和产品的统计分析，帮助财会人员有效地管理应收款。

5. 应付子系统

应付子系统完成对各种应付账款的登记、核销及应付账款的分析预测工作；及时分析各种流动负债的数额及偿还流动负债所需的资金；提供详细的供应商和产品的统计分析，帮助财会人员有效地管理应付款。

6. 成本子系统

成本子系统根据成本核算的要求，通过用户对成本核算对象的定义、对成本核算方法的选择，以及对各种费用分配方法的选择，自动对从其他系统传递的数据或用户手工录入的数据进行汇总计算，输出用户需要的成本核算结果或其他统计资料。

随着企业成本管理意识的增强，很多商品化成本子系统还增加了成本分析和成本预测功能，以满足会计核算的事前预测、事中控制和事后分析的需要。成本分析功能可以对分批核算的产品进行追踪分析，计算部门的内部利润，与历史数据进行对比分析，分析计划成本与实际成本的差异。成本预测功能运用移动平均、年度平均增长率，对部门总成本和任意产量的产品成本进行预测，以满足企业经营决策的需要。

7. 报表子系统

报表子系统主要根据会计核算数据(如账务处理子系统产生的总账及明细账等数据)完成各种会计报表的编制与汇总工作；生成各种内部报表、外部报表及汇总报表；根据报表数据生成各种分析表和分析图等。

随着网络技术的发展，报表子系统能够利用现代网络通信技术，为行业型、集团型用户解决远程报表的汇总、数据传输、检索查询和分析处理等功能，既可用于主管单位又可用于基层单位，支持多级单位逐级上报、汇总的应用。

8. 资金管理子系统

随着市场经济的不断发展，资金管理越来越受到企业管理者的重视，为了满足资金管理的需求，目前有些商品化软件提供了资金管理子系统。资金管理子系统可实现工业企业或商业企业、事业单位等对资金管理的需求。它以银行提供的单据、企业内部单据和凭证等为依据，记录资金业务及其他涉及资金管理方面的业务；处理对内、对外的收款、付款、转账等业务；提供逐笔计息管理功能，实现每笔资金的管理；实现往来存贷资金的管理；提供各单据的动态查询情况及各类统计分析报表。

1.1.2 购销存系统

购销存系统又称为业务处理系统或供应链管理系统，主要包括采购子系统、销售子系统、库存子系统和存货子系统。

1. 采购子系统

采购子系统根据企业采购业务管理和采购成本核算的实际需要，制订采购计划，对采购订单、采购到货及入库状况进行全程管理，为采购部门和财务部门提供准确及时的信息，辅助管理决策。有很多商品化会计软件将采购子系统和应付子系统合并为一个子系统——采购与应付子系统，以更好地实现采购与应付业务的无缝连接。

2. 销售子系统

销售子系统以销售业务为主线，兼顾辅助业务管理，实现销售业务管理与核算一体化。销售子系统一般和存货中的产成品核算相联系，实现对销售收入、销售成本、销售费用、销售税金、销售利润的核算；生成产成品收发结存汇总表等表格；生成产品销售明细账等账簿；自动编制机制凭证供总账子系统使用。

有很多商品化会计软件将销售子系统和应收子系统合并为一个子系统——销售与应收子系统，以更好地实现销售与应收业务的无缝连接。

3. 库存子系统

库存子系统对材料或库存商品的出库、产成品或库存商品的入库及存货的盘盈入库和盘亏出库等存货出入库进行业务处理，并将业务处理的结果传递到存货核算系统，进而在存货核算系统中进行存货入库成本和出库成本的计算及账务处理。

4. 存货子系统

存货子系统主要针对企业存货的收发存业务进行核算，是对业务处理结果进行会计核算与管理的一个子系统，是连接财务系统与购销存系统的纽带。在存货子系统中可掌握存货的耗用情况，及时准确地把各类存货成本归集到各成本项目和成本对象上，为企业的成本核算提供基础数据；可动态反映存货资金的增减变动，提供存货资金周转和占用的分析，为降低库存、减少资金积压、加速资金周转提供决策依据。

1.1.3 管理分析系统

随着会计管理理论的不断发展和在企业会计实务中的不断应用，人们越来越意识到会计管理的重要性，对会计信息系统提出了更高的要求：它不仅要能满足会计核算的需要，还应能满足会计管理的需要，即在经济活动的全过程进行事前预测、事中控制、事后分析，为企业管理和决策提供支持。管理分析系统一般包括财务分析、流动资金管理、投资决策、筹资决策、利润分析和销售预测、财务计划、查询、决策支持等子系统。

目前，我国商品化管理分析系统并不完善，很多子系统的开发还未进行，有些正处于开发阶段。因此，下面简单介绍几个已经使用的基本子系统的功能。

1. 财务分析子系统

财务分析子系统的功能包括：从会计数据库中提取数据，运用各种专门的分析方法对财务数据做进一步的加工，生成各种分析和评价企业财务状况和经营成果的信息；编制预算和计划，并考核预算计划的执行情况。

2. 查询子系统

查询子系统是企业管理人员科学、实用、有效地进行企业管理和决策的一个重要帮手。它可以从各子系统中提取数据，并对数据进一步加工、整理、分析和研究，按照管理者的要求提取有用信息(如资金快报、现金流量表、费用分析表、计划执行情况报告、信息统计表和部门收支分析表等)，并以最直观的表格和图形显示。在网络计算机会计信息系统中，管理者还可以及时、全面地了解企业的财务状况和经营成果。

3. 决策支持子系统

决策支持子系统利用现代计算机、通信技术和决策分析方法，通过建立数据库和决策模型，向企业的决策者提供及时、可靠的财务、业务等信息，帮助决策者对未来经营方向和目标进行量化分析和论证，从而对企业生产经营活动做出科学的决策。

以上所述会计信息系统的总体结构，即会计信息系统包括哪些子系统，各子系统的基本功能等。然而，由于不同单位所处的行业不同，会计核算和管理需求也不同，因此，其会计信息系统的总体结构和应用方案也不尽相同。在建立会计信息系统时，应根据行业特点和企业规模来具体考虑会计信息系统的结构和应用方案。

1.2　财务系统与业务系统的数据联系

在会计数据集中处理阶段，财务系统与业务系统在会计信息系统中进行集成化管理，形成财务业务一体化的管理模式。在系统中可以最大限度地实现会计核算、会计管理与购销存业务处理的全面核算和管理，平滑地实现各系统之间的数据传递。

财务系统的功能模块主要包括总账管理系统、工资管理系统、固定资产管理系统、应收款管理系统、应付款管理系统、存货核算系统、报表系统和财务分析系统等。

业务系统的功能模块主要包括采购管理系统、销售管理系统和库存管理系统等。

1.2.1　总账系统与其他各子系统之间的联系

总账系统是会计信息系统的核心，其他各子系统都是总账系统的补充。总账系统主要以会计凭证为数据处理对象，因此，它与其他各子系统之间的数据联系主要表现为会计凭证数据的传递，以满足登记总账和明细账的需要。总账系统与其他各子系统的联系如图1-1所示。

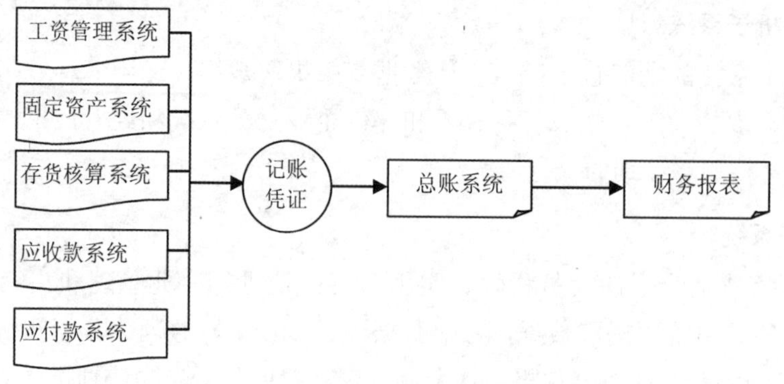

图1-1　总账系统与其他各子系统的联系

总账系统与其他各子系统之间的联系主要表现为：总账系统接收工资管理系统、固定资产系统、应收款系统、应付款系统及存货核算系统生成的记账凭证，再将记账凭证的结果记账后生成相应的财务报表。

1.2.2　总账系统与存货核算系统的数据联系

存货核算系统是连接财务管理系统和业务处理系统的枢纽。存货核算系统与企业的采购系统、销售系统及库存系统均有着直接的数据传递关系，存货核算系统接收各业务系统传递过来的单据，对各种单据进行记账处理，核算各种存货成本并生成记账凭证，最后将凭证传递到总账管理系统。

总账系统与存货核算系统的联系如图1-2所示。

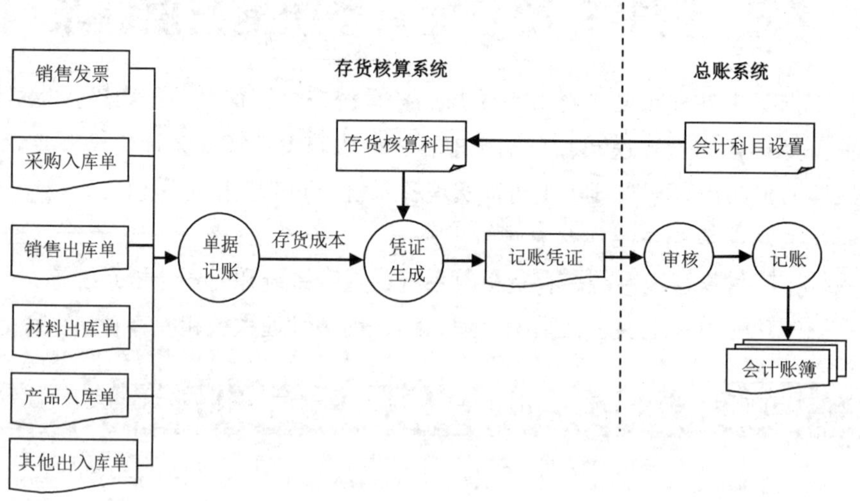

图1-2　总账系统与存货核算系统的联系

存货核算系统与总账系统的关系表现在存货核算系统将库存系统的销售发票、采购入库单、销售出库单、材料出库单、产品入库单和其他出入库单等单据进行记账处理，生成记账凭证传递到总账系统，在总账系统中对存货核算系统传递过来的记账凭证进行审核、记账处理，最后形成有关的账表资料。

1.3　会计信息系统的实施过程

会计信息系统的建设是一个系统工程，是企业会计信息系统建设工作的具体实施过程。会计信息系统的建设除配备计算机等硬件设备、操作系统和会计软件外，还需要进行组织规划，建立会计信息系统工作机构，完善计算机硬件、软件管理制度和进行人员培训等。

1.3.1　会计信息系统的计划与组织

制定会计信息系统的组织是指适应电算化的需要，设置企业电算化的机构并调整原有会计部门的内部组织。会计信息系统的组织工作涉及企业内部的各个方面，需要人力、物力和财力等多项资源。因此，必须由企业管理者或总会计师制定会计信息系统发展规划和管理制度、组织会计信息系统的建立和财务人员培训，并负责会计信息系统投入运行的组织策划机构。

在会计信息系统的具体实施过程中，必须制订详细的实施计划，对在一定时期内要完成的工作有一个具体安排。企业财会部门是会计工作的主要承担者，负责制订会计信息系统的具体实施计划和方案。在制订会计信息系统的实施计划时，应从企业的具体情况出发，按照循序渐进、分步实施的原则进行，有计划、有步骤地安排实施机构和人员的配置、计算机设备的购置、软件的开发和购置，以及其他相关费用的预算安排等，使企业能从整体上合理安排人力、物力和财力。

1.3.2　配备计算机硬件和相应软件

1. 计算机硬件

计算机硬件包括主机、显示器、打印机和键盘等，配备计算机硬件是指会计电算化所需硬件系统的构成模式，目前主要有单机系统、多用户系统和计算机网络系统等模式。

单机系统是指整个系统中只配置一台计算机和相应的外部设备，所使用的计算机一般为微型计算机，同一时刻只能供一个用户使用。单机系统具有投资规模小、见效快的特点，适合会计电算化初期或核算简单、经济和技术力量比较薄弱的小型单位；但其可靠性比较差，不利于设备、数据共享。

多用户系统适用于会计业务量大、地理分布集中、资金雄厚且具有一定系统维护力量的大中型企事业单位。多用户系统配置一台主机和多个终端，数据可由各终端同时输入，主机对数据集中处理，可以很好地实现数据共享，提高了系统效率且具有良好的安全性。

计算机网络系统包括文件服务器(File Servers，FS)网络结构、客户机/服务器(Client/Server，C/S)网络结构和浏览器/服务器(Browser/Server，B/S)网络体系。网络系统具有在网络范围内实现硬件、软件和数据的共享，以及费用低、传输速度快、易维护、使用方便、可靠性高等优点，正被越来越多的实现电算化的企业采用。

2. 系统软件

系统软件是指与计算机硬件直接联系，提供用户使用的软件，它担负着扩充计算机功能、合理调用计算机资源的任务。系统软件是保证会计信息系统正常运行的基础软件。采用单机系统的企业，可选用Windows操作系统；采用多用户系统的企业，可选用UNIX、Linux作为操作系统；采用计算机网络系统的企业，可选用Windows网络系统或Novell公司的Netware操作系统。

系统软件的选择还应考虑汉字操作系统的选择、软件与所选计算机的兼容性、数据处理能力等是否满足本单位需要，以及性价比等诸多因素。

3. 会计软件

会计软件是指企业使用的，专门用于会计核算、财务管理的计算机软件、软件系统或其功能模块。会计软件具有以下功能：为会计核算、财务管理直接采集数据；生成会计凭证、账簿、报表等会计资料；对会计资料进行转换、输出、分析、利用。借助会计软件，可以运用计算机强大的运算、存储和逻辑判断功能对原始会计数据进行加工、储存处理，输出各种有用的会计信息资料。会计电算化工作也由此变成了会计数据的输入、处理及输出这样一个简单的过程，即输入会计数据，依托会计软件对会计数据进行处理，最后输出会计信息，从而可以基本上实现会计数据处理的自动化，并使会计数据处理的精度和速度有很大的提高。

一般来说，配备会计软件主要有购买通用商品化会计软件、定点开发、选择通用商品化会计软件与定点开发相结合3种方式。

商品化会计软件是指专门对外销售的会计软件。通用商品化会计软件一般具有成本低、见效快、质量高和维护有保证等优点，适用于会计业务较简单的小型企事业单位；大中型企事业单位会计业务一般有其特殊要求，可根据实际工作需要，选择定点开发的模式，以满足企业的特殊需要；对于通用会计软件不能完全满足企业特殊核算与管理要求的，可结合通用会计软件定点开发部分配套的模块，选择通用商品化会计软件与定点开发相结合的方式。

通常软件市场有很多会计软件可供用户进行选择。另外，在外购会计软件与自制会计软件的方案之间进行选择时，用户也需要对可供选择的软件做了解和比较。

在选择商品化会计软件时，一般应考虑以下因素。

(1) 要购买原版的会计软件：这是因为多数商品化会计软件厂家只对原版软件进行维护。许多商品化会计软件厂家对其软件进行了加密，若购买了其拷贝件，有可能会出现软件中的数据丢失、变化等情况，甚至会引入计算机病毒，不能保证会计工作的正常运行。

(2) 功能要求：会计软件的功能应符合行业的特点，满足企业具体核算与管理的要求，尤其要看商品化会计软件是否对外提供有接口，以及接口是否符合要求。因为商品化软件是通用软件，企业有时会根据自身的特点和需要增加一些特殊功能，或者要对软件进行二次开发，这需要会计软件的接口满足连接的要求。

(3) 配置要求：应根据自己系统的目标及企业条件，选择有适当配置要求的会计软件。

(4) 文档资料：文档资料提供的优势和多少，决定了用户对系统开发人员的依赖程度。

第一，最基本的文档资料是用户操作手册，又称为使用说明书，它应该尽量详细地介绍系统功能和用户的操作步骤及系统对操作的反应，以便用户熟悉会计软件的使用，并排除某些操作产生的故障。第二，文档资料中应有会计软件系统运行时产生的凭证、账簿和报表等的样本资料，以便用户判断新系统的功能是否满足自己的需要。第三，文档资料中最好能有对系统的测试方案，以便用户验证系统的功能与控制能力。

(5) 售后服务：购买商品化会计软件比购买其他设备或物资需要更多的售后服务。因此，企业在购买会计软件之前，必须得到售后服务的承诺，要考察软件售后服务情况，包括技术支持、用户培训、软件资料、版本升级等方面。

(6) 软件价格：一般来说，商品化会计软件的购置费用包括软件费用、技术培训费、维护服务费、安装费及其他配套费用。在购买时，应比较几家供应商的会计软件价格，并考虑软件的性价比，对软件做出综合评价。

1.3.3　人员培训

会计信息系统中的人才问题是发展会计事业的关键因素。会计信息系统的建设不仅需要会计和计算机方面的专门人才，更需要既懂会计又懂计算机技术的复合型人才。培养会计电算化人才应分层次进行，可分为高级、中级、初级3个层次。

(1) 高级人才的培养：可以通过在高等学校设置研究生课程，培养出掌握计算机专业、会计专业、会计信息系统和企业管理信息系统开发方法等多学科知识的高级会计电算化人才和管理人才，能够进行会计软件的分析和设计。

(2) 中级人才的培养：培养中级人才的目的是通过学习掌握计算机和会计专业知识，使他们能够了解会计信息系统和企业管理信息系统的开发过程，可对计算机系统环境进行一般维护，对会计核算信息进行简单的分析和利用。

(3) 初级人才的培养：财会人员通过初级培训，应掌握计算机和会计核算软件的基本操作技能，了解会计核算软件的基本工作原理和过程。

1.3.4　建立会计信息系统管理制度

建立会计信息系统必须制定相应的岗位责任制度、操作管理制度及会计档案管理制度等，以适应会计信息系统管理的要求。

1.3.5　计算机代替手工记账

实现会计电算化是为了用计算机替代手工操作，甩掉手工账。计算机代替手工记账是指用会计软件输入会计数据，由计算机对会计数据进行处理，并打印输出会计账簿和报表。但甩账问题是一个比较复杂的问题，若处理不好，则有可能使会计工作产生混乱或造成数据丢失，给企业带来损失。因此，在从手工核算转向电算化核算的衔接和过渡阶段，必须具备一定的基本条件，具体如下。

(1) 要建立完整的会计电算化内部管理制度，配备专门或主要用于会计核算工作的计算机或计算机终端，并配有熟练的专职或兼职操作人员。

(2) 要建立会计电算化岗位责任制，明确每个工作岗位的职责范围，定人员、定岗位、明确职责、各司其职，以利于会计电算化工作的程序化和规范化。

(3) 要进行商品化会计软件的试运行，在试运行期间对会计业务工作进行一次全面清理，建立会计科目体系，统一账、证、表的格式，规定操作过程和核算方法，彻底解决遗留问题，为设计电算化方式下的核算方案做好准备，保证进入电算化系统的各种会计数据的准确性。

(4) 要使用电算化会计核算信息系统完成日常会计核算工作，并做好电算化会计核算体系及各种方案、程序和制度的检验与调整工作。

在计算机替代手工记账之前应首先采用计算机与手工并行。计算机与手工并行是指人工与计算机同时进行会计业务处理的过程。并行起始时间应放在年初或季初，并行时间应为3个月以上。并行期间应以手工核算为主，计算机核算为辅，如果核算结果不一致，要查明原因并纠正错误。在试运行的最后阶段，应逐步将工作重心转移到计算机核算上来，为彻底甩掉手工账做好准备。

计算机替代手工记账是实现会计电算化的目的之一，也是会计软件试运行的最终结果。一般情况下，系统软件应与手工处理并行3个月以上，并有完整的与手工处理一致的会计数据，才能甩掉手工账，进入正式运行阶段。

第2章 基础准备

功能概述

为了满足企业运行ERP企业管理软件的需要，应在运行ERP企业管理软件之前，根据企业的需要和软件的功能，做好软件运行前的基础准备。其内容主要是建立账套信息及整理各种分类档案资料，进而建立各种分类档案。只有做好科学且符合企业实际需要的基础准备才能确保企业会计核算、业务处理和会计管理的顺利进行。基础准备工作的内容主要包括系统管理和基础设置。系统管理的主要功能是对企业管理软件的各个产品进行统一的操作管理和数据维护；基础设置的内容主要包括各种分类及档案的建立。

1. 系统管理的主要内容

(1) 账套管理

账套指的是一组相互关联的数据，每一个企业(或每一个独立核算部门)的数据在系统内部都体现为一个账套。账套管理包括账套的建立、修改、恢复和备份等。

(2) 年度账管理

在用友ERP-U8企业管理软件中，用户不仅可以建立多个账套，而且每个账套中还可以存放不同年度的会计数据。这样，对不同核算单位、不同时期的数据只需要设置相应的系统路径，就可以方便地进行操作。年度账管理包括年度账的建立、清空、引入、输出和结转上年数据等。

(3) 操作员及其权限管理

为了保证系统及数据的安全与保密，系统管理中提供了操作员及操作权限的集中管理功能。通过对系统操作分工和权限的管理，一方面可以避免与业务无关的人员进入系统；另一方面可以对系统所包含的各个子产品的操作进行协调，以保证各负其责，流程顺畅。操作权限的集中管理包括设定系统各模块的操作员及为操作员分配一定的权限。

2. 基础设置的主要内容

一个账套可以由多个子系统组成，这些子系统共享公用的基础信息。在启用新账套时，应根据企业的实际情况及业务要求，先手工整理出一份基础资料，而后将这些资料按照要求录入系统中，以便完成系统的初始建账工作。基础设置的内容较多，主要包括部门档案、人员类别、职员档案、客户分类、客户档案、供应商分类及供应商档案等。

主要任务

系统地学习系统管理和基础设置的主要内容和操作方法。能够在系统管理中设置操作员、建立账套和设置操作员权限；能够进行企业所需要的各种基础设置；能够熟练地进行账套的备份和恢复。

思政园地

通过对设置操作员及操作员权限重要性的认知，我们要树立规范、严谨、细致、科学的会计信息化管理人员的行为意识，进一步提高业务素养和道德品质，增强规则意识，树立诚信观念，能够为自己的会计行为和对外提供的会计信息负责，保证会计信息的合法性、真实性、及时性和完整性。

2.1 系统管理

用友ERP-U8企业管理软件由多个子系统组成，各子系统都是为同一个主体的不同方面服务的。各子系统之间既相互独立，又相互联系，协同运作，共同完成一体化的会计核算与管理工作。为了实现一体化的管理应用模式，要求各个子系统具备公用的基础信息，拥有相同的账套和年度账，操作员和操作权限集中管理，所有数据共用一个数据库。因此，为了完成全面的系统服务，系统中设立了系统管理、基础设置等功能，为各子系统提供统一的环境，对ERP企业管理软件所属的各个系统进行统一的操作管理和数据维护，最终实现财务、业务的一体化管理。

2.1.1 启动并注册系统管理

启动系统管理的操作包括启动系统管理模块并进行注册，即登录进入系统管理模块。系统允许用户以系统管理员admin的身份，或者以账套主管的身份注册进入系统管理。由于第一次运行该软件时还没有建立核算单位的账套，因此，在建立账套前应由系统默认的管理员admin进行登录，此时并没有为管理员admin设置口令，即其密码为空，为了保证系统的安全性，可以更改系统管理员的密码。

2.1.2 用户设置

为了保证系统及数据的安全与保密，系统提供了角色管理和用户管理功能，以便在计算机系统上进行操作分工及权限控制。

角色是指在企业管理中拥有某一类职能的组织，该组织可以是实际的部门，也可以是由拥有同一类职能的人构成的虚拟组织，如实际工作中最常见的会计和出纳两个角色。在设置角色后即可定义角色的权限，当用户归属某一角色后，就相应地拥有了该角色的权限。设置角色可以根据职能统一进行权限划分，方便授权。角色的管理包括角色的增加、删除、修改等维护工作，在系统中根据实际工作的需要预置了相应的角色，企业在设置用户时可以直接选择相应的角色。

用户是指有权登录系统，对应用系统进行操作的人员，即通常意义上的“操作员”。每次注册登录系统，都要进行用户身份的合法性检查。只有设置了具体的用户之后，才能进行相关的操作。

2.1.3 账套设置

“账套”在会计上是指一个独立的核算主体，而在系统中则指一组相互关联的账务数据。只有事先建立好账套，才能在该账套的空间范围内展开企业的业务。一般来说，可以为一个企业设置一个账套，也可以为企业中每一个独立核算的单位建立一个账套，系统最多可以建立999个套账。其中“999”账套是系统内置的演示账套。

1. 建立账套

建立账套，即采用ERP企业管理软件为本企业建立一套账簿文件，根据企业的具体情况进行账套参数设置，主要包括账套编号、账套名称、核算单位名称、所属行业、启用时间、编码规则等基础参数。账套参数决定了系统的数据输入、处理、输出的内容和形式。

2. 备份账套

由于计算机在运行时经常会受到来自各方面因素的干扰，如人的因素、硬件的因素、软件或计算机病毒因素等，有时会造成会计数据被破坏。因此，系统管理中提供了账套“备份”功能。

账套备份也叫账套输出，就是将软件所产生的会计数据备份到硬盘、U盘或其他存储介质中保存起来。其目的是把备份的文件作为一种会计档案资料长期保存，预防因意外事故造成的会计数据丢失、被非法篡改和破坏，通过备份数据的引入或恢复，使系统数据得到尽快恢复，以保证业务正常进行。

在备份账套时，如果该账套已经过时或不需要了，则要删除该备份的账套，可以选择“删除”选项将账套删除。

3. 恢复账套

账套恢复也叫账套引入，是指把U盘或硬盘等存储介质上的备份数据恢复到当前系统中。账套恢复(或数据恢复)的目的是：当硬盘数据被破坏或需要查询历史数据时，将U盘或其他存储介质上的备份数据恢复到硬盘中。系统还允许将系统外某账套数据恢复到本系统中，从而有利于集团公司的操作。例如，子公司的账套数据可以定期被恢复到母公司系统中，以便进行有关账套数据的分析和合并等工作。

2.1.4 系统启用

系统启用是指启用用友ERP-U8应用系统中的各子系统，并设定其开始使用的日期。只有启用后的子系统才能登录。

系统启用有两种方法：一是在系统管理中创建账套时启用系统，即当用户创建一个新的账套后，系统弹出“是否立即启用账套”提示信息，可以选择立即进行系统启用设置；二是在账套建立完成后，由账套主管登录到“企业应用平台”，在“企业应用平台”|“基础设置”|“基本信息”|“系统启用”功能中进行系统启用。子系统的启用可以不在同一期间，例如，可以在电算化的应用初期只启用总账子系统，等到应用成熟后，再逐步启用工资、固定资产、供应链的各模块。为了保证月份数据的完整性，建议在一般情况下，将子系统的启用日期放在月初，同时，该日期不得早于建账日期。

2.1.5 操作员权限设置

为了保证权责清晰和企业经营数据的安全与保密，满足企业内部控制的需要，应对系统内的操作人员进行分工，设置各自的操作权限。财务分工在ERP企业管理软件中主要体现在两个功能上：系统管理中的操作员权限设置和总账模块中的明细权限设置。

操作员权限设置功能是指对已设置的操作员进行赋权。只有系统管理员和该账套的账套主管才有权进行权限设置，但两者的权限又有所区别。系统管理员可以指定某账套的账套主管，还可以对各个账套的操作员进行权限设置。而账套主管只可以对所管辖账套的操作员进行权限指定，不能指定其他账套主管。

明细权限设置功能是指对总账模块中各操作员的凭证审核、科目制单及明细账查询打印等明细权限进行设定。例如，可以限制某操作员只能利用某些会计科目来制单，而其他科目则不能使用，通过明细权限的设置来实施更严格的控制和管理。明细权限的设置是对操作员权限设置的补充。

1. 增加操作员权限

操作员在设置完以后，并不能直接进行系统操作，因为他们没有任何系统操作的权力，除非得到一定的授权。操作员的赋权工作实际上包括对账套主管的指定和对非账套主管人员的赋权。账套主管由系统管理员指定后，默认在该账套内拥有所有的权限；而非账套主管人员的赋权工作，需要按照模块的功能逐一指定，即先选择某一个模块，再增加该模块下的各种功能权限。

实际工作中，权限的分工非常重要。在信息系统中，主要通过权限的分配来进行部门和岗位的分工及形成相互之间的牵制。科学合理的权限分工，能保证较高的工作效率和信息系统的安全；反之，由于计算机数据的隐性化，权限分配的漏洞和疏忽，以及操作人员拥有过多的权限或不能形成互相牵制，很容易造成严重的安全隐患。

2. 修改操作员权限

修改操作员权限主要是设定或取消账套主管。

账套主管由系统管理员在建立账套时初次指定，需要修改时，可由系统管理员进行账套主管的设定与撤销。首先在“操作员权限”左边窗口中选中相应的操作员，其次在对话框右上角选择账套，最后选中“账套主管”复选框。

在系统中，一个账套可以设置多个账套主管，一个操作员也可以担任多个账套的账套主管，系统默认账套主管自动拥有该账套的全部权限。在实务操作中，由于账套主管的权限过大，所以应对其谨慎授权，一般的操作员不能被指定为账套主管。

3. 删除操作员权限

系统管理员或账套主管都可以对非账套主管的操作员的权限进行删除，区别在于，系统管理员能够删除不同账套的操作员的权限，而账套主管只能删除本账套内的操作员的权限。

2.2 公共基础档案设置

企业信息系统往往包含若干个子系统，这些子系统共享公共的基础档案，基础档案是系统运行和业务发生的基础资料，会随时被日常业务引用。在启用新账套之始，应根据企业的实际情况，综合考虑系统基础信息设置的要求和日常业务的需要，事先做好基础数据的准备工作，这样可使初始建账顺利进行。正确而合理地定义基础档案，将为日常业务的顺利开展奠定坚实的基础。

基础档案设置是初始化最重要的内容之一，主要包括机构设置、往来单位分类及档案设置、财务信息设置、收付结算设置、存货和购销存资料设置等。基础档案设置之前应首先确定基础档案的分类编码方案，基础档案的编码设置必须遵循分类编码方案中的级次和各级编码长度的设定。

2.2.1 启动并注册系统

基于基础档案的基础作用及其对日常业务的重要影响，其应由精通软件应用和熟悉企业业务的人员一起进行设置。设置基础档案之前应首先启动并注册用友ERP-U8系统。

2.2.2 机构人员设置

机构人员设置主要包括部门档案、人员类别和职员档案设置。

1. 部门档案

在会计核算中，往往需要按部门进行分类和汇总，下一级将自动向有隶属关系的上一级进行汇总。部门档案主要是设置会计科目中要进行部门核算的部门名称，以及要进行个人核算的往来个人所属的部门。

2. 人员类别

人员类别档案主要用于企业进行工资核算时，对不同身份类别的人员制定不同的工资政策，以便于会计人员进行相应的人员工资数据分摊和汇总，实施工资管理。

3. 职员档案

职员档案主要用于录入本企业职员个人的信息资料，设置职员档案可以方便地进行个人往来核算和管理等操作。

2.2.3 往来单位设置

往来单位设置主要包括客户及供应商的分类设置和客户及供应商的档案设置。

1. 客户及供应商分类

当往来客户或供应商较多时，可以对客户或供应商进行分类，只有在建立账套时选择了对客户及供应商进行分类，才可以在基础设置中对客户及供应商进行分类。对客户及供应商进行分类可以实现对客户及供应商的统计和汇总等分类管理。

2. 客户档案

企业如果需要进行往来管理，必须将企业中客户的详细信息录入客户档案中。建立客户档案直接关系到对客户数据的统计、汇总和查询等分类处理。客户档案主要包括“客户编号”“客户名称”等基本信息和联系方式及信用等级等其他信息。在销售管理、应收款管理等业务中需要处理的客户档案资料，应先行在本功能中设定，平时如有变动应及时在此进行调整。企业应建立客户评价体制，随时对客户的信用等情况进行评估和调整。

3. 供应商档案

企业如果需要进行往来管理，就必须将经过企业评估合格的供应商的详细信息录入供应商档案中。建立供应商档案能方便地对供应商数据进行统计、汇总和查询等分类处理。在采购管理、应付款管理等业务中需要处理的供应商的档案资料，应先行在本功能中设定，平时如有变动应及时在此进行调整。

2.2.4 财务信息设置

1. 设置会计科目

会计科目是财务系统最重要的基础档案资料，它用于分门别类地反映企业经济业务核算信息，为登记账簿、编制财务会计报表奠定基础，便于提供详细、总括的核算信息，利于经营管理者做出经营决策、制定经营目标。在会计核算和会计管理中所需要的会计科目必须事先设置。

现行的企业会计制度中规定了企业会计核算和管理中必须要使用的一级会计科目，为了方便用户设置会计科目，软件提供了按行业性质预置会计科目的功能。如果用户所使用的会计科目基本上与所选行业会计制度规定的一级会计科目一致，则可以在建立账套时选择预置会计科目。这样，在会计科目初始设置时只需对不同的会计科目进行修改，对缺少的会计科目进行增加处理即可。

会计科目的设置内容主要包括科目编码、科目名称、账簿格式、辅助核算信息等。

- 科目编码必须满足科目编码规则的规定，如果选择2007年新会计准则的会计制度，一级科目的编码长度必须是4位，明细科目的编码长度按照编码规则设置。
- 科目名称主要是科目的汉字名称，也可以是英文名称。科目名称是会计科目最终在查询和打印时显示的名字。增加会计科目时，只需要输入本级科目名称即可，不需要输入会计科目的全名称。

- 账簿格式是指该科目的账簿采用什么格式输出，主要包括金额式、数量金额式、外币式、外币数量式等格式。
- 辅助核算信息是计算机形式下所特有的会计科目定义内容。手工方式下，一般是不需要定义辅助核算信息的。辅助核算指的是伴随资金信息反映的其他相关信息的核算和管理。电算化系统包含的辅助核算内容主要有客户往来核算、供应商往来核算、个人往来核算、银行账核算、数量核算、部门核算、项目核算等。定义有辅助核算的会计科目，在输入时，除要输入资金信息外，还要输入相应的辅助核算信息。

增加会计科目要遵循自上而下的原则，即先增加上级科目，再增加下级科目，不能只有下级没有上级。相反，修改和删除会计科目则要按自下而上的原则，即先修改或删除下级科目，再删改上级科目。

科目如果被使用，则可以增加同级科目数量，如果还要增加下级科目，即对于有发生额或余额的科目再增加下级科目，则该上级科目的余额自动转入新增的第一个下级科目中，实际上就意味着也允许在一个末级科目下再新增下级科目。

如果要对已经设置完成的会计科目的名称、编码及辅助项目等内容进行修改，应在未使用之前在会计科目的修改功能中进行，否则对科目内容的修改可能会受到限制。

2. 设置凭证类别

在开始使用计算机录入凭证之前，应根据企业管理和核算的要求在系统中设置凭证类别，以便将凭证按类别分别编制、管理、记账和汇总。系统提供了常用的凭证分类方式，用户可以从中选择，也可以根据实际情况自行定义。如果选择了“收款凭证 付款凭证 转账凭证”的分类方式，应根据凭证分类的特点进行相应限制条件的设置，以便提高凭证处理的准确性。

3. 录入总账系统期初余额

为了保证会计数据的连续完整，并与手工账簿数据衔接，在账务系统日常业务展开前还需要将各种初始数据录入系统。这些初始数据主要是各明细科目的年初余额和系统启用前各月的累计发生额。非末级科目的余额和发生额由系统自动进行汇总。一般情况下，资产、费用类科目余额在借方，负债、所有者权益、收入、利润类科目余额在贷方。如果是数量金额类科目还应输入相应的数量和单价；如果是外币科目还应输入相应的外币金额。

在输入期初数据时，如果某一科目设置了辅助核算类别，还应输入辅助核算类别的有关初始余额。数据录入完毕后，为了保证数据的准确性，满足数据间的平衡关系，系统将自动对数据进行校验。

(1) 录入基本科目余额

在开始使用总账系统时，应先将各账户启用月份的月初余额和年初到该月的借、贷方累计发生额计算清楚，并输入总账系统中。

如果是在年初建账，则可直接录入年初余额；如果是在年中建账，则可录入启用当月的期初余额及年初到启用月份的借、贷方累计发生额，系统自动计算年初余额。

(2) 录入往来科目余额

在总账系统中录入具有客户或供应商往来辅助核算要求的会计科目余额时，应录入往来科目余额的明细信息。

(3) 试算平衡

期初余额及累计发生额输入完成后，为了保证初始数据的正确性，必须依据“资产=负债+所有者权益+收入-成本费用”的原则进行平衡校验。

校验工作由计算机自动完成，校验完成后系统会自动生成一个校验结果报告。如果试算结果不平衡，则应依次逐项进行检查、更正后，再次进行平衡校验，直至平衡为止。

2.2.5 收付结算设置

1. 设置结算方式

设置结算方式功能用来建立和管理在经营活动中所涉及的货币结算方式。结算方式最多可以分为2级。

2. 设置开户银行

开户银行用于设置本企业在收付结算中对应的各个开户银行的信息。本系统支持多个开户行及账号的情况。在销售管理系统中，如果需要开具增值税专用发票，则要设置开户银行信息，否则，不能开具增值税专用发票。

2.2.6 存货设置

1. 存货分类

存货是企业管理的重点对象，所有为了产品生产或销售，需要列入计划、控制库存、控制成本的一切不可缺少的物件都可以作为存货来管理，包括原材料、产成品、零件、组合件、半成品、包装材料等。在信息系统中，存货可以是实物形态也可以是非实物形态，例如，劳务或费用也可以作为存货来管理。当企业存货较多时，可以对存货进行分类，以便对存货进行分类统计和汇总等管理。

2. 设置计量单位

在实际应用中，企业有些存货可能用多种计量单位计量，所以在设置存货档案之前需要先设置计量单位。设置时需要先对计量单位分组，可以根据计量单位间是否有换算关系，把计量单位组分成无换算、浮动换算和固定换算3种类别。每个计量单位组中有一个主计量单位、多个辅助计量单位，可以设置主辅计量单位之间的换算率，还可以设置采购、销售、库存和成本系统所默认的计量单位。

3. 设置存货档案

购销存系统中所有使用的存货都必须在存货基础档案中设定，然后才可以进行各种业务核算，存货的设置对整个购销存系统的运行具有相当关键的作用。在实务中，存货设置的内容非常复杂，包含大量的控制信息，如计量单位、存货属性、存货相关成本信息、存货供应商、提前期等。

2.2.7 购销存业务设置

购销存业务设置包括在填制购销存单据时必须输入的项目内容，如仓库档案、收发类别、采购类型、销售类型等。预先设置这些信息，才能顺利录入各种业务单据，避免因基础信息不全而影响业务进程。购销存业务设置信息也是系统进行相关分类查询、统计、汇总的依据。

1. 仓库档案

存货是在仓库中进行保管的，要对存货进行核算管理，首先应对仓库进行管理，因此，仓库设置是使用购销存业务系统的重要准备工作之一。本系统中，仓库也是进行存货计价的依据。在进行仓库设置时主要是设置仓库的编码、名称和计价方式。

2. 收发类别

收发类别设置是为了用户对存货的出入库情况进行分类汇总统计而设置的，表示存货的出入库类型，可以根据各单位的实际需要自由灵活地进行设置。

3. 采购类型

在采购管理系统中填制采购入库单等单据时，会涉及采购类型项目的选择，因此，应正确设置采购类型。采购类型可以根据企业的需要自行设定，在设置采购类型后，可以按采购类型进行统计分析等。采购类型不分级次，企业可以根据实际需要进行设立。

4. 销售类型

在销售管理系统中填制销售订单及销售发货单等单据时，会涉及销售类型项目的选择，因此，应正确设置销售类型。销售类型可以根据企业的需要自行设定，在设置销售类型后，可以按销售类型进行统计分析等。销售类型不分级次，企业可以根据实际需要进行设立。

任务导入

四方股份有限公司2022年1月开始使用用友ERP-U8企业管理软件，在进行具体的业务处理之前需要进行系统管理和相应的基础设置。其具体的分工为：由系统管理员admin在系统管理中进行设置操作员、建立账套和设置操作员权限的操作；由账套主管“KJ01王强”进行基础设置。

任务1　系统管理业务

具体任务

- 设置操作员(用户)。
- 建立账套。
- 启用“总账”“采购管理”“销售管理”“应收款管理”“应付款管理”“库存管理”和“存货核算”系统，启用日期为“2022年1月1日”。

- 设置操作员(用户)权限。
- 账套备份。

案例

1. 操作员(用户)及其权限(见表2-1)

表2-1 操作员(用户)及其权限

用户编码	用户姓名	操作员权限	岗位
KJ01	王 强	账套主管	财务主管
KJ02	刘 浩	公用目录设置、总账、应付管理、应收管理、采购管理、销售管理、存货核算	总账会计
KJ03	陈 光	公用目录设置、总账、应付管理、应收管理、存货核算、采购管理、销售管理、库存管理(权限设置为账套主管)	业务会计
KJ04	李 平	总账、应付管理、应收管理、采购管理、销售管理	出纳
YW01	张思思	账套主管	业务主管
YW02	张 帆	公用目录设置、公共单据、采购管理	采购员
YW03	江 昆	公用目录设置、公共单据、销售管理	销售员
YW04	周 凡	公用目录设置、公共单据、库存管理	仓库管理员

2. 建账信息

(1) 单位信息

四方股份有限公司从2022年1月起使用用友ERP-U8企业管理软件处理会计业务。记账本位币为“人民币(RMB)”，企业类型为“工业”，执行“2007年新会计制度科目”。单位地址为“北京市朝阳区光华路11号”，法人代表为“李建”，邮政编码为100101，税号为110100123456656500。

该企业无外币核算，进行经济业务处理时，需要对存货、客户及供应商进行分类。

(2) 分类编码方案

科目编码级次：4222

客户分类编码级次：11

供应商分类编码级次：11

存货分类编码级次：112

部门编码级次：11

(3) 启用系统

分别启用“总账”“采购管理”“销售管理”“应收款管理”“应付款管理”“库存管理”和“存货核算”系统，启用日期为“2022年1月1日”。

业务处理过程

1. 设置用户

设置用户

操作步骤：

(1) 以系统管理员(admin)的身份注册“系统管理”。

(2) 单击“用友U8”|“系统管理”|“权限”|“用户”选项，打开“操作员管理”对话框。

(3) 依次设置每一个用户。

❖ 提示：

如果多人共用一台机器，则应提示用户编码及名称的单一性，即如果系统中已经有了给定的编码及姓名，则应设置另外的编码和姓名。系统不允许重复设置相同的编码和姓名。

(4) 设置用户的结果如图2-1所示。

用户管理

输出 增加 批量 删除 修改 定位 转授 刷新 退出

是否打印/输出所属角色

用户编码	用户全名	部门	Email地址	手机号	用户类型	认证方式	状态	创建时间	最后登录时间	退出时间
1	1	1			普通用户	用户+口令(传统)	启用	2021-10-29 10:...		
admin	admin				管理员用户	用户+口令(传统)	启用		2022-01-03 10:08:02	2022-01-03 10:08:02
demo	demo				普通用户	用户+口令(传统)	启用		2021-10-29 10:18:20	2021-10-29 10:18:42
KJ01	王强				普通用户	用户+口令(传统)	启用	2022-01-03 10:...		
KJ02	刘浩				普通用户	用户+口令(传统)	启用	2022-01-03 10:...		
KJ03	陈光				普通用户	用户+口令(传统)	启用	2022-01-03 10:...		
KJ04	李平				普通用户	用户+口令(传统)	启用	2022-01-03 10:...		
SYSTEM	SYSTEM				普通用户	用户+口令(传统)	启用			
UFSOFT	UFSOFT				普通用户	用户+口令(传统)	启用			
YW01	张思思				普通用户	用户+口令(传统)	启用	2022-01-03 10:...		
YW02	张帆				普通用户	用户+口令(传统)	启用	2022-01-03 10:...		
YW03	江昆				普通用户	用户+口令(传统)	启用	2022-01-03 10:...		
YW04	周凡				普通用户	用户+口令(传统)	启用	2022-01-03 10:...		

图2-1 已设置的用户(操作员)

❖ 提示：

- ✧ 通过单击“增加”按钮，保存新增用户信息。
- ✧ 操作员(用户)的权限应在建完账套之后再进行设置。
- ✧ 可以自行设置用户的密码，在本账套设置初始密码为“000000”。
- ✧ 用户的姓名可以自行修改。用户的编码应按照给定的内容设置，以便今后在操作时能够清晰地看到是哪位用户的操作。

2. 建立账套

操作步骤：

(1) 单击“用友U8”|“系统管理”|“账套”|“建立”选项，开始建立账套。

建立账套

(2) 建立账套时的账套号自己设定(假设这里把账套号设置为222)，只要是三位数字且不重复即可，账套名称为“四方公司”，启用会计期为“2022年1月”。

(3) 未给定的资料默认系统的设置。

(4) 设置核算类型如图2-2所示。

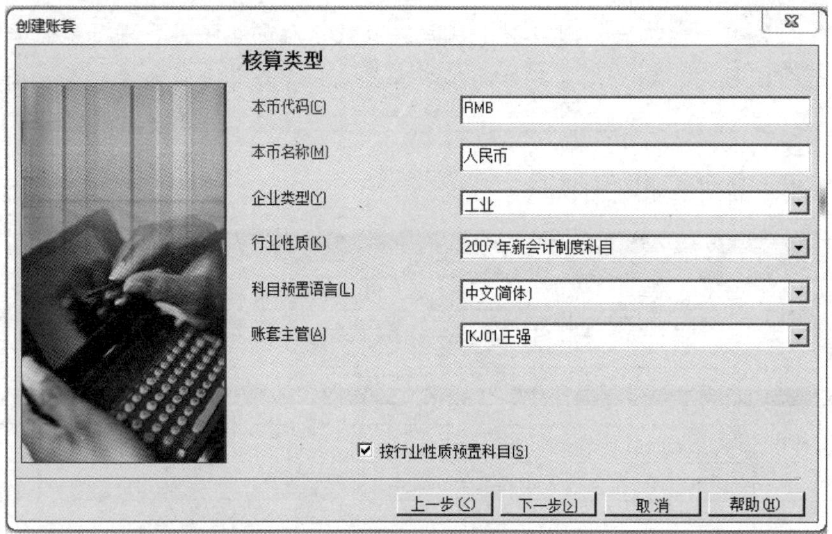

图2-2 设置核算类型

(5) 设置基础信息如图2-3所示。

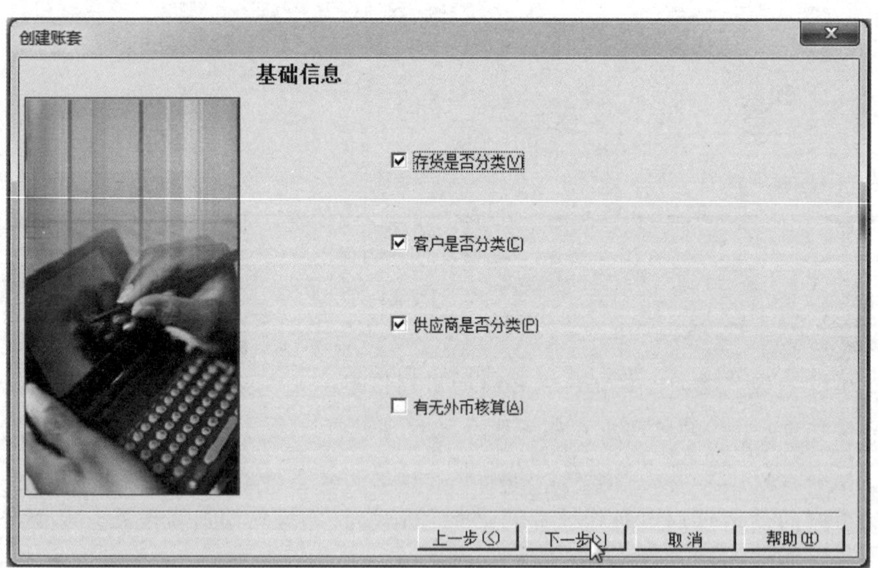

图2-3 设置基础信息

(6) 设置分类编码方案如图2-4所示。

编码方案

项目	最大级数	最大长度	单级最大长度	第1级	第2级	第3级	第4级	第5级	第6级	第7级	第8级	第9级
科目编码级次	13	40	9	[illegible]	2	2	2					
客户分类编码级次	5	12	9	1	1							
供应商分类编码级次	5	12	9	1	1							
存货分类编码级次	8	12	9	1	1	2						
部门编码级次	9	12	9	1	1							
地区分类编码级次	5	12	9	2	3	4						
费用项目分类	5	12	9	1	2							
结算方式编码级次	2	3	3	1	2							
货位编码级次	8	20	9	2	3	4						
收发类别编码级次	3	5	5	1	1	1						
项目设备	8	30	9	2	2							
责任中心分类档案	5	30	9	2	2							
项目要素分类档案	6	30	9	2	2							
客户权限组级次	5	12	9	2	3	4						

确定(O) 取消(C) 帮助(F)

图2-4 设置分类编码方案

(7) 单击“确定”按钮，打开“数据精度”对话框。单击“确定”按钮，系统提示是否启用系统。

(8) 单击“是”按钮，启用“总账”系统，启用日期为“2022年1月1日”。

(9) 单击“确定”按钮。

(10) 继续启用“采购管理”“销售管理”“应收款管理”“应付款管理”“库存管理”和“存货核算”系统，启用日期为“2022年1月1日”，如图2-5所示。

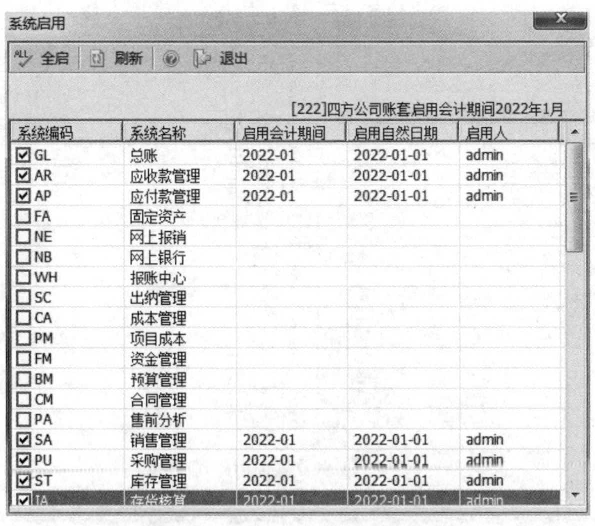

系统启用

全启 刷新 退出

[222]四方公司账套启用会计期间2022年1月

系统编码	系统名称	启用会计期间	启用自然日期	启用人
☑GL	总账	2022-01	2022-01-01	admin
☑AR	应收款管理	2022-01	2022-01-01	admin
☑AP	应付款管理	2022-01	2022-01-01	admin
☐FA	固定资产			
☐NE	网上报销			
☐NB	网上银行			
☐WH	报账中心			
☐SC	出纳管理			
☐CA	成本管理			
☐PM	项目成本			
☐FM	资金管理			
☐BM	预算管理			
☐CM	合同管理			
☐PA	售前分析			
☑SA	销售管理	2022-01	2022-01-01	admin
☑PU	采购管理	2022-01	2022-01-01	admin
☑ST	库存管理	2022-01	2022-01-01	admin
☑IA	存货核算	2022-01	2022-01-01	admin

图2-5 已进行系统启用的信息

❖ 提示：

- ✧ 在建立账套时必须选择正确的“行业性质”，否则系统会预置错误的会计科目等。
- ✧ 在建立账套时必须选择正确的“启用会计期”，否则录入“期初余额”等内容时会出现错误。
- ✧ 设置编码方案时，若需要删除级长，必须从最末一级开始删除。
- ✧ 如果在建立账套后发现编码方案设置错误，则应以修改账套的方法，或者在进入“用友U8”|“企业应用平台”系统后，在“基础设置”|“基本信息”|“编码方案”选项中进行修改。
- ✧ 如果在建立账套时将是否对客户等进行分类的信息设置错误，则只能以账套主管的身份在“修改”账套功能中进行修改。
- ✧ 如果在建立账套之后未直接进行系统启用的操作，则应以账套主管的身份登录“用友U8”|“企业应用平台”系统，在“基础设置”|“基本信息”|“系统启用”选项中进行系统启用的操作。

3. 设置操作员权限

设置操作员权限

操作步骤：

(1) 单击“用友U8”|“系统管理”|“权限”|“权限”选项，打开“操作员权限”对话框，如图2-6所示。

(2) 只需为非账套主管人员设置权限。权限可以随时修改。

(3) 单击“修改”按钮，为“KJ02刘浩”设置操作权限。

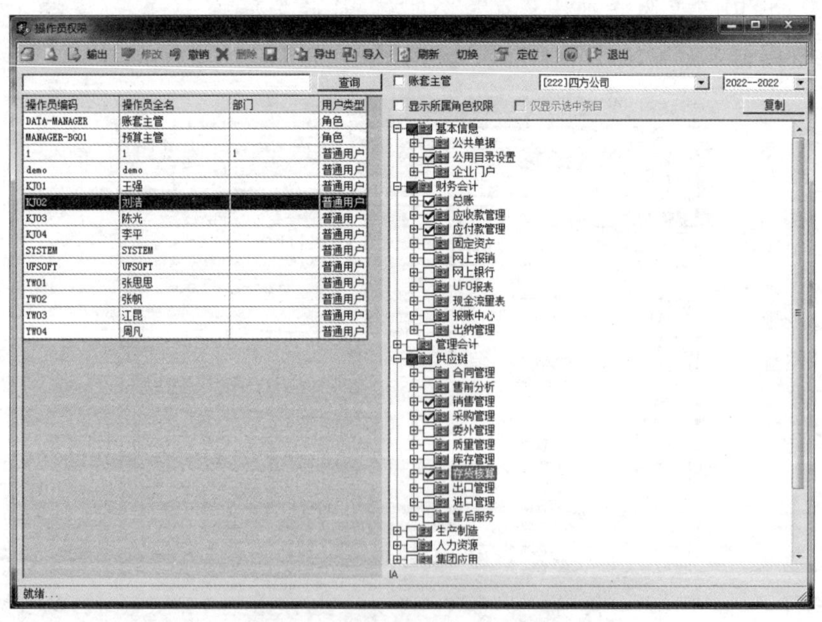

图2-6 “操作员权限”对话框

(4) 继续设置其他操作员的权限。

❖ 提示：

✧ 系统默认账套主管自动拥有该账套的全部权限。
✧ 在建立账套时选错了账套主管可以在此进行更换。
✧ 在设置操作员权限时一定要选择正确的操作员和账套，否则权限设置必定错误。

4. 账套备份

账套备份

操作步骤：

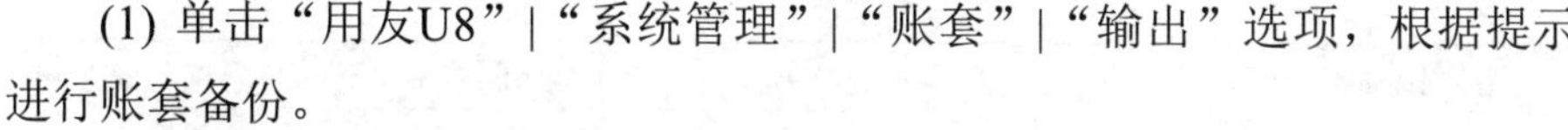

(1) 单击“用友U8”|“系统管理”|“账套”|“输出”选项，根据提示进行账套备份。

(2) 在账套备份前应先建立要备份账套的文件夹。

(3) 将账套备份到“D:\222账套备份\任务1备份”文件夹中。

❖ 提示：

✧ 建议先建立一个总的要备份账套的文件夹，以后每次备份时均单独建立一个文件夹，必要时在文件名上注明备份日期及关键内容。
✧ 此时的账套备份是为了下次能够继续该账套的操作。如果自己有专用的计算机，也可以不必每做完一个任务就进行备份。
✧ 备份后应检查目标文件夹中是否有了已备份的文件，即有两个不能直接运行的文件。
✧ 切记不要将多次备份的数据存放在一个目标文件夹中。

拓展任务

(1) 如果在建立账套时选错了行业性质怎么办？

(2) 在建立账套后并未进行账套启用的操作，应由谁在什么功能中进行账套的启用？

(3) 如果在建立账套时选错了编码方案，应该如何进行修改？

(4) 如果在建立账套时选错了分类信息，应该如何进行修改？

(5) 如果在建立账套时选错了账套主管，应该如何重新选定账套主管？

(6) 在系统管理的操作员列表中，系统识别的是操作员的编码还是姓名？

(7) 会计职业道德规范的主要内容有哪些？

任务2 基础设置(一)

具体任务

❍ 设置部门档案。
❍ 设置人员档案。

- 设置客户分类。
- 设置供应商分类。
- 设置客户档案。
- 设置供应商档案。

案例

1. 部门档案(见表2-2)

表2-2 部门档案

部门编码	部门名称
1	行政部
2	财务部
3	研发部
4	采购部
5	销售部
6	生产部

2. 人员档案(见表2-3)

表2-3 人员档案

人员编码	姓名	部门名称	性别	雇佣状态	人员类别
001	周 凡	行政部	男	在职	正式工
002	李 建	行政部	男	在职	正式工
003	王 强	财务部	男	在职	正式工
004	刘 浩	财务部	男	在职	正式工
005	陈 光	财务部	男	在职	正式工
006	李 平	财务部	女	在职	正式工
007	陈明明	研发部	女	在职	正式工
008	莫山峰	研发部	男	在职	正式工
009	张思思	采购部	女	在职	正式工
010	张 帆	采购部	女	在职	正式工
011	张 涛	销售部	男	在职	正式工
012	田 宇	销售部	男	在职	正式工
013	刘光辉	生产部	男	在职	正式工
014	田小明	生产部	女	在职	正式工

3. 客户分类(见表2-4)

表2-4 客户分类

分类编码	分类名称
1	东北地区
2	华北地区
3	其他地区

4. 供应商分类(见表2-5)

表2-5 供应商分类

分类编码	分类名称
1	主料供应商
2	辅料供应商
3	其他供应商

5. 客户档案(见表2-6)

表2-6 客户档案

客户编码	客户名称	客户简称	所属分类	税号
K001	凯图股份有限公司	凯图公司	1	024678912345
K002	天地有限责任公司	天地公司	1	024789123456
K003	北威股份有限公司	北威公司	2	010891234567
K004	碧兴有限责任公司	碧兴公司	2	010912345678
K005	伟力有限责任公司	伟力公司	3	010012345678

6. 供应商档案(见表2-7)

表2-7 供应商档案

供应商编码	供应商名称	供应商简称	所属分类	税号	开户行	账号
A001	北京宏泰有限公司	宏泰公司	1	010123456789	工商银行北京分行	010987654321
A002	兄弟有限责任公司	兄弟公司	1	010234567891	建设银行天津分行	020876543219
B001	长江股份有限公司	长江公司	2	050345678912	工商银行大连分行	050765432189
B002	美图有限责任公司	美图公司	2	090456789123	建设银行桂林分行	090654321789
T001	科丰有限责任公司	科丰公司	3	070567891234	工商银行杭州分行	070543216789

业务处理过程

1. 设置部门档案

设置部门档案

操作步骤：

(1) 2022年1月3日，以账套主管“KJ01王强”的身份，登录注册222账套的“用友U8”|“企业应用平台”系统。

(2) 单击“基础设置”|“基础档案”|“机构人员”|“部门档案”选项，打开“部门档案”设置窗口，依次设置部门档案。

(3) 部门档案的设置结果如图2-7所示。

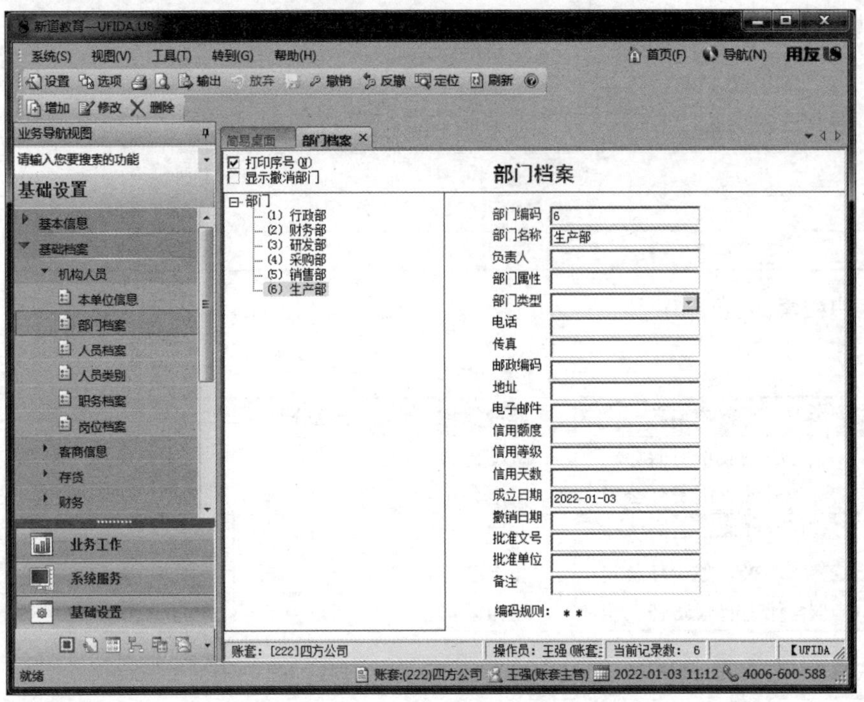

图2-7　部门档案的设置结果

❖ 提示：

✧ 由于在进行部门档案设置时，还未设置人员档案，因此，此时不能设置部门的负责人。

✧ 部门档案中的负责人只能在设置人员档案后再以修改部门档案的方式进入，选择部门负责人后再保存部门档案的设置。

2. 建立人员档案

建立人员档案

操作步骤：

(1) 人员档案应在“基础设置”|“基础档案”|“机构人员”|“人员档案”选项中进行设置。

(2) 人员档案的设置结果如图2-8所示。

❖ 提示：

✧ 人员档案中所录入的人员信息主要是与财务部门发生业务往来的人员信息，可以随时增加。已被使用的人员信息不允许删除。

✧ 每个人员所属的部门可以直接录入该部门的编码，也可以单击参照按钮选择相应的部门。

✧ 如果出于管理需要进行人员类别设置，应先在“在职人员”类别下设置新的人员类别，然后再录入人员档案，否则人员类别选择“在职人员”即可。

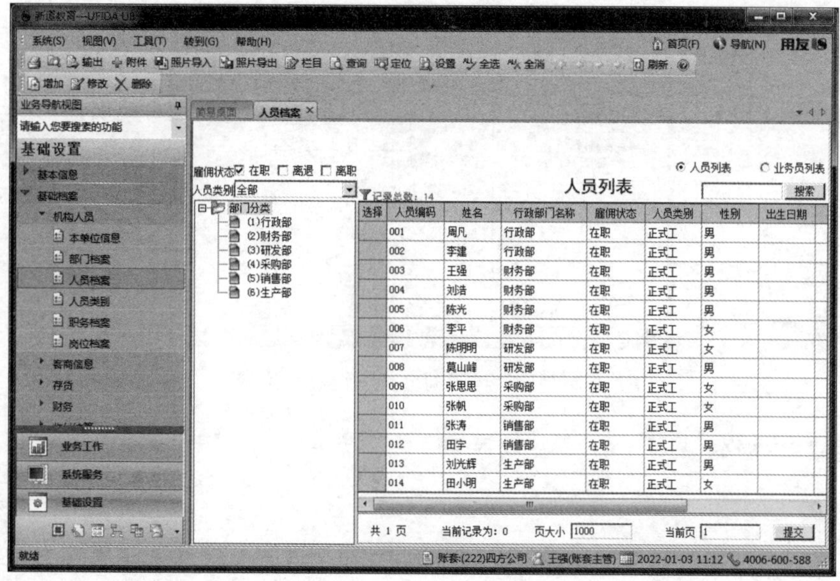

选择	人员编码	姓名	行政部门名称	雇佣状态	人员类别	性别	出生日期
	001	周凡	行政部	在职	正式工	男	
	002	李建	行政部	在职	正式工	男	
	003	王强	财务部	在职	正式工	男	
	004	刘洁	财务部	在职	正式工	男	
	005	陈光	财务部	在职	正式工	男	
	006	李平	财务部	在职	正式工	女	
	007	陈明明	研发部	在职	正式工	女	
	008	莫山峰	研发部	在职	正式工	男	
	009	张思思	采购部	在职	正式工	女	
	010	张帆	采购部	在职	正式工	女	
	011	张涛	销售部	在职	正式工	男	
	012	田宇	销售部	在职	正式工	男	
	013	刘光辉	生产部	在职	正式工	男	
	014	田小明	生产部	在职	正式工	女	

图2-8　人员档案的设置结果

3. 设置客户和供应商分类

设置客户和供应商分类

操作步骤：

(1) 客户和供应商分类应分别在“基础设置”|“基础档案”|“客商信息”的“客户分类”和“供应商分类”选项中进行设置。

(2) 客户分类的设置结果如图2-9所示。

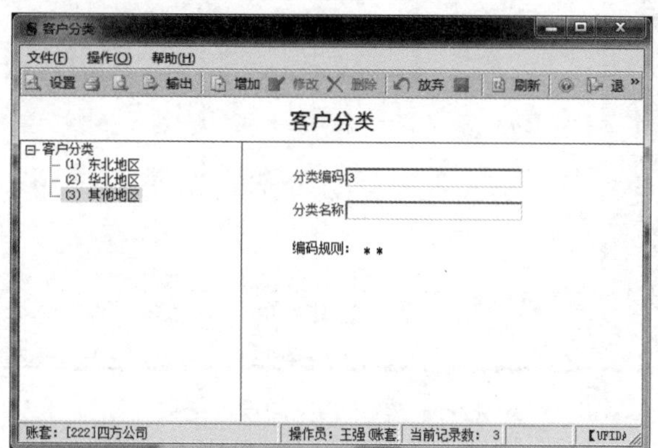

图2-9　客户分类的设置结果

(3) 供应商分类的设置结果如图2-10所示。

❖ 提示：

如果在建立账套时并未选择对客户及供应商分类，则此时就不能进行客户及供应商分类的设置。如果仍要进行分类，则应以账套主管的身份注册登录“系统管理”，在“账套”|“修改”功能中重新选中对客户及供应商进行分类的选项。

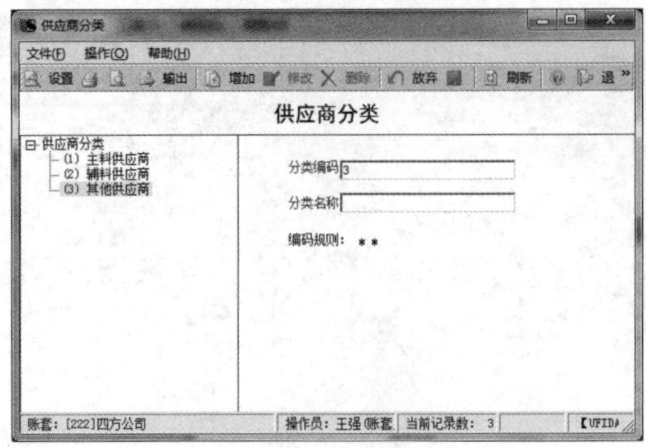

图2-10　供应商分类的设置结果

4. 设置客户档案

设置客户档案

操作步骤：

(1) 设置客户档案应在“基础设置”|“基础档案”|“客商信息”|“客户档案”选项中进行。

(2) 客户档案的设置结果如图2-11所示。

图2-11　客户档案的设置结果

❖ 提示：

- ✧ 客户档案必须在最末级客户分类下增加。
- ✧ 录入各项后，如不单击“保存”按钮，即表示放弃此次增加。
- ✧ 如果在录入客户及供应商档案时发现其所属的分类不正确，则可以在删除被选中的分类后再重新单击参照按钮选择正确的分类。
- ✧ 如果企业并不需要对客户及供应商进行分类，则可以在建立账套时就选择不对客户及供应商进行分类，这样就可以在设置基础档案时不进行分类而直接设置档案。

5. 设置供应商档案

设置供应商档案

操作步骤：

(1) 设置供应商档案应在“基础设置”|“基础档案”|“客商信息”|“供应商档案”选项中进行。

(2) 供应商档案的设置结果如图2-12所示。

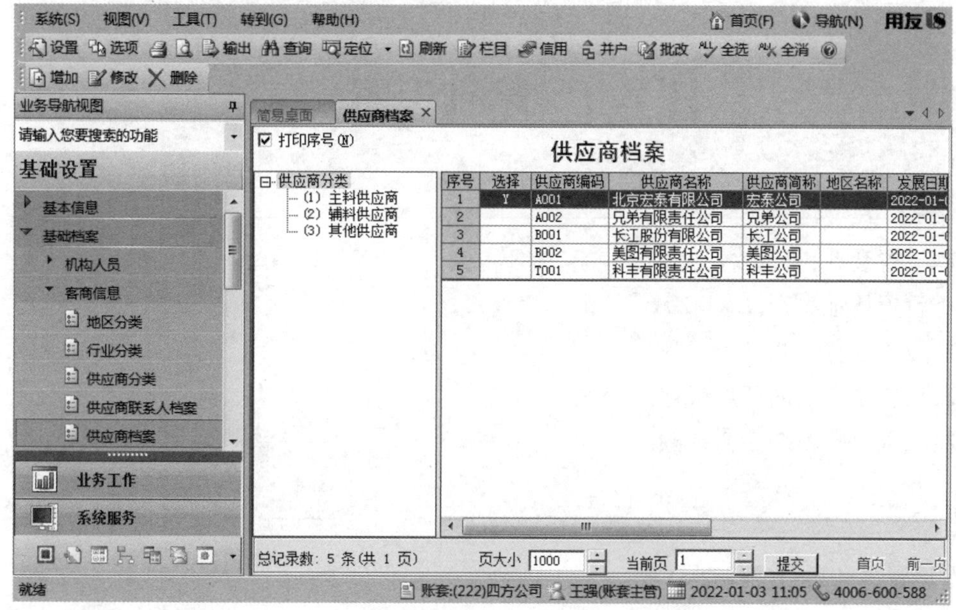

图2-12 供应商档案的设置结果

(3) 将账套备份到“D:\222账套备份\任务2备份”文件夹中，以便完成接下来的任务。

❖ 提示：

✧ 设置客户及供应商档案的目的是在对往来单位进行明细核算和管理时登记具体的客户及供应商。

✧ 如果不启用往来管理系统，则可以在总账系统中使用辅助核算功能对往来单位进行核算和管理。

✧ 如果启用往来管理系统，则客户及供应商中的税号、开户行等信息会直接显示在相应的单据上。

拓展任务

(1) 部门档案和人员档案通常在什么情况下被使用？

(2) 如何修改有关的档案信息？

(3) 在进行基础设置时出现了以下问题应该怎么办？

① 在设置部门档案时不能设置负责人。

② 在设置人员档案时，其所属部门选错了，再重新选择时却只显示这个错误的部门。

③ 在企业与某个人员之间发生业务往来时，发现人员档案中并没有该人员。

④ 在设置客户及供应商分类等内容时发现编码规则错误。

(4) 在设置客户及供应商分类时发现该账套不能设置这两种分类信息，原因是在建立账套时未对此两项内容进行分类，而此时要设置这两种分类信息，应该怎么办？

(5) 如果该账套未设置要对客户及供应商进行分类，就直接设置了客户及供应商档案，而此时又要对该账套的客户及供应商进行分类，应该怎么办？

(6) 《企业会计信息化工作规范》中第4章“监督”的主要内容有哪些？

任务3　基础设置(二)

具体任务

- 设置会计科目。
- 设置凭证类别。
- 设置结算方式。
- 设置本企业的开户银行。
- 录入总账系统期初余额。

案例

1. 设置会计科目(见表2-8)

表2-8　设置会计科目

科目编码	科目名称	辅助核算
1001	库存现金	日记账
100201	工商银行存款	日记账、银行账
1121	应收票据	客户往来(受控系统为“应收”)
1122	应收账款	客户往来(受控系统为“应收”)
1123	预付账款	供应商往来(受控系统为“应付”)
1221	其他应收款	个人往来
2201	应付票据	供应商往来(受控系统为“应付”)
2202	应付账款	供应商往来(受控系统为“应付”)
2203	预收账款	客户往来(受控系统为“应收”)
222101	应交增值税	
22210101	进项税额	
22210102	销项税额	
22210103	转出未交增值税	
22210104	转出多交增值税	
22210105	已交税金	
22210106	进项税额转出	
660101	工资	部门核算
660102	办公费	部门核算

(续表)

科目编码	科目名称	辅助核算
660103	工会经费	
660104	折旧费	
660105	租赁费	部门核算
660106	运输费用	
660201	工资	部门核算
660202	办公费	部门核算
660203	工会经费	
660204	折旧费	
660205	租赁费	部门核算

2. 凭证类别

凭证类别为“记账凭证”。

3. 结算方式(见表2-9)

表2-9 结算方式

结算方式编码	结算方式名称
1	现金结算
2	转账支票
3	汇兑
4	银行汇票
5	商业承兑汇票
6	银行承兑汇票
7	托收承付
8	网银转账

4. 设置开户银行(见表2-10)

表2-10 设置开户银行

编号	银行账号	账户名称	开户银行	所属银行编码及名称
1	010-90903280	基本账户	工商银行朝阳路支行	01-中国工商银行
2	010-30908210	一般账户	招商银行光华路支行	02-招商银行

5. 总账系统期初余额(见表2-11)

表2-11 总账系统期初余额

科目名称	方向	期初余额
库存现金(1001)	借	7 800
银行存款(1002)	借	256 342
工商银行存款(100201)	借	256 342
应收账款(1122)	借	172 890
坏账准备(1231)	贷	11 300
预付账款(1123)	借	150 000

(续表)

科目名称	方向	期初余额
原材料(1403)	借	347 022
库存商品(1405)	借	469 638
固定资产(1601)	借	621 114
累计折旧(1602)	贷	119 170
短期借款(2001)	贷	190 000
应付票据(2201)	贷	92 664
应付账款(2202)	贷	47 008
长期借款(2501)	贷	400 000
实收资本(4001)	贷	1 164 664

其中往来款余额明细资料如表2-12所示。

表2-12 往来款余额明细资料

科目名称	日期	客户	摘要	方向	金额
应收账款	2021年11月11日	碧兴公司	销售未收款	借	87 462
	2021年11月11日	伟力公司	销售未收款	借	85 428
小计					172 890
预付账款	2021年11月11日	兄弟公司	预付采购款	借	150 000
应付票据	2021年11月11日	长江公司	采购时使用票据	贷	92 664
应付账款	2021年11月16日	美图公司	采购未付款	贷	47 008
小计				借	10 328

业务处理过程

1. 设置会计科目

设置会计科目

操作步骤：

(1) 在“用友U8”|“企业应用平台”系统中，单击“基础设置”|“基础档案”|“财务”|“会计科目”选项，打开“会计科目”窗口。

(2) 将光标移到“1001库存现金”科目所在行。单击“修改”按钮(或双击该会计科目)，打开“会计科目_修改”对话框；再单击“修改”按钮，选中“日记账”复选框。单击“确定”按钮，再单击“返回”按钮。

(3) 单击“增加”按钮。输入科目编码“100201”、科目名称“工商银行存款”，分别选中“日记账”和“银行账”复选框。

(4) 单击“确定”按钮。

(5) 在“会计科目”窗口中，将光标移到“1121应收票据”科目所在行。

(6) 单击“修改”按钮(或双击该会计科目)，打开“会计科目_修改”对话框，再单击“修改”按钮。

(7) 选中“客户往来”复选框，默认受控系统为“应收系统”，如图2-13所示。

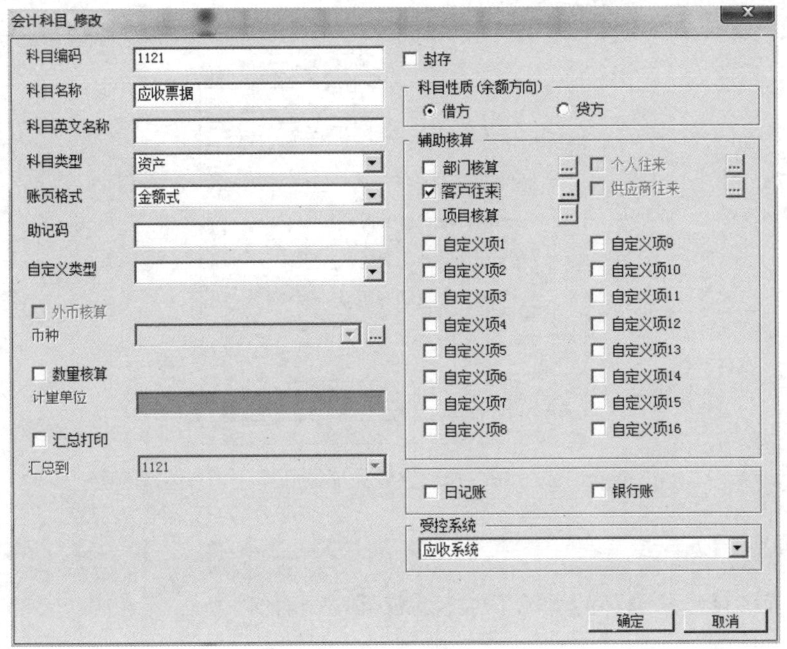

图2-13 设置会计科目

(8) 单击“确定”按钮。

(9) 依此方法继续增加和修改其他会计科目。

❖ 提示：

- ✧ 根据案例资料，确认哪些会计科目需要根据电算化的要求进行修改，哪些需要在系统给定的会计科目表中进行增加操作。
- ✧ 非末级会计科目不能再修改科目编码。
- ✧ 已经使用过的末级会计科目不能再修改科目编码。
- ✧ 已有数据的会计科目，应先将该科目及其下级科目余额清零后再修改。
- ✧ 被封存的科目在制单时不可以使用。
- ✧ 只有末级科目才能设置汇总打印，且只能汇总到该科目本身或其上级科目。
- ✧ 只有处于修改状态才能设置汇总打印和封存。
- ✧ 辅助账类必须设在末级科目上，但为了查询或出账方便，可以将其上级和末级科目同时设置辅助账类。

2. 设置凭证类别

设置凭证类别

操作步骤：

(1) 在“用友U8”|“企业应用平台”系统中，单击“基础设置”|“基础档案”|“财务”|“凭证类别”选项，打开“凭证类别预置”对话框。

(2) 在“凭证类别预置”对话框中，选中“记账凭证”单选按钮，如图2-14所示。

(3) 单击“确定”按钮，进入“凭证类别”窗口。

(4) 单击“退出”按钮。

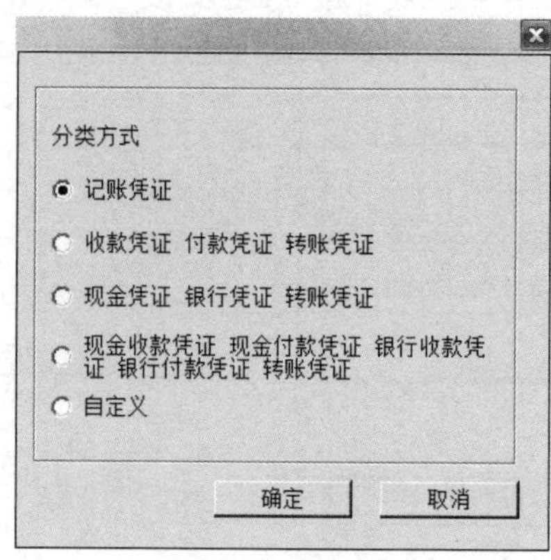

图2-14 设置凭证类别

❖ 提示：

在只设置“记账凭证”的情况下，不需设置限制科目。

3. 设置结算方式

操作步骤：

(1) 在“用友U8”|“企业应用平台”系统中，单击“基础设置”|“基础档案”|“收付结算”|“结算方式”选项，打开“结算方式”窗口。

(2) 单击“增加”按钮，输入结算方式编码为1，结算方式名称为“现金结算”，单击“保存”按钮。

(3) 重复步骤(2)，继续录入其他结算方式，系统显示录入完成的结算方式，如图2-15所示。

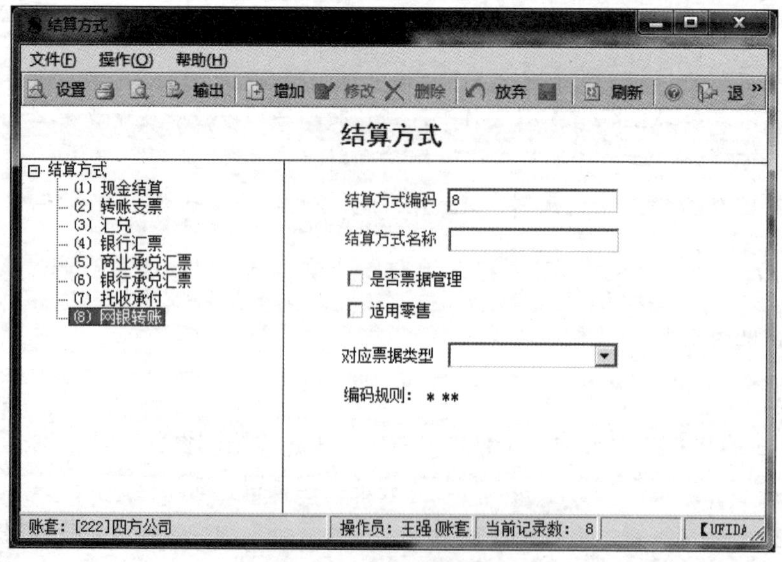

图2-15 设置结算方式

❖ 提示：

- ✧ 结算方式的编码必须符合编码原则。
- ✧ 结算方式的录入内容必须唯一。
- ✧ 票据管理的标志可以根据实际情况选择是否需要。

4. 设置开户银行

设置开户银行

操作步骤：

(1) 在“用友U8”|“企业应用平台”系统中，单击“基础设置”|“基础档案”|“收付结算”|“本单位开户银行”选项，打开“本单位开户银行”窗口。

(2) 依次录入开户银行的编码、名称和银行账号，如图2-16所示。

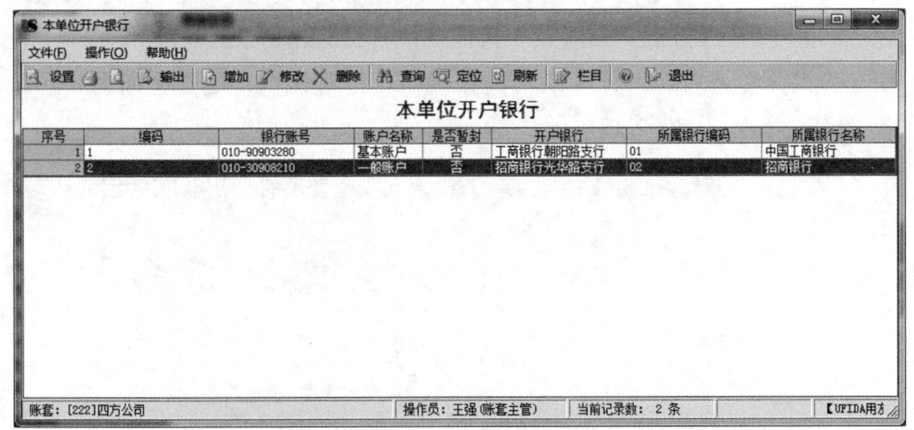

图2-16 设置开户银行

❖ 提示：

- ✧ 如果选中“暂封标识”，则说明这个账号暂时不能使用。
- ✧ 设置本企业开户银行的主要作用是在开具销售专用发票时显示在发票上，不设置本企业开户银行则不能开具销售专用发票。

5. 录入总账系统期初余额

录入总账系统期初余额

操作步骤：

(1) 在“用友U8”|“企业应用平台”系统中，单击“业务工作”|“财务会计”|“总账”|“设置”|“期初余额”选项，打开“期初余额录入”对话框。

(2) 录入“库存现金”期初余额“7 800”及“工商银行存款”期初余额“256 342”。

(3) 将光标移到“应收账款”所在行，双击，打开“辅助期初余额”窗口。

(4) 单击“往来明细”，打开“期初往来明细”窗口。单击“增行”按钮，分别选择“日期”和“客户”，录入摘要的内容，选择方向，录入金额。录入第一行的客户往来期初余额后，再单击“增加”按钮，继续录入第二行客户往来期初余额，如图2-17所示。

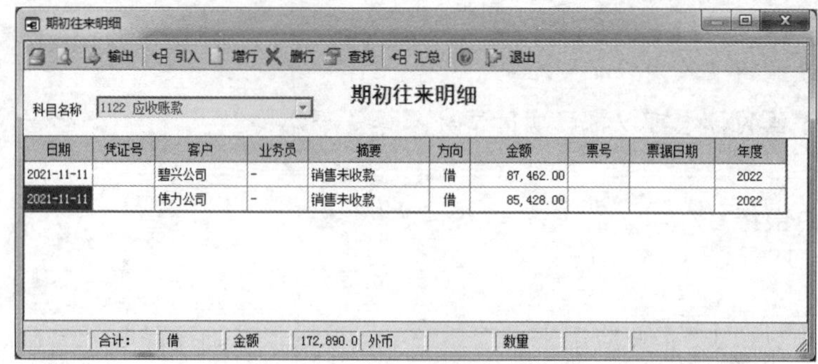

图2-17 录入客户往来期初余额

(5) 单击“汇总”按钮，再单击“退出”按钮，打开“期初往来明细”窗口。在“期初往来明细”窗口中，单击“退出”按钮，在“期初余额录入”窗口中显示应收账款的期初余额为“172 890”。依此方法，继续录入其他会计科目的期初余额。

(6) 单击“试算”按钮，打开“期初试算平衡表”对话框，可查看期初余额试算平衡表，检查余额是否平衡，如图2-18所示。

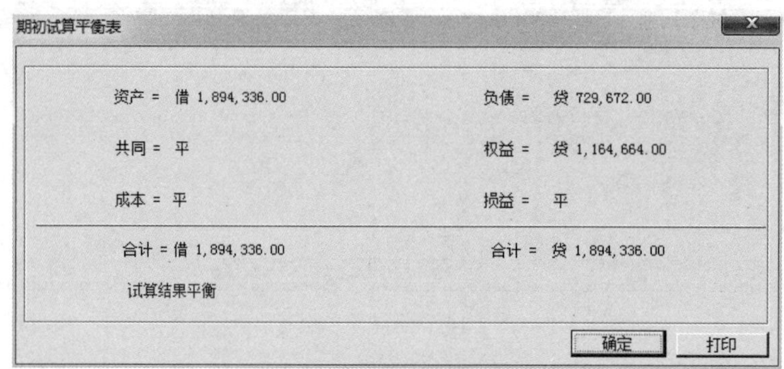

图2-18 “期初试算平衡表”对话框

(7) 单击“确定”按钮。

(8) 将账套备份到“D:\222账套备份\任务3备份”文件夹中，以便完成接下来的任务。

❖ 提示:

- ✧ 如果某科目为数量、外币核算，应录入期初数量、外币余额，而且必须先录入本币余额，再录入数量、外币余额。
- ✧ 非末级会计科目余额不用录入，系统将根据其下级明细科目自动汇总计算填入。
- ✧ 出现红字余额用负号输入。
- ✧ 修改余额时，直接输入正确数据即可。
- ✧ 凭证记账后期初余额变为浏览只读状态，不能再修改。
- ✧ 期初余额试算不平衡，可以填制凭证但不能记账。
- ✧ 若已经记过账，则不能再录入、修改期初余额，也不能执行“结转上年余额”的功能。

拓展任务

(1) 一个会计科目其辅助核算类型是供应商往来或客户往来，这两类会计科目是否受控于应付及应收系统，有何不同？

(2) 如果要查询银行存款日记账，除了要把银行存款科目设置为日记账外，还应进行什么内容的设置？

(3) 设置本企业开户银行的主要作用是什么？

(4) 在总账系统录入带有辅助核算内容的期初余额时，必须录入其明细内容，这种说法正确吗？

(5) 如果在录入总账系统的期初余额时，发现会计科目错误，应如何处理？

(6) 如果总账系统的期初余额试算不平衡，能否填制记账凭证？

(7) 了解《企业会计信息化工作规范》“第二章 会计软件和服务”的内容。

任务4 基础设置(三)

具体任务

- 设置存货分类。
- 设置计量单位。
- 设置存货档案。
- 设置仓库档案。
- 设置收发类别。
- 设置采购类型。
- 设置销售类型。

案例

1. 存货分类(见表2-13)

表2-13 存货分类

分类编码	分类名称
1	原材料
2	库存商品
3	应税劳务

2. 计量单位(见表2-14)

表2-14 计量单位

序号	计量单位编码	计量单位名称	计量单位组编码	计量单位组名称	计量单位组类别
1	01	千克	1	无换算计量单位	无换算率
2	02	台	1	无换算计量单位	无换算率
3	03	次	1	无换算计量单位	无换算率

3. 存货档案(见表2-15)

表2-15 存货档案

存货编码	存货名称	计量单位	存货分类	销项税率(进项税率)	存货属性
H01	CHK	千克	原材料	13%	外购、生产耗用
H02	FDS	台	原材料	13%	外购、生产耗用
H03	HYH	千克	原材料	13%	外购、生产耗用
H04	12奇达	台	库存商品	13%	内销、自制
H05	12奇天	台	库存商品	13%	内销、自制
H06	运费	次	应税劳务	9%	应税劳务

4. 仓库档案(见表2-16)

表2-16 仓库档案

仓库编码	仓库名称	部门名称	计价方式
1	原料库	行政部	先进先出法
2	成品库	行政部	全月平均法

5. 收发类别(见表2-17)

表2-17 收发类别

入库类别编码	入库类别名称	收发标志	出库类别编码	出库类别名称	收发标志
1	入库类别	收	2	出库类别	发
11	采购入库		21	销售出库	
12	产成品入库		22	材料领料出库	
13	退料入库		23	半成品出库	
14	半成品入库		24	产成品自用出库	
15	盘盈入库		25	盘亏出库	
16	其他入库		26	其他出库	

6. 采购类型(见表2-18)

表2-18 采购类型

采购类型编码	采购类型名称	入库类别	是否默认值
00	普通采购	11采购入库	是
01	低值易耗品采购	11采购入库	否
02	包装物采购	11采购入库	否

7. 销售类型(见表2-19)

表2-19 销售类型

销售类型编码	销售类型名称	出库类别	是否默认值
00	普通销售	21销售出库	是
01	材料销售	21销售出库	否

业务处理过程

1. 设置存货分类

设置存货分类

操作步骤：

(1) 在“用友U8”|“企业应用平台”系统中，单击“基础设置”|“基础档案”|“存货”|“存货分类”选项，打开“存货分类”窗口。

(2) 单击“增加”按钮，输入分类编码“1”、分类名称“原材料”，单击“保存”按钮。

(3) 继续输入其他存货分类，如图2-19所示。

(4) 单击“退出”按钮。

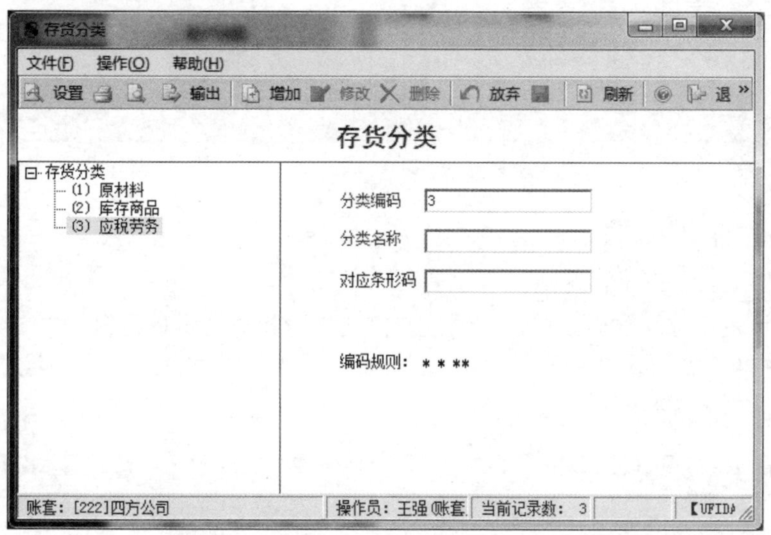

图2-19 设置存货分类

❖ 提示：

✧ 只有在建立账套时设置“需要对存货分类”才能在此设置存货分类，否则不能设置存货分类。

✧ 存货分类编码必须唯一，且必须符合编码规则。

✧ 运输费、装卸费等也是构成企业存货成本的一个组成部分，并且它们拥有不同于一般存货的税率。为了能够正确反映和核算这些劳务费用，一般在存货分类中可以单独设置一类存货，如“应税劳务”或“劳务费用”。

2. 设置计量单位

设置计量单位

操作步骤：

(1) 在“用友U8”|“企业应用平台”系统中，单击“基础设置”|“基础档案”|“存货”|“计量单位”选项，打开“计量单位”窗口。

(2) 单击对话框左侧的“计量单位组”选项，再单击“分组”按钮，打开“计量单位组”对话框。

(3) 录入计量单位组的内容，如图2-20所示。

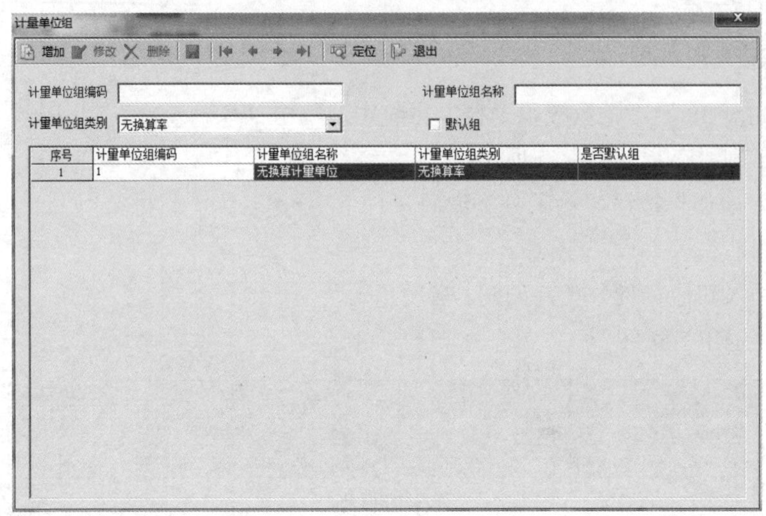

图2-20　设置计量单位组

(4) 单击“保存”按钮。

(5) 单击“退出”按钮。返回“计量单位”窗口。

(6) 在“计量单位”窗口，单击对话框左侧的“无换算计量单位组”，单击“单位”按钮，打开“计量单位”窗口。

(7) 录入计量单位的内容，如图2-21所示。

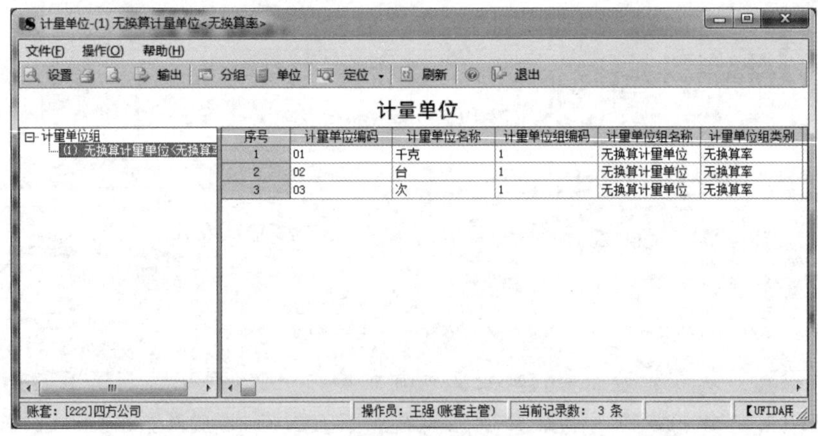

图2-21　设置计量单位

❖ 提示：

- ✧ 无换算计量单位组只能设置一个。
- ✧ 如果存在用多个计量单位核算同一种存货，可以根据多个计量单位之间是否有固定的换算关系设置固定换算组或浮动换算组，存在换算关系的计量单位组中必须设置一个主计量单位。

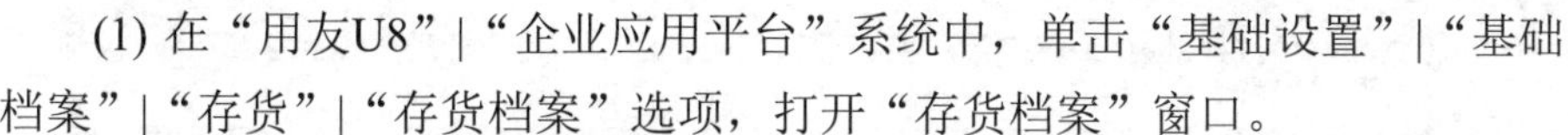

3. 设置存货档案

设置存货档案

操作步骤：

(1) 在“用友U8”|“企业应用平台”系统中，单击“基础设置”|“基础档案”|“存货”|“存货档案”选项，打开“存货档案”窗口。

(2) 单击窗口左侧“存货分类”中的“原材料”，单击“增加”按钮，打开“增加存货档案”对话框。

(3) 依次录入存货档案的内容，如图2-22所示。

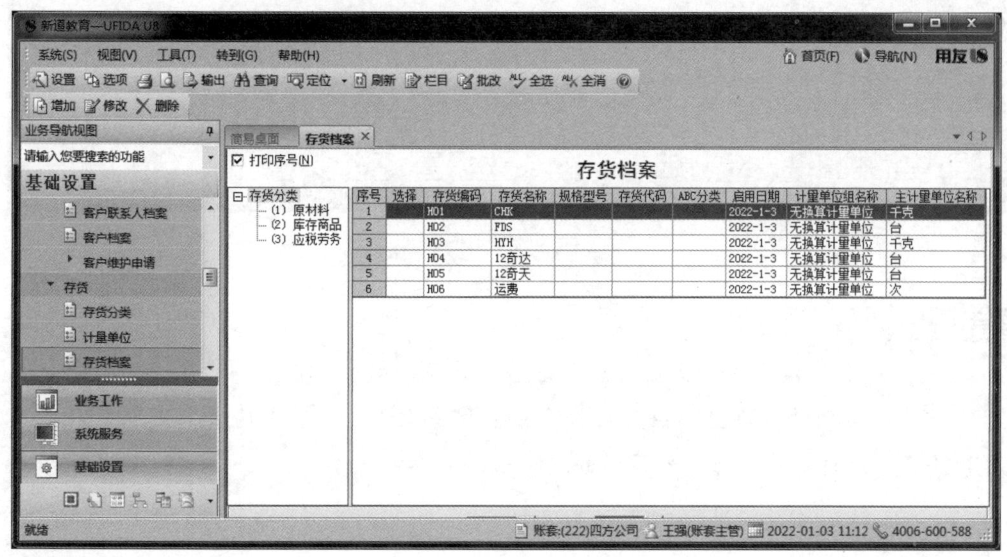

序号	选择	存货编码	存货名称	规格型号	存货代码	ABC分类	启用日期	计量单位组名称	主计量单位名称
1		H01	CHK				2022-1-3	无换算计量单位	千克
2		H02	FDS				2022-1-3	无换算计量单位	台
3		H03	HYH				2022-1-3	无换算计量单位	千克
4		H04	12奇达				2022-1-3	无换算计量单位	台
5		H05	12奇天				2022-1-3	无换算计量单位	台
6		H06	运费				2022-1-3	无换算计量单位	次

图2-22 设置存货档案

(4) 单击“保存”按钮。

❖ 提示：

- ✧ 存货档案必须在最末级存货分类下增加。
- ✧ 若左边框中无存货分类，则将存货归入无存货分类。
- ✧ 必须正确地选择存货属性，否则在填制相应的业务单据时，有可能无法参照到该存货资料。例如，某存货没有定义为内销属性，则在填制销售业务单据时，无法参照到该存货。

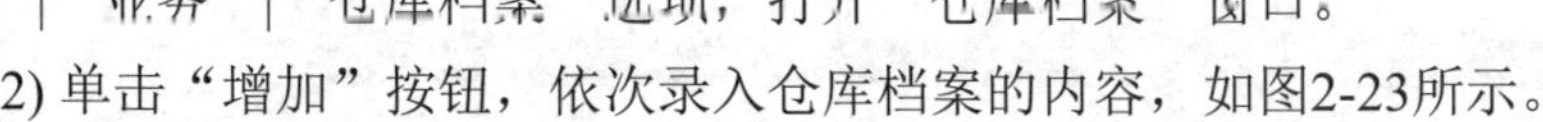

4. 设置仓库档案

设置仓库档案

操作步骤：

(1) 在“用友U8”|“企业应用平台”系统中，单击“基础设置”|“基础档案”|“业务”|“仓库档案”选项，打开“仓库档案”窗口。

(2) 单击“增加”按钮，依次录入仓库档案的内容，如图2-23所示。

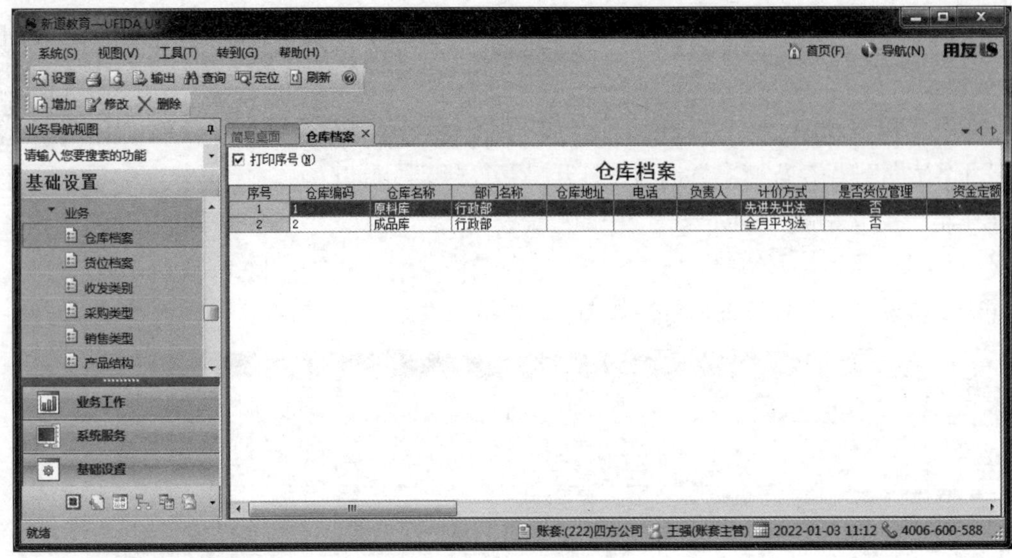

图2-23　设置仓库档案

❖ 提示：

系统提供6种计价方式：工业有计划价法、全月平均法、移动平均法、先进先出法、后进先出法、个别计价法；商业有售价法、全月平均法、移动平均法、先进先出法、后进先出法、个别计价法。每个仓库必须选择一种计价方式。

5. 设置收发类别

设置收发类别

操作步骤：

(1) 在“用友U8”|“企业应用平台”系统中，单击“基础设置”|“基础档案”|“业务”|“收发类别”选项，打开“收发类别”窗口。

(2) 在系统中设置“收发类别”的内容，如图2-24所示。

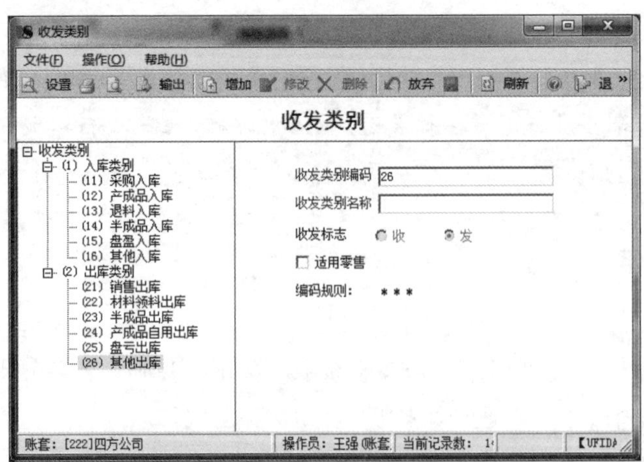

图2-24　设置收发类别

❖ 提示：

收发类别的设置直接影响采购类型和销售类型对收发类别的选择。因此，只有正确地设置收发类别，才能正确地设置采购类型和销售类型。

6. 设置采购类型

设置采购类型

操作步骤：

(1) 在“用友U8” | “企业应用平台”系统中，单击“基础设置” | “基础档案” | “业务” | “采购类型”选项，打开“采购类型”对话框。

(2) 依次录入采购类型的信息，如图2-25所示。

采购类型

序号	采购类型编码	采购类型名称	入库类别	是否默认值	是否委外默认值	是否列入MPS/MRP计划
1	00	普通采购	采购入库	是	否	是
2	01	低值易耗品采购	采购入库	否	否	是
3	02	包装物采购	采购入库	否	否	是
						是

账套：[222]四方公司　操作员：王强(账套主管)　当前记录数：3 条　【UFIDA用友】

图2-25　设置采购类型

❖ 提示：

✧ 采购类型编码只有2位字长，可以是数字或英文字母。编码必须输入，不允许重复，并要提示编码字母的大小写。

✧ “是否默认值”是设定某个采购类型为填制单据时默认的采购类型。对于最常发生的采购类型，可以设定该采购类型为默认的采购类型。

7. 设置销售类型

设置销售类型

操作步骤：

(1) 在“用友U8” | “企业应用平台”系统中，单击“基础设置” | “基础档案” | “业务” | “销售类型”选项，打开“销售类型”对话框。

(2) 依次录入销售类型的信息，如图2-26所示。

(3) 将账套备份到“D:\222账套备份\任务4备份”文件夹中，以便完成接下来的任务。

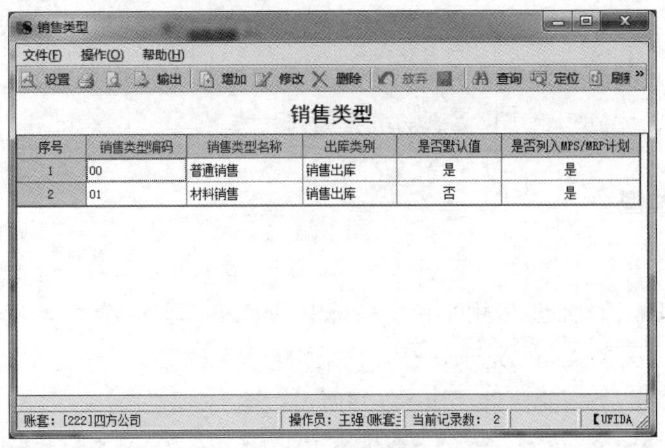

图2-26　设置销售类型

❖ 提示：

✧ 输入销售类型所对应的出库类别，可以将销售业务数据传递到库存管理系统和存货核算系统时进行出库统计和财务制单处理。

✧ 出库类别是收发类别中收发标志为“发”的部分，收发标志为“收”的收发类别是不能作为出库类别的。

✧ “是否默认值”标识销售类型在单据录入或修改被调用时，是否作为调用单据的销售类型的默认取值。

拓展任务

(1) 如果在设置存货档案时将属性设置为“外购”，则该存货能否在开具采购发票及销售发票中引用？

(2) 在存货属性中有一项为“应税劳务”，通常将什么存货的属性设置为“应税劳务”？

(3) 在设置仓库档案时选择存货的计价方式有什么作用？

(4) 设置“收发类别”有什么作用？它和存货科目的设置有什么关系？

(5) 设置“采购类型”和“销售类型”的主要作用是什么？

(6) 了解企业在采用财务与业务一体化应用模式时，业务人员与财务人员合理分工、科学设置操作权限的重要性。

第3章 采购、应付款管理

功能概述

采购管理是指企业物资供应部门按照企业的物资供应计划，通过市场采购、加工定制等渠道，取得企业生产经营活动所需要的各种物资。采购业务的任何状况都会影响企业的整体运营状况，例如，采购作业管理不善会使生产缺料或物料过剩，而无论是生产缺料还是物料过剩都将给企业造成难以估量的损失。

采购管理系统是用友ERP-U8企业管理软件的一个子系统，与“库存管理”及“应付款管理”系统联合使用可以追踪存货的入库信息，把握存货的畅滞信息，从而减少盲目采购，避免库存积压；可以根据采购原料和入库情况进行采购成本核算，同时还可以通过应付款管理对与供应商的往来资金进行结算，自动记录到供应商往来账中，便于财务部门及时掌握有关财务数据。

采购管理系统主要提供对企业采购业务全流程的管理。采购管理系统支持以采购订单为核心的业务模式，其主要任务是在采购管理系统中处理采购入库单和采购发票，并根据采购发票确认采购入库成本及采购付款的全过程。应付款管理主要是处理采购过程中的采购发票及其他与供应商往来资金有关的票据和付款情况，以及可能的转账业务。

采购管理的主要功能是进行采购订单处理，动态掌握订单执行情况；向拖期交货的供应商发出催货函；处理采购入库单、采购发票，并根据采购发票确认采购成本。应付款管理主要处理采购付款业务及往来转账业务，进行单据查询及账表的查询、统计。

- 采购订单管理：根据订货情况对供货单位、供货数量等进行输入、修改、查询，审核采购订单，了解订单的执行或未执行情况。
- 采购到货：可以根据采购订单和实际到货数量入库，也可以暂估入库，还可以根据采购发票报账入库。支持退货负入库和冲单负入库，并可处理采购期初退货。
- 采购发票：可以对供货单位开具的发票进行处理。采购发票分为增值税专用发票、普通发票、运费发票、其他票据等。发票可以根据入库单产生，可以处理负数发票，也可以进行现付款结算。
- 采购结算：采购结算是根据入库单、发票确认其采购入库成本。采购结算可以由计算机自动结算，也可以人工结算。
- 费用分配：工业企业可以将采购发票的费用或费用发票的金额按入库数量或入库金额分摊到入库成本中。
- 采购往来管理：在应付款管理中可以通过填制付/收款单进行付款结算，对发票及应付单进行核销，还可以在转账功能中实现应付冲应付、预付冲应付、应付冲应收、红票对冲等转账业务处理。

- 账表：可以根据不同的查询条件分别查询采购明细表和采购统计表，以及供应商往来明细账。

主要任务

学习采购管理系统中采购业务的处理流程，采购订单、采购发票、采购结算、采购付款等业务处理的原理和操作方法，以及采购账表的查询方法。能够正确填制采购订单、采购发票并进行采购结算、采购付款及往来转账等业务的处理。

了解采购账表的查询方法及供应商往来的有关账表查询。

思政园地

通过对采购与应付款业务处理的学习，要充分了解信息化环境中遵纪守法和加强内部控制的重要性。财务人员应当清正廉明，以身作则，不得利用自身的工作之便谋取私利，对工作中遇到的有关问题要实事求是地反映，并及时按规定处理，切实做到诚实可信，履行承诺。

3.1 采购管理的业务流程

3.1.1 采购系统的业务流程

采购管理系统适用于大多数企业的日常采购业务，它与其他系统一起，提供对采购订货、采购到货、采购发票及采购付款的全过程管理。用户可以根据企业的实际业务状况，结合本系统对采购流程进行灵活配置。

采购业务的基本流程如下。

1. 编制采购计划

为了更好地执行采购，满足企业的生产和销售需要，采购部门往往需要制订采购计划。通过采购计划，可以随时了解企业在何时需要什么物料及所需物料的数量。在采购计划中，主要解决如下几个问题：一是采购的对象是什么，即采购什么物料；二是采购的数量是多少；三是订货日期和到货日期要求是什么时候。采购计划为企业采购提供宏观上的指导。采购计划属于计划层面的操作，实际的采购作业在采购计划指导下展开，此时采购作业尚未开始。

2. 询价

采购计划批准后，采购部门就可以按照计划执行采购了。有了采购意向后，采购方可向评估合格的供应商进行询价，签发报价请求要求供应商竞价；采购方收到供应商的报价后，由采购、使用等部门共同参与比质和比价的程序，进行议价，根据议价的结果选择一家价格合理且各方面合适的供应商下达订单。

3. 订单管理

采购部门确定要采购以后，业务人员即可向供应商发出采购订单，采购订单是采购方与供应商之间签订的采购合同或购销协议在计算机中标准化、格式化的表达，它具有一定的约束力。它可以是企业采购合同中关于货物的明细内容，也可以是一种订货的口头协议。其主要内容包括采购什么货物、采购多少、由谁供货、什么时间到货、到货地点、运输方式、价格、运费等。采购订单是采购系统中的核心单据，通过采购订单可以跟踪采购的整个业务流程。

订单下达后，为了保证订单按时、按质、按量交货，采购部门要对订单进行跟踪检查，控制采购进度。系统提供订单的跟踪功能，对于拖期未到货的订单，应向供货单位发出供应商催货函。

采购业务流程如图3-1所示。

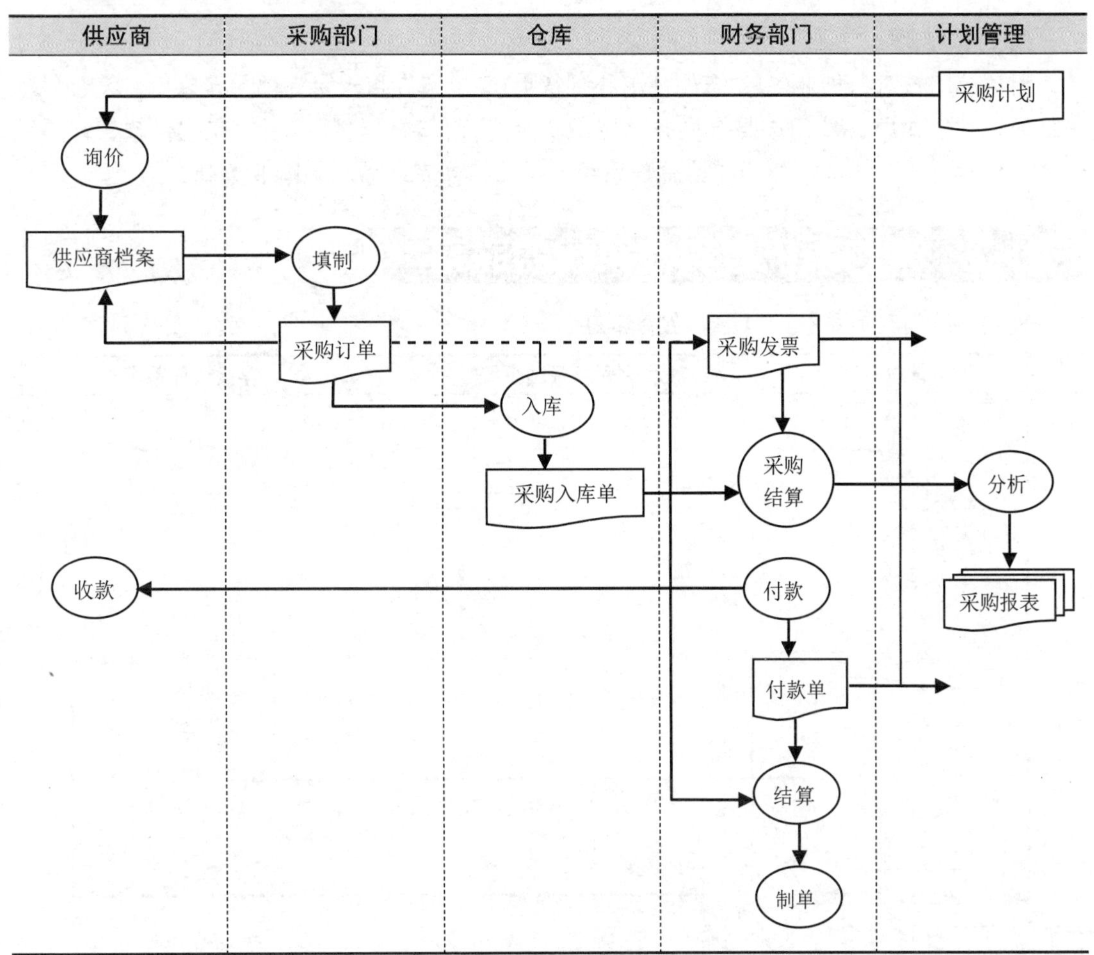

图3-1　采购业务流程

注：发票可以由采购入库单生成，也可以由采购订单生成，此处为可选流程。

4. 到货及入库

进货的环节主要包括到货、检验和入库等工作。货物到达企业后，需要进行清点，检查到货的物料是否与订单内容一致。对于需要检验的物料，企业应按照规定的验收制度和经批准的采购订单、采购合同等采购文件，由独立的验收部门或指定专人对所购物品或劳务等的品种、规格、数量、质量和其他相关内容进行验收，出具验收证明。检验合格后才可以正式交存仓库入库，验收入库后由仓库参照采购订单或采购到货单填写采购入库单。

检验时如果发现不合格货物，不能入库，可按事先约定的协议或合同条款，确定是否补齐、返修或退货。如果需要退货，则根据退货的具体情况填写相应的红字单据。

5. 开具采购发票

采购发票是供应商开出的销售货物的凭证，收到供应商开具的发票以后，可以根据采购订单、到货单等单据生成采购发票，也可以手工录入采购发票。系统根据采购发票最终确定采购成本并作为付款的依据，采购发票生成后传递给应付款管理系统进行相应的供应商往来付款项处理，应付款管理系统根据发票生成采购应付的记账凭证，并传递给总账系统进行账务处理。

6. 付款结算

财务部门核对各种业务单据(如订单和到货单)，当到货和入库等都无误以后，符合付款条件时，才能由财务部门按照合同条款组织资金进行付款。付款以后，在应付款管理系统中生成付款的相关凭证，并传递给总账系统。付款结算完之后，采购业务基本结束。

3.1.2 采购系统与其他系统的联系

采购系统与其他系统的联系，如图3-2所示。

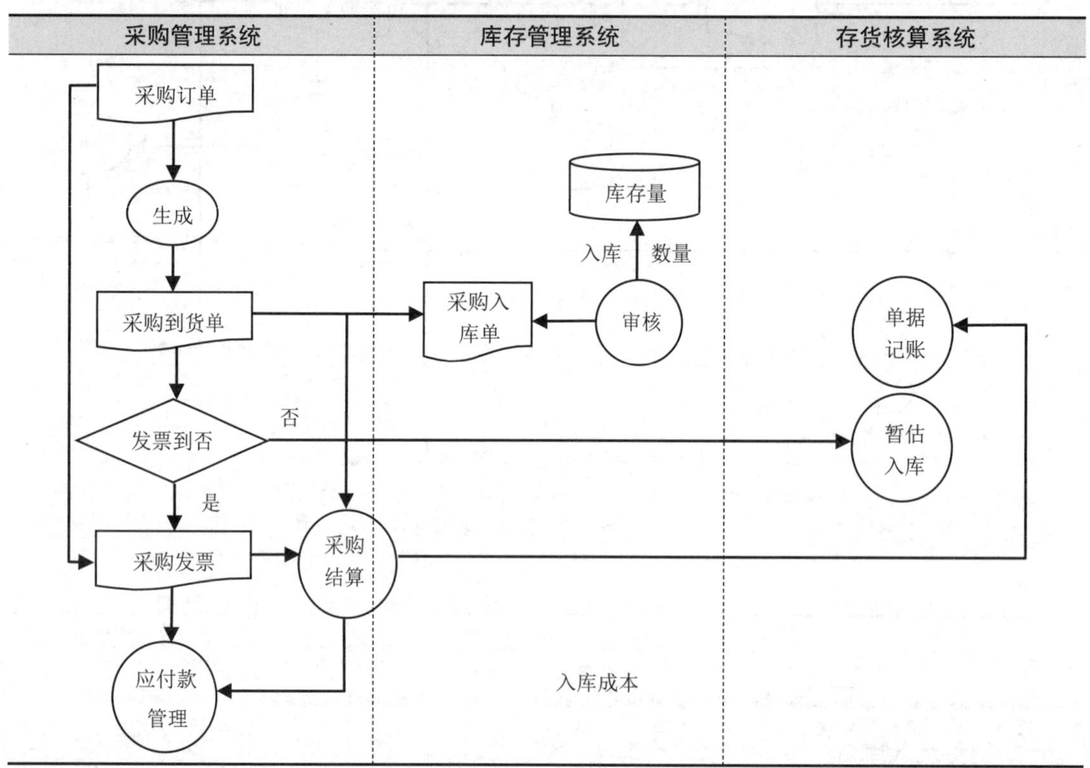

图3-2 采购系统与其他系统的联系

采购管理系统与其他系统的关系主要是：在采购管理系统中填制的采购到货单在库存管理系统中可以生成采购入库单进行审核确认，在存货核算系统中进行记账；采购管理系统中没有结算的入库单，在存货核算系统中做暂估入账处理；在采购管理系统中填制的采购发票，在采购结算处理后，自动在应付款管理中记载应付账款信息。

❖ 提示：

采购管理系统是用友ERP-U8企业管理软件产品的一部分，不能单独使用。它与其他模块的关系为：采购管理与库存管理共用采购入库单；库存管理系统填制的采购入库单，采购管理系统不能修改、删除；采购管理与应付款管理系统共用采购发票，采购管理填制的采购发票，应付款管理系统不能修改、删除，可以对发票进行付款、核销及转账等操作。

3.2 初始设置

在购销存基础设置完成后，可根据企业的实际需要，具体设置采购管理、应付款管理的业务范围，录入有关的期初数据并进行期初对账、记账处理。

3.2.1 采购、应付款业务范围设置

为使通用软件能适应不同的业务需要，在初始化时可以对采购、应付款业务处理进行限定，设置业务处理控制参数。其主要包括业务及权限控制参数、公共及参照控制参数、预算控制参数、应付款控制参数、其他业务控制参数及供应商往来科目的设置。

1. 业务及权限控制参数

- 普通业务必有订单：如果企业对于订单要求严格执行时，需要选取此项。
- 订单、到货单、发票单价录入方式：可以选中“手工录入”“取自供应商存货价格表价格”或“最新价格”。
- 允许超订单到货及入库：有时收到的货物可能和订购货物在数量上不一致，可选此项。

2. 公共及参照控制参数

- 供应商是否分类：选择该选项，表示企业对供应商进行分类管理。
- 本系统启用的会计月：在此处录入本系统企业的会计月，如果有其他系统先于采购系统企业启用，则此处置灰，方框中显示的是最先启用系统的月份。
- 单据默认税率：根据企业业务设定专用发票税率的默认值，录入采购发票时自动带入。

3. 预算控制参数

该参数可以设置预算控制的采购类型，并设置在有无审批流时的控制时点。

4. 应付款控制参数

- 核销设置：可以使用按单据或按产品两种方式。按单据核销是指系统将满足条件的

未结算单据全部列出，由用户选择要结算的单据，根据所选择的单据进行核销；按产品核销是指系统将满足条件的未核销的发票、应收单按产品列出，选择要结算的产品，根据所选择的记录进行核销。

- 应付票据直接生成月末付款单。
- 应付账款核算模型：可分为详细核算和简单核算。
- 现金折扣是否自动计算：可以选择显示现金折扣和不显示现金折扣两种方式。如果供应商提供了在信用期间内提前付款可以优惠的政策，可以选择显示现金折扣，系统会在“单据结算”中显示“可享受折扣”和“本次折扣”，并计算可享受的折扣。如果选择了“不显示现金折扣”，则系统既不计算也不显示现金折扣。

5. 其他业务控制参数

企业根据需要进行采购预警设置，设置“提前预警天数”和“逾期报警天数”选项等。

6. 供应商往来科目

供应商往来科目主要是设置和供应商往来(应付款项)相关的记账凭证所需要的会计科目，便于系统自动对该类业务进行制单。其包括基本科目设置、控制科目设置、存货采购科目设置、结算方式科目设置。

- 基本科目设置：指在核算应付款项时经常用到的科目，可以在此处设置常用科目。
- 控制科目设置：如果在核算对供应商的赊购欠款时，针对不同的供应商(供应商分类、地区分类)分别设置了不同的应付账款科目和预付账款科目，可以先在账套参数中选择设置的依据(即选择是针对不同的供应商设置，还是针对不同的供应商分类设置，或者是不同的地区分类设置)，然后在此处进行设置。
- 存货采购科目设置：如果针对不同的存货(存货分类)分别设置不同的采购科目、应交进项税科目，则可以先在账套参数中选择设置的依据(即选择是针对不同的存货设置，还是针对不同的存货分类设置)，然后在此处设置。
- 结算方式科目设置：可以为每种结算方式设置一个默认的科目。

3.2.2 录入采购业务期初余额

采购业务期初余额，是指在启用采购管理系统之前，企业采购的货物已经验收入库，但还没有取得供货单位的采购发票，或者已经取得了供货单位的采购发票却因尚未收到采购的货物而未填制采购入库单，不能进行采购结算的业务内容。即采购业务的期初余额主要包括期初暂估入库业务和期初在途业务两种。

期初暂估业务的期初余额是已入库但未收到供货单位采购发票的业务，即货到票未到业务，暂估业务通过输入期初采购入库单来完成；期初在途业务余额是已收到发票尚未入库的业务，通过填制期初采购发票来完成。在录入采购业务的期初入库单或发票后，形成采购管理系统的期初数据，实现手工业务的延续，以便在取得发票或填制入库单后进行采购结算。

1. 期初暂估入库

期初暂估入库是将启用采购管理系统前没有取得供货单位采购发票，不能进行采购报账的入库单输入系统，形成采购管理系统的期初数据，以便取得发票后进行采购结算。

2. 期初在途存货

期初在途存货是将启用采购管理前已取得供货单位采购发票而货物没有入库，不能进行采购报账，即不能进行采购结算的发票输入系统，以便货物入库并填制入库单后进行采购结算。期初在途存货在供应商期初余额中录入。

3.2.3　录入供应商往来期初余额

供应商往来期初余额，是指企业已形成的应付款项到目前为止尚未支付的余额。为了便于以后核销账务，在初次使用应付款管理系统时，应将未处理完的单据全部录入本系统中。在第二年进行业务处理时，系统自动将上年度未处理完全的单据转成下一年度的期初余额。由于应付款项业务形成的原因不同，所示形成应付款项的原始单据也有所不同。形成应付款项的单据主要有采购专用发票、采购普通发票、预付单及其他应付单等。当完成全部应付款期初余额录入后，通过对账功能可将采购系统的应付款余额与总账系统期初余额进行核对。

3.2.4　期初记账

采购期初数据输入完成后，计算机将对期初输入的所有数据进行期初记账。期初记账是将期初数据记入采购余额一览表。采购期初记账后才能进行日常采购业务处理。期初记账以后不允许再输入期初数据；如果期初记账后发现有期初数据没有输入计算机，可以取消记账，再输入期初数据。

3.3　日常采购业务

采购管理系统的日常业务处理主要包括填制并审核采购订单、填制并审核到货单、填制采购发票、进行采购结算等业务内容。

3.3.1　采购订货

采购订货，是指企业根据本期的采购计划与资金预算及与供应商签订的采购合同或采购协议，确认要货需求。订货确认后在系统内部输入采购订单，并在采购订单上需要说明采购什么货物、采购多少货物、由谁供货、什么时间到货、运输方式、价格及运费等。供应商根据采购订单组织货源，企业的仓管部门依据采购订单进行货物验收。

有采购订单管理需求的企业，可以根据与供应商签订的采购合同或协议，按规定录入计算机中；没有采购订单的采购业务可以不必录入采购订单。

采购订单是采购系统中很重要的业务单据，通过订单可以对采购业务进行全程跟踪和控制，有利于企业加强采购业务管理。在系统中可以随时查询采购订单的执行情况，实时了解没有取得采购发票的暂估入库统计信息和明细数据、没有货物入库的采购发票(在途货物)统计信息和明细数据，以及已进行采购结算的采购入库统计表和明细表等。

企业对订货管理的要求必须科学而严格：首先要求所订的货物必须在计划的时间到货，绝对不能延误。采购延误将耽误整个生产计划和销售计划的完成，影响本年度利润指标的实现；而一般情况下，也不能提前，如果采购提前到货，容易造成库存物料积压，以及存货资金的浪费和仓库保管成本的提高。

订单录入以后需要经过审核才能被认定是合法、有效的，并且审核后的订单才可据以生成其他单据，如采购到货单、采购发票等。订单审核后，可以弃审。但如果该订单由下游单据生成，或者被其他功能、其他系统使用，视为该订单已经执行，则已执行的单据不可弃审，除非将生成的下游单据删除。

采购订单的审核是对订购业务的最终确立。按照企业内部控制的要求，采购订单的填制和审核属于不相容的职务，不能是同一个人。

对于下达的采购订单，系统提供从采购单编码、物料号、供应商号、采购员代码、交货日期等多种查询途径，提供全程跟踪采购订单执行情况的功能，企业可以全面监控采购物料的到货、付款、开发票、运输等情况，根据订单执行情况生成订单跟催计划。在跟催过程中，要随时了解供应商的生产进度及质量情况，并及时对供应商给予支持。

1. 采购订单的操作流程

在系统中，采购订单的操作主要包括以下内容。

(1) 根据采购计划及签订的采购合同或协议填写采购订单。

(2) 待供货单位确认后，修改审核订单。

(3) 货物到达企业后，填制到货单，并转仓库生成采购入库单，同时可以在采购入库单上注明订单号。

(4) 对于执行完成的订单，可以关闭订单。

(5) 查询订单的入库执行情况。

(6) 查询订单中各存货的入库执行情况。

(7) 对于拖期的订单，向供货单位发出催货函。

采购订单的业务流程如图3-3所示。

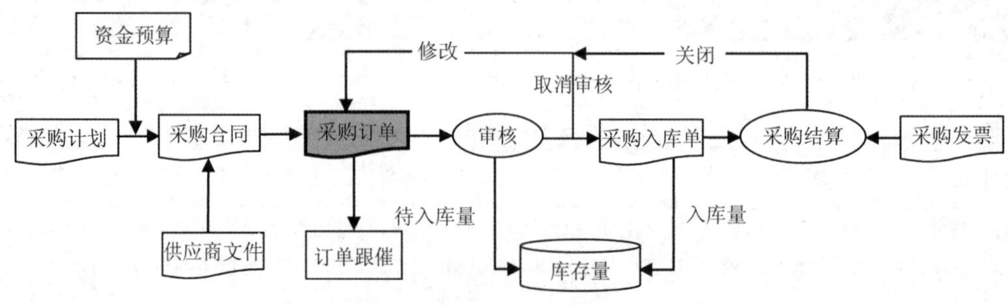

图3-3　采购订单的业务流程

2. 填制并审核采购订单

当与供货单位签订采购意向协议时，可以将采购协议输入计算机，并打印出来供采购主管审批或经由供货单位确认。

3.3.2 采购到货单

采购货物入库时，根据实际到货数量填制到货单。采购到货单是根据采购订单签收的实收数量填制的单据。该单据按进出仓库划分为“到货单”和“退货单(红字)”。采购到货单可以直接录入，也可以由采购订单或采购发票生成。

在实际工作中，可以根据采购订单直接在计算机中填制采购到货单(即前台处理)，也可以先由人工制单而后集中输入(即后台处理)。企业采用哪种方式应根据本单位的实际情况确定。

1. 采购到货单的操作流程

采购到货单的操作流程如图3-4所示。

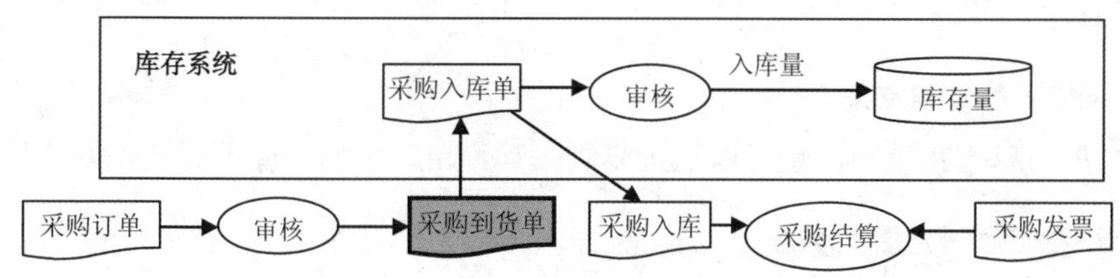

图3-4 采购到货单的操作流程

(1) 根据采购订单生成采购到货单，或者直接填制采购到货单。

(2) 在库存管理系统中根据采购到货单生成采购入库单并审核。

(3) 在收到采购发票后进行采购结算处理。

(4) 查询各入库单的实际入库成本。

2. 填制采购入库单

采购的货物到达企业后，可以先填制“到货单”，也可以不填制“到货单”，直接在库存系统根据采购订单生成“采购入库单”。如果企业的采购业务是根据“采购订单”进行采购活动的，应根据该企业的“采购订单”填制采购到货单，以便加快填单速度，并可以统计采购订单的执行情况。

3.3.3 采购发票

采购发票是供应商开出的销售货物的凭证，是从供货单位取得的进项发票及发票清单。在收到供货单位的发票时，如果没有收到供货单位的货物，可以对发票压单处理，待货物到达后，再输入计算机做报账结算处理；也可以把发票先输入计算机，以便及时掌握在途货物的情况。采购发票按发票类型分为采购专用发票、采购普通发票及运费发票；按业务性质分为蓝字发票和红字发票。

1. 操作流程

采购发票的操作流程如图3-5所示。

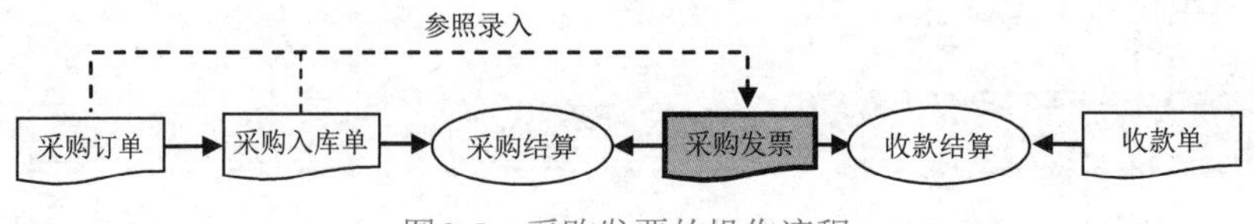

图3-5 采购发票的操作流程

(1) 输入采购发票。

- 如果采购发票有对应的采购订单，则可以用复制原采购订单的方法输入发票。
- 如果采购入库单先填制并且已输入计算机，则发票可以用复制原采购入库单的方法输入。
- 如果本张发票与以前已有的某张发票相同，则可以用复制以前发票的方法输入。

(2) 如果管理需要，可通知审核人员对输入的发票或经主管领导签字准予报销的发票进行审核确认。审核过的发票不能进行修改、删除操作。

(3) 查询各采购发票的有关信息。

2. 填制并审核采购发票

采购发票可以直接填制，也可以通过复制采购订单、采购入库单或其他发票生成。

3.3.4 采购结算

采购结算也称为采购报账，会计上的含义是指采购核算人员根据采购入库单、采购发票核算采购入库成本。在手工业务中，采购业务员拿着经主管领导审批过的采购发票和仓库确认的入库单到财务部门，由财务人员确认采购成本。

这里的采购结算是针对一般采购业务类型的入库单，根据发票确认其采购成本。经过采购结算后，如果入库单上没有记载单价和金额，则将发票上的金额写入入库单，并传递给核算系统作为入库的成本；如果入库单上原来记载有金额，则以发票金额为准，将发票金额覆盖入库单上的金额。采购结算处理流程如图3-6所示。

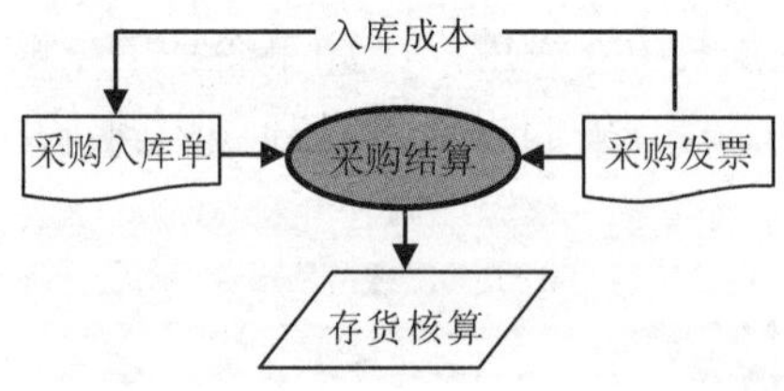

图3-6 采购结算处理流程

采购结算从操作处理上分为自动结算和手工结算两种方式；从单据处理上分为正数入库单与负数入库单结算、正数发票与负数发票结算、正数入库单与正数发票结算、负数入库单与负数发票结算，以及费用发票单独结算等方式。

1. 自动结算

自动结算是由计算机系统自动将相同供货单位的存货相同且数量相等的采购入库单和采购发票进行结算。结算时，可以根据需要输入结算条件，系统将根据企业输入的条件范围进行结算。例如，企业只对某个供货单位的采购业务进行结算，可以输入该供货单位的名称或编号。

2. 手工结算

当采购入库单和采购发票上的采购数量不一致时，就需要利用手工结算方式来结算了。使用手工结算功能还可以进行正数入库单与负数入库单结算、正数发票与负数发票结算、正数入库单与正数发票结算、负数入库单与负数发票结算及费用发票单独结算等方式。

手工结算时可以结算入库单中的部分货物，未结算的货物可以在今后取得发票后再结算。可以同时对多张入库单和多张发票进行报账结算。

手工结算还支持到下级单位采购，付款给其上级主管单位的结算；支持三角债结算，即支持甲单位的发票可以结算乙单位的货物。

3.4　应付款管理

应付账款是企业负债的一个重要组成部分，是指企业在正常经营活动中，由于采购商品或接受劳务，而应向供货单位或提供劳务的单位所支付的款项。应付款管理主要用于核算和管理企业与供应商之间的往来款项，及时进行应付账款确认及付款处理，是财务核算工作的重要内容。应付款管理主要包括付款结算、应付票据处理、转账处理、应付款制单处理和取消操作等。

3.4.1　付款结算

当收到供应商提供的货物和发票后，财务部门核对发票和入库情况无误，按双方约定的付款日期、付款方式和付款条件向供应商支付货款。付款结算后录入付款单据，并与应付给该供应商的应付货款进行核销。

应付款业务的核销是指确定付款单与采购发票、应付单之间的对应关系的操作。核销时需要指明每一次付款是付的哪几笔采购业务的款项。明确核销关系后，可以进行精确的账龄分析，更好地管理企业的应付账款。

如果支付的货款等于应付款，则进行完全核销；如果支付的货款小于应付款，则进行部分核销；如果支付的货款大于应付款，则余款作为预付款处理。付款核销处理的结果将在应付款系统中生成记账凭证并传递到总账系统。

3.4.2 应付票据处理

应付票据主要指企业对外签发的商业承兑汇票和银行承兑汇票，包括签发票据、到期计息付款结算、退票、转出等业务。实际操作中，填写商业票据的有关详细信息，尤其是出票日期、到期日、票面金额等要素，可以根据系统要求进行相关业务处理。

3.4.3 转账处理

在实际工作中，往来单位之间有可能是互为供应单位，往来款项业务非常复杂，双方单位之间经常出现既有应收账款又有预收账款、既有应收账款又有应付账款的情况。因此，在实际工作中，可以根据不同情况将预付账款冲抵应付账款，以应付账款冲抵应收账款等。转账处理功能即是完成往来业务相互冲抵操作的功能。

3.4.4 应付款制单处理

应付款系统供应商往来制单的工作主要包括发票制单、核销制单、汇兑损益制单、转账制单、并账制单、现结制单等。

其中，发票制单生成诸如以下的记账凭证。

借：在途物资(采购科目)

应交税费——应交增值税——进项税额(采购税金科目)

贷：应付账款——××供应商(应付科目)

核销制单生成诸如以下的记账凭证。

借：应付账款等

贷：银行存款

贷方科目为表头结算科目。借方科目款项类型如为应付款，则为应付科目；如为预付款，则贷方科目为预付科目；如为其他费用，则借方科目为费用科目。若无科目，则用户需要手工输入科目。

应付款项形成后，企业应在约定日期内及时付款，付款后形成付款单，付款单经批准审核后，即可进行付款单制单，系统根据付款单上记载的相关信息生成记账凭证，并传递给总账系统进行进一步处理。

这里的“应付账款”必须为应付系统的受控科目，在核算系统和总账系统集成应用的情况下，必须要在总账系统中将“应付账款”科目定义为供应商往来核算，并将其指定为应付系统受控科目，这样核算系统才能使用该科目制单。一般情况下，可以通过总账参数设置“不允许使用其他系统受控科目”制单，这样应付账款只能在核算系统中制单，总账系统无权利用其制单，可以保证日常业务处理后核算系统和总账系统数据的对账平衡。

3.4.5 取消操作

应付款管理的各个业务处理环节，都可能由于各种各样的原因造成操作失误，为了方

便修改，系统提供了取消操作的功能。

取消操作的类型包括取消核销、取消票据处理，以及取消应付冲应付、应付冲应收及预付冲应付转账处理等。

1. 取消核销

取消核销即当已经对供货单位付款结算后，发现发票、入库单或结算金额有误时，应在取消核销后再进行修改。

2. 取消票据处理

取消已填制的商业承兑汇票及银行承兑汇票的审核操作。

3. 取消应付冲应付、应付冲应收及预付冲应付转账处理

在制单之前如果发现转账或并账业务的处理有错误，可以在取消转账或并账后进行重新转账或并账等操作。

3.5 月末业务

采购、应付款系统的月末业务主要包括采购账表和供应商往来账表的查询和分析，以及月末结账。

3.5.1 采购账表查询

通过对明细表、统计表、余额表及采购分析表的对比分析，实现了对采购管理的事中控制、事后分析功能。综合利用采购系统提供的各种账表及查询功能，可以全面提升企业的采购管理水平。

1. 采购明细表

采购明细是指将采购业务中的采购发票、采购入库单及采购结算单据，由用户任选查询条件，逐笔显示出来。采购明细表主要有采购明细表、入库明细表、结算明细表、货到票未到明细表、票到货未到明细表、费用明细表及增值税抵扣明细表。

操作流程如下。

(1) 设计明细表格式。

(2) 输入筛选条件。

(3) 查询明细表。

(4) 打印明细表。

2. 采购统计表

采购统计是指将采购业务中的采购发票、采购入库单及采购结算数据，由用户任选查询条件，逐笔显示出来。采购统计表主要有采购统计表、入库统计表、结算统计表、货到票未到统计表、票到货未到统计表及综合统计表等。

3. 采购账簿

采购账簿是指采购人员将采购业务活动中发生的采购入库单和采购发票登记并汇总出采购发生额、余额一览表。采购账簿有暂估入库余额一览表和在途货物余额一览表。

3.5.2 供应商往来账表查询

供应商往来账表查询主要包括对供应商往来总账、供应商往来明细账、供应商往来余额表及供应商往来对账单的查询。

1. 供应商往来总账

查询供应商往来总账可以按供应商或供应商分类等条件查询在一定月份期间所发生的应付、付款总额及余额情况。

2. 供应商往来明细账

查询供应商往来明细账可以按供应商、供应商分类、存货或存货分类等条件查询在一定月份期间所发生的应付、付款的明细情况。

3. 供应商往来余额表

查询供应商往来余额表可以按供应商、供应商分类、存货或存货分类等条件查询在一定月份期间所发生的应付、付款总额及余额情况。

4. 供应商往来对账单

查询供应商往来对账单可以了解一定期间内各供应商、供应商分类等条件的对账单。

3.5.3 月末结账

月末结账是指逐月将每月的单据数据封存，并将当月的采购、应付款数据记入有关账表中。采购、应付款管理的月末结账需要连续进行，不允许跨月结账。月末结账后，将不能修改、删除该月的凭证。

采购管理月末结账后，才能进行库存管理、应付款管理的月末结账；如果采购管理要取消月末处理，必须先通知库存管理、应付款管理的任何一个单元，要求它们的系统取消月末结账。如果库存管理、应付款的任何一个单元不能取消月末结账，那么也不能取消采购管理的月末结账。

任务导入

四方股份有限公司2022年1月开始使用用友ERP-U8企业管理软件进行采购业务的处理。其具体的分工为：由“YW01”进行采购、应付款系统初始化，由“YW02”填制采购订单、采购入库单和采购发票，由“YW01”审核采购订单和采购发票，由“KJ04”进行采购付款及转账的处理。

任务5　采购管理、应付款管理系统初始化

具体任务

- 设置应付款管理系统的参数。
- 录入应付款项的期初余额并与总账进行对账。
- 对采购系统进行期初记账。
- 进行应付款系统初始设置。

案例

1. 设置应付款管理系统的选项

录入设置应付款管理系统中“权限与预警”选项，取消系统初始设置的“控制操作员权限”，其余默认采购系统、应付款管理选项的内容。

2. 设置基本科目(见表3-1)

表3-1　基本科目

基础科目种类	科目	币种
应付科目	2202	人民币
预付科目	1123	人民币
采购科目	1402	人民币
税金科目	22210101	人民币
商业承兑科目	2201	人民币
银行承兑科目	2201	人民币
票据利息科目	6603	人民币
票据费用科目	6603	人民币
现金折扣科目	6603	人民币

3. 设置结算方式科目(见表3-2)

表3-2　结算方式科目

结算方式	币种	本单位账号	科目
现金结算	人民币		1001
转账支票	人民币	010-90903280	100201
汇兑	人民币	010-90903280	100201
银行汇票	人民币		1012
托收承付	人民币	010-90903280	100201
网银转账	人民币	010-90903280	100201

4. 应付款项的期初余额(见表3-3)

表3-3 应付款项的期初余额

单据类型	时间	供应商	存货	数量	单价	税率	金额	会计科目	结算方式及科目
采购专用发票	2021-11-16	美图公司	FDS	13	3 200	13%	47 008	应付账款	
预付款	2021-11-11	兄弟公司					150 000	预付账款	网银转账(100201)
商业承兑汇票(编号：87655678)	2021-12-11(到期日：2022年3月11日)	长江公司					92 664	应付票据	

业务处理过程

1. 设置应付款管理系统的选项

设置应付款管理系统的选项

(1) 由业务主管“YW01 张思思”登录“用友U8”|“企业应用平台”系统。

(2) 单击“业务工作”|“财务会计”|“应付款管理”|“设置”|“选项”选项，打开“账套参数设置”对话框。

(3) 单击“编辑”按钮，再单击“权限与预警”选项卡，取消选中“控制操作员权限”复选框。

(4) 单击“确定”按钮，如图3-7所示。

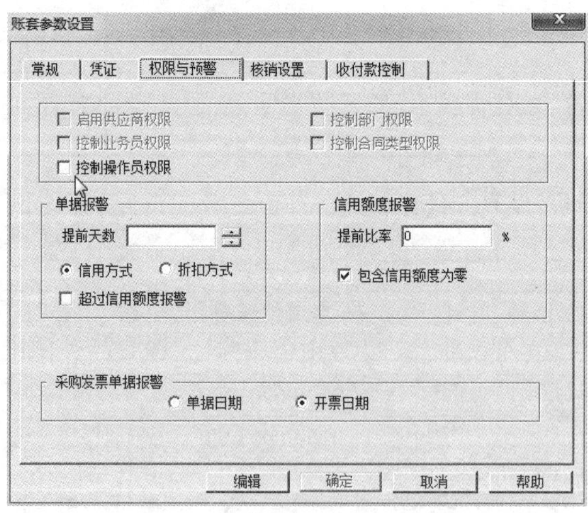

图3-7 应付款系统的参数设置

2. 录入应付款项的期初余额并与总账对账

录入应付款项的期初余额并与总账对账

操作步骤：

(1) 由业务主管“YW01 张思思”登录“用友U8”|“企业应用平台”

系统。

(2) 单击"业务工作"|"财务会计"|"应付款管理"|"设置"|"期初余额"选项，打开"期初余额_查询"对话框。

(3) 单击"确认"按钮，打开"期初余额明细表"窗口。

(4) 单击"增加"按钮，录入第1张"采购专用发票"，如图3-8所示。

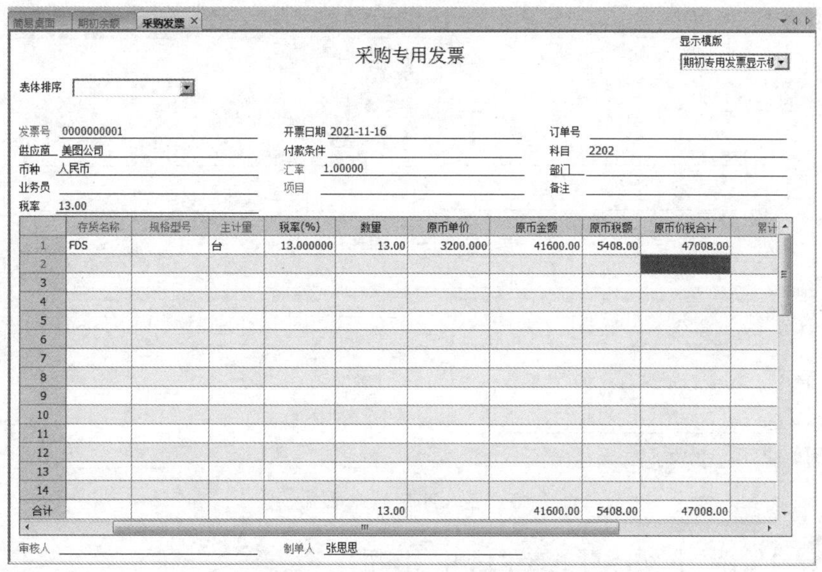

简易桌面　期初余额　采购发票

采购专用发票

显示模版：期初专用发票显示模

表体排序

发票号 0000000001　开票日期 2021-11-16　订单号

供应商 美图公司　付款条件　科目 2202

币种 人民币　汇率 1.00000　部门

业务员　项目　备注

税率 13.00

	存货名称	规格型号	主计量	税率(%)	数量	原币单价	原币金额	原币税额	原币价税合计	累计
1	FDS		台	13.000000	13.00	3200.000	41600.00	5408.00	47008.00	
2										
3										
4										
5										
6										
7										
8										
9										
10										
11										
12										
13										
14										
合计					13.00		41600.00	5408.00	47008.00	

审核人　制单人 张思思

图3-8　录入期初采购专用发票

(5) 单击"保存"按钮。

(6) 单击"退出"按钮，返回"期初余额明细表"。

(7) 单击"增加"按钮，选择单据类别，单据名称为"预付款"，单据类型为"付款单"。

(8) 单击"确认"按钮，打开"付款单"窗口，录入预付款单的所有内容，如图3-9所示。

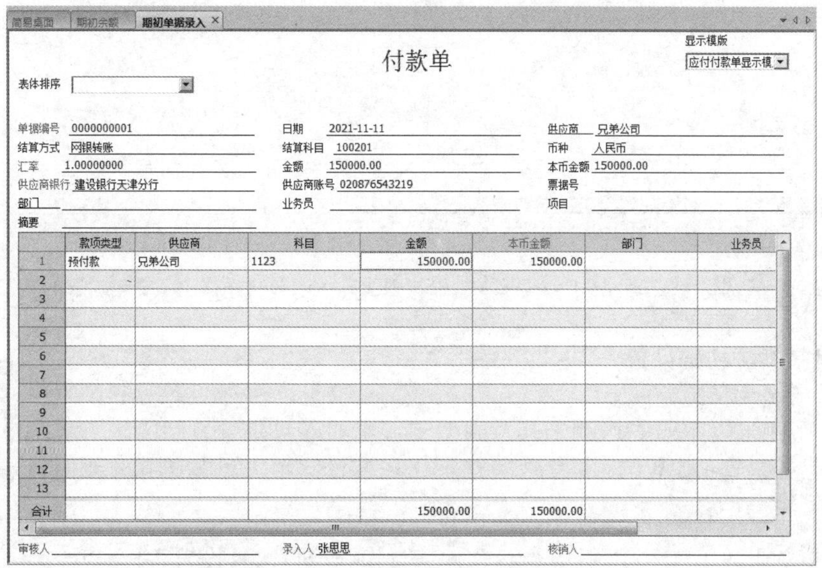

简易桌面　期初余额　期初单据录入

付款单

显示模版：应付付款单显示模

表体排序

单据编号 0000000001　日期 2021-11-11　供应商 兄弟公司

结算方式 网银转账　结算科目 100201　币种 人民币

汇率 1.00000000　金额 150000.00　本币金额 150000.00

供应商银行 建设银行天津分行　供应商账号 020876543219　票据号

部门　业务员　项目

摘要

	款项类型	供应商	科目	金额	本币金额	部门	业务员
1	预付款	兄弟公司	1123	150000.00	150000.00		
2							
3							
4							
5							
6							
7							
8							
9							
10							
11							
12							
13							
合计				150000.00	150000.00		

审核人　录入人 张思思　核销人

图3-9　录入期初预付款

(9) 单击“保存”按钮，再单击“退出”按钮。

(10) 单击“增加”按钮，选择单据类别，单据名称为“应付票据”，单据类型为“商业承兑汇票”。

(11) 单击“确认”按钮，打开“期初票据”窗口，录入商业承兑汇票的所有内容，如图3-10所示。

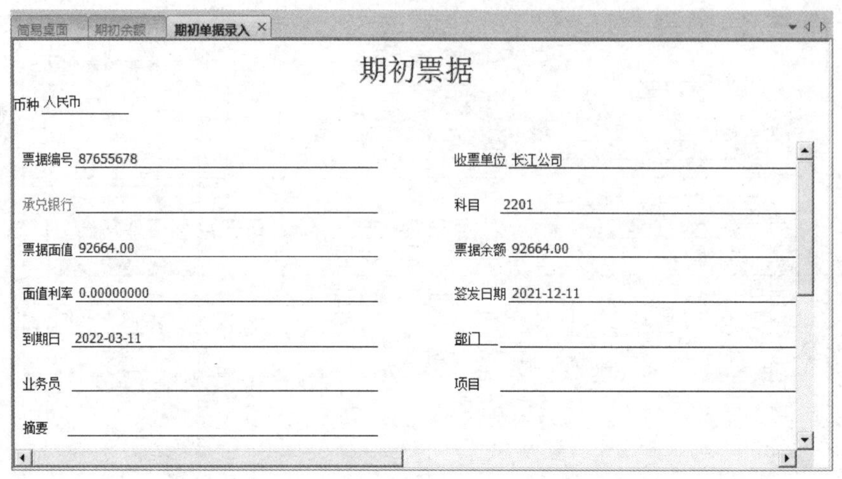
简易桌面 期初余额 期初单据录入

期初票据

币种 人民币

票据编号 87655678　　收票单位 长江公司

承兑银行　　科目 2201

票据面值 92664.00　　票据余额 92664.00

面值利率 0.00000000　　签发日期 2021-12-11

到期日 2022-03-11　　部门

业务员　　项目

摘要

图3-10　录入期初商业承兑汇票

(12) 单击“保存”按钮，再单击“退出”按钮。

(13) 单击“对账”按钮，系统显示对账结果，如图3-11所示。

简易桌面 期初余额 期初对账

科目		应付期初		总账期初		差额	
编号	名称	原币	本币	原币	本币	原币	本币
1123	预付账款	-150,000.00	-150,000.00	-150,000.00	-150,000.00	0.00	0.00
2201	应付票据	92,664.00	92,664.00	92,664.00	92,664.00	0.00	0.00
2202	应付账款	47,008.00	47,008.00	47,008.00	47,008.00	0.00	0.00
	合计		-10,328.00		-10,328.00		0.00

图3-11　应付款期初余额与总账的对账结果

3. 应付款系统初始设置

应付款系统初始设置

操作步骤：

(1) 由业务主管“YW01 张思思”登录“用友U8”|“企业应用平台”系统。

(2) 单击“业务工作”|“财务会计”|“应付款管理”|“设置”|“初始设置”选项，打开“初始设置”对话框，设置有关科目如图3-12和图3-13所示。

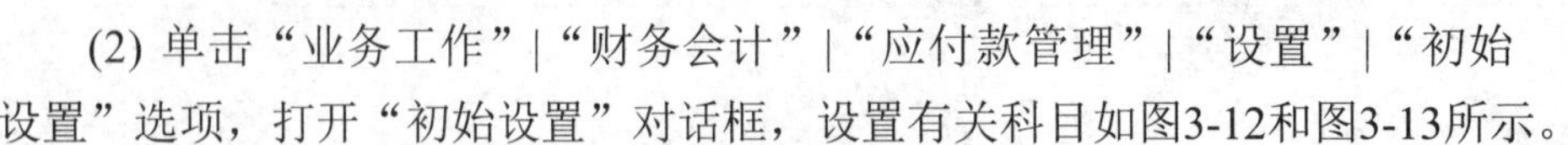

基础科目种类	科目	币种
应付科目	2202	人民币
预付科目	1123	人民币
采购科目	1402	人民币
税金科目	22210101	人民币
商业承兑科目	2201	人民币
银行承兑科目	2201	人民币
票据利息科目	6603	人民币
票据费用科目	6603	人民币
现金折扣科目	6603	人民币

图3-12　基本科目设置

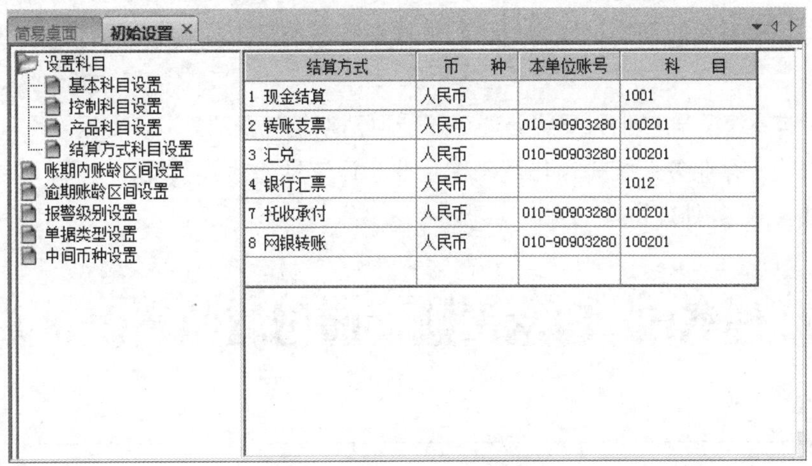

结算方式	币　种	本单位账号	科　目
1 现金结算	人民币		1001
2 转账支票	人民币	010-90903280	100201
3 汇兑	人民币	010-90903280	100201
4 银行汇票	人民币		1012
7 托收承付	人民币	010-90903280	100201
8 网银转账	人民币	010-90903280	100201

图3-13　结算方式科目设置

4. 采购系统期初记账

采购系统
期初记账

操作步骤：

(1) 由业务主管“YW01张思思”登录“用友U8”|“企业应用平台”系统。

(2) 单击“业务工作”|“供应链”|“采购管理”|“设置”|“采购期初记账”选项，打开“期初记账”对话框，如图3-14所示。

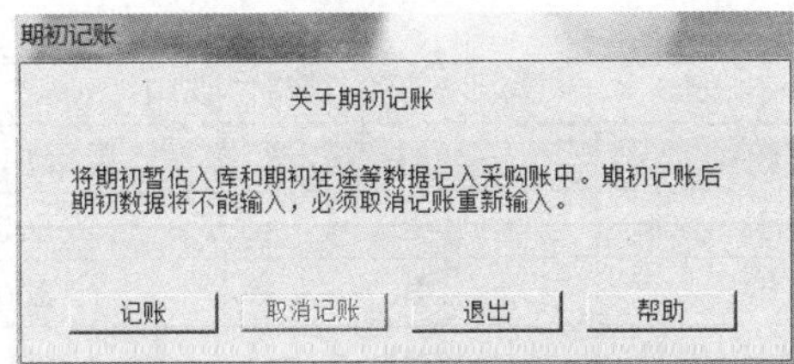

图3-14　“期初记账”对话框

(3) 单击“记账”按钮，系统显示“期初记账完毕”。

(4) 单击“退出”按钮。

(5) 将账套备份至"D:\222账套备份\任务5备份"文件夹中，以便完成接下来的任务。

❖ 提示：

✧ 没有期初数据时，也必须执行期初记账，以便输入日常采购单据数据。

✧ 已月末结账后不能取消期初记账。

拓展任务

(1) 通常什么业务内容将构成采购系统的期初余额？

(2) 在什么情况下填制期初采购入库单？

(3) 在什么情况下填制期初采购发票？

(4) 应付款的期初单据主要有哪些？在填制时为什么要录入正确的往来款的会计科目？

(5) 采购管理系统的期初记账有何作用？在采购系统没有期初余额的情况下还要进行期初记账吗？

(6) 在采购系统的日常业务开始处理后还能取消期初记账吗？

(7) 认识购销存业务系统初始化是确保企业会计信息连续、系统、全面、综合地反映和监督企业购销存业务处理情况的保障。

任务6 日常采购、应付款业务(一)

具体任务

- 填制并审核采购订单。
- 填制采购入库单。
- 填制并审核采购发票。
- 进行采购结算。
- 进行商业票据处理。

案例

(1) 2022年1月12日，采购部分别与长江公司和美图公司签订订货协议，订购内容如表3-4所示，税率均为13%。

表3-4 采购部签订的订货协议内容

供货单位	存货	数量	原币单价	计划到货日期
长江公司	CHK	20	6 600	1月17日
	FDS	10	3 200	1月17日
美图公司	HYH	1500	11	1月17日

(2) 2022年1月17日，由采购部"YW02 张帆"向长江公司订购的CHK和FDS按订单到货并验收到"原料库"。

(3) 2022年1月18日，由采购部“YW02张帆”向美图公司订购的HYH货品1500千克到货，验收到“原料库”，入库数量为1498千克，发生定额内损耗2千克。

(4) 2022年1月18日，收到向长江公司购买CHK和FDS的采购专用发票一张。发票列明CHK为20千克，单价为6 550元，税率为13%；FDS为10台，单价为3 200元，税率为13%。当日向对方签发一张到期日为2022年1月30日的商业承兑汇票(票号为0246783)，票面金额为184 190元。

(5) 2022年1月18日，收到向美图公司购买HYH的采购专用发票一张(No.13472)，发票列明HYH为1500千克，单价为11元，税率为13%；另收到一张采购运费发票，税率为9%，运费金额为100元。

业务处理过程

1. 填制并审核采购订单

操作步骤：

填制并审核采购订单

(1) 由采购员“YW02 张帆”登录“用友U8”|“企业应用平台”系统。

(2) 单击“业务工作”|“供应链”|“采购管理”|“采购订单”选项，打开“采购订单”窗口。

(3) 单击“增加”按钮。录入采购订单的所有内容，如图3-15所示。

采购订单

打印模版 8174 采购订单打印模版

表体排序

合并显示 □

业务类型 普通采购　　订单日期 2022-01-12　　订单编号 0000000001

采购类型 普通采购　　供应商 长江公司　　部门

业务员　　税率 13.00　　付款条件

币种 人民币　　汇率 1　　备注

	存货编码	存货名称	规格型号	主计量	数量	原币含税单价	原币单价	原币金额	原币税额	原币价税合计	税率	计划到货日其
1	H01	CHK		千克	20.00	7458.00	6600.00	132000.00	17160.00	149160.00	13.00	2022-01-17
2	H02	FDS		台	10.00	3616.00	3200.00	32000.00	4160.00	36160.00	13.00	2022-01-17
3												
4												
5												
6												
7												
8												
9												
10												
11												
12												
13												
合计					30.00			164000.00	21320.00	185320.00		

制单人 张帆　　审核人　　变更人

现存量 0.00

图3-15 已填制的采购订单

(4) 单击“保存”按钮。

(5) 单击“增加”按钮，继续录入另一张采购订单。

(6) 由业务主管“YW01 张思思”分别审核这两张采购订单。

❖ 提示：

- ✧ 审核过的订单不能修改，除非取消审核。
- ✧ 按照采购订单的计划到货日期规定，当在规定的到货日期没有收到货物时，就可以向供货单位发出催货函。企业实际操作时，可以根据货物的在途运输时间提前发出催货函。如果不清楚哪个供应商的订单没有发货，那么可以先查询订单执行统计表。
- ✧ 采购订单完毕，也就是说某采购订单已入库并且已付款取得采购发票后，该订单就可以关闭了。对于确实不能执行的某些采购订单，经采购主管批准后，也可以关闭该订单，订单关闭采用人工关闭。

2. 录入第1张采购入库单

录入第1张采购入库单

操作步骤：

(1) 2022年1月17日，由采购员“YW04周凡”登录“用友U8”|“企业应用平台”系统。

(2) 单击“业务工作”|“供应链”|“库存管理”|“采购入库单”选项，打开“采购入库单”窗口。

(3) 单击“生单”按钮旁的下拉按钮，选择“采购订单(蓝字)”选项，单击“选择”栏，选中要生成采购入库单的采购订单，单击“确认”按钮，生成一张采购入库单。

(4) 选择“仓库”为“原料库”，如图3-16所示。

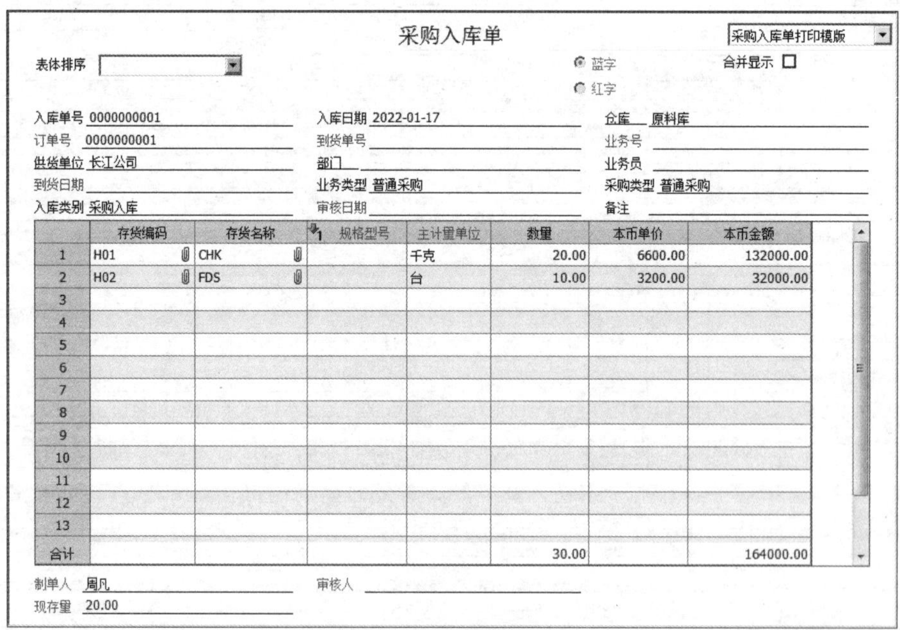

采购入库单

采购入库单打印模版

表体排序　　　◉ 蓝字　○ 红字　　合并显示 □

入库单号 0000000001　　入库日期 2022-01-17　　仓库 原料库

订单号 0000000001　　到货单号　　业务号

供货单位 长江公司　　部门　　业务员

到货日期　　业务类型 普通采购　　采购类型 普通采购

入库类别 采购入库　　审核日期　　备注

	存货编码	存货名称	规格型号	主计量单位	数量	本币单价	本币金额
1	H01	CHK		千克	20.00	6600.00	132000.00
2	H02	FDS		台	10.00	3200.00	32000.00
3							
4							
5							
6							
7							
8							
9							
10							
11							
12							
13							
合计					30.00		164000.00

制单人 周凡　　审核人

现存量 20.00

图3-16　入库的采购入库单

(5) 单击“保存”按钮。

3. 录入第2张采购入库单

录入第2张
采购入库单

继续录入HYH入库的采购入库单，将数量修改为“1498”，如图3-17所示。单击“保存”按钮，再单击“退出”按钮，退出采购入库单。

采购入库单

采购入库单打印模版

表体排序　　蓝字　红字　合并显示 □

入库单号 0000000002　入库日期 2022-01-17　仓库 原料库
订单号 0000000002　到货单号　业务号
供货单位 美图公司　部门　业务员
到货日期　业务类型 普通采购　采购类型 普通采购
入库类别 采购入库　审核日期　备注

	存货编码	存货名称	规格型号	主计量单位	数量	本币单价	本币金额
1	H03	HYH		千克	1498.00	11.00	16478.00
2							
3							
4							
5							
6							
7							
8							
9							
10							
11							
12							
13							
合计					1498.00		16478.00

制单人 周凡　审核人
现存量 1,498.00

图3-17　HYH入库的采购入库单

❖ 提示：

- ✧ 为了保证采购业务流程的完整性，先在库存系统录入采购入库单。库存系统的操作在第5章具体介绍。
- ✧ 仓库必须输入，可以参照输入。在输入单据表体的存货后，仓库不能修改，除非删除表体的各货物行数据。
- ✧ 在输入存货时按F2键或单击“存货参照”按钮，系统打开“存货参照”界面。如果在仓库档案权限设置中定义了某一仓库对应的存货分类或存货，则在参照录入表体存货时将只显示该仓库所对应的存货；否则，显示所有属性为“外购”的存货。

4. 录入第1 张采购发票

录入第1 张
采购发票

操作步骤：

(1) 2022年1月18日，由采购员“YW02 张帆”登录“用友U8”|“企业应用平台”系统。

(2) 单击“业务工作”|“供应链”|“采购管理”|“专用采购发票”选项，打开“专用发票”对话框。

(3) 单击“增加”按钮，打开“专用发票”。

(4) 单击“生单”按钮旁的下拉按钮，选中“入库单”。

(5) 单击“入库单”选项，打开“查询条件选择—采购入库单列表过滤”窗口。

(6) 单击“确定”按钮，打开“发票拷贝入库单表头列表”窗口。

(7) 双击“选择”栏，选中要生成采购专用发票的采购入库单，如图3-18所示。

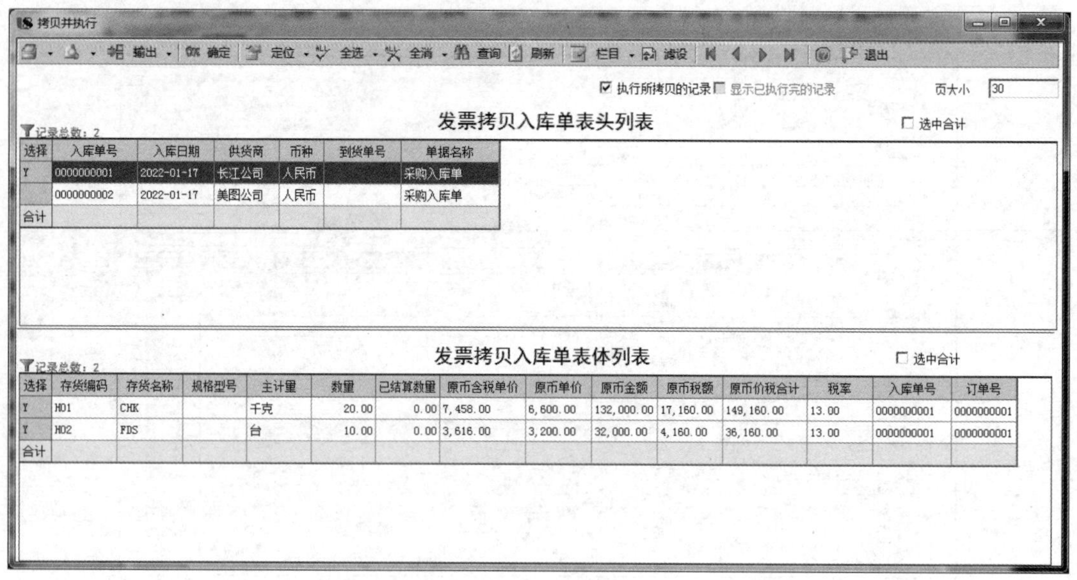

图3-18 选中要生成采购专用发票的入库单

(8) 单击“确定”按钮，生成一张采购专用发票。修改税率为13%，修改CHK的单价为“6 550”，FDS的单价为“3 200”，如图3-19所示。

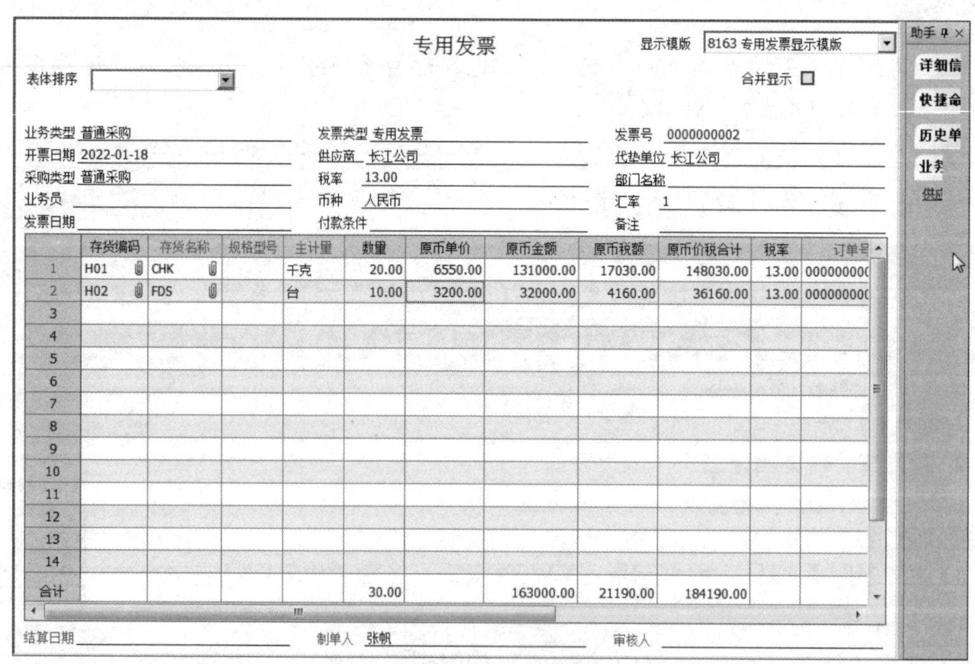

图3-19 直接生成的采购专用发票

(9) 单击“保存”按钮。

5. 录入第2张采购发票

录入第2张采购发票

继续录入购买HYH的采购专用发票(生单时选中“采购订单”)，修改税率为13%，单击“保存”按钮，如图3-20所示。

专用发票　　打印模版 8164 专用发票打印模版

表体排序　　合并显示 □

业务类型 普通采购　　发票类型 专用发票　　发票号 0000000003
开票日期 2022-01-18　　供应商 美图公司　　代垫单位 美图公司
采购类型 普通采购　　税率 13.00　　部门名称
业务员　　币种 人民币　　汇率 1
发票日期　　付款条件　　备注

	存货编码	存货名称	规格型号	主计量	数量	原币单价	原币金额	原币税额	原币价税合计	税率	订单号
1	H03	HYH		千克	1500.00	11.00	16500.00	2145.00	18645.00	13.00	00000000
2											
3											
4											
5											
6											
7											
8											
9											
10											
11											
12											
13											
14											
合计					1500.00		16500.00	2145.00	18645.00		

结算日期　　制单人 张帆　　审核人

图3-20　购买HYH的采购专用发票

6. 录入运费发票

录入运费发票

录入运费发票，修改税率为9%，如图3-21所示。单击“保存”按钮，退出。

运费发票　　显示模版 8167 运费发票显示模版

表体排序　　合并显示 □

业务类型 普通采购　　发票类型 运费发票　　发票号 0000000001
开票日期 2022-01-18　　供应商 美图公司　　代垫单位 美图公司
采购类型 普通采购　　税率 9.00　　部门名称
业务员　　币种 人民币　　汇率 1
发票日期　　付款条件　　备注

	存货编码	存货名称	规格型号	主计量	数量	原币金额	原币税额	税率
1	H06	运费		次	1.00	100.00	9.00	9.00
2								
3								
4								
5								
6								
7								
8								
9								
10								
11								
12								
13								
14								
合计					1.00	100.00	9.00	

审核人　　结算日期　　制单人 张帆

图3-21　已录入的运费发票

7. 审核发票

审核发票

操作步骤：

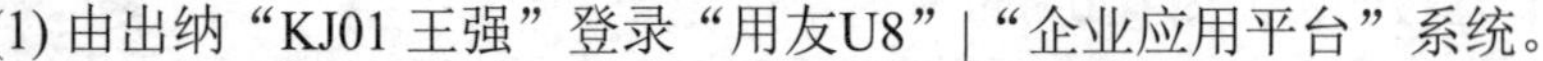

(1) 由出纳“KJ01 王强”登录“用友U8”|“企业应用平台”系统。

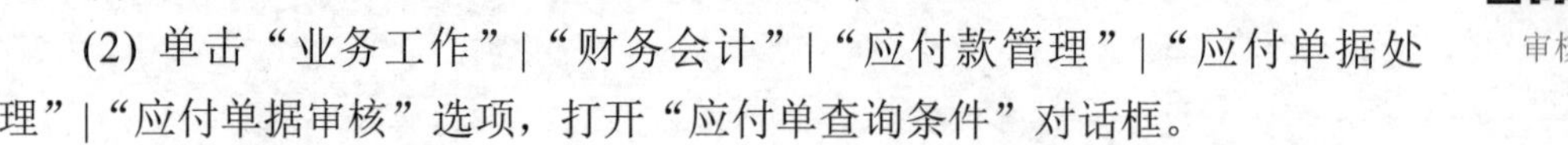

(2) 单击“业务工作”|“财务会计”|“应付款管理”|“应付单据处理”|“应付单据审核”选项，打开“应付单查询条件”对话框。

(3) 选择单据名称为“采购发票”，单击选中“未完全报销”复选框，如图3-22所示。

应付单查询条件
单据名称 采购发票 单据类型 全部
供应商
部门 业务员
单据编号
单据日期 2022-01-01
审核日期
币种 方向
原币金额
本币金额
业务类型
采购类型 制单人
存货分类 存货
存货规格 合同类型
合同号
工序
☑未审核 □已审核 ☑已整单报销 ☑未完全报销
□包含已现结发票
□已制单 ☑未制单
批审 确定 取消

图3-22 “应付单查询条件”对话框

(4) 单击“确定”按钮，打开“应付单据列表”窗口，如图3-23所示。

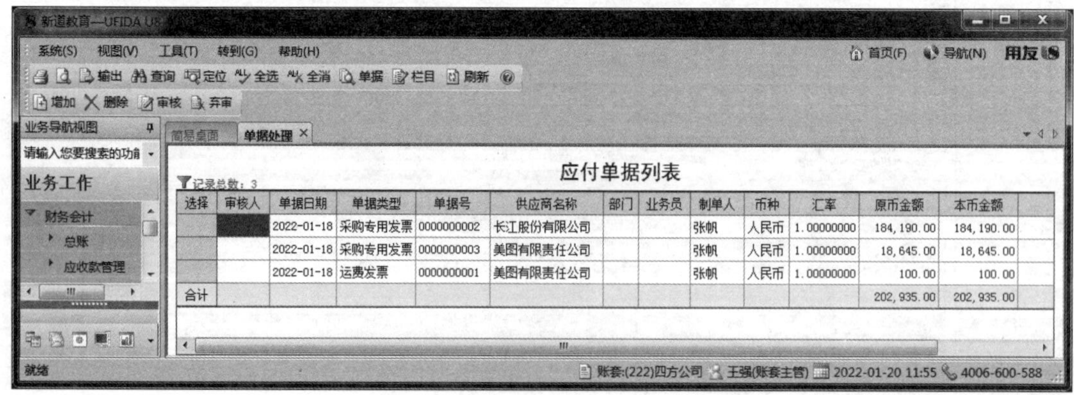

图3-23 应付单据列表

(5) 单击“全选”按钮，然后“审核”单据。

8. 对长江公司采购业务的采购结算

操作步骤：

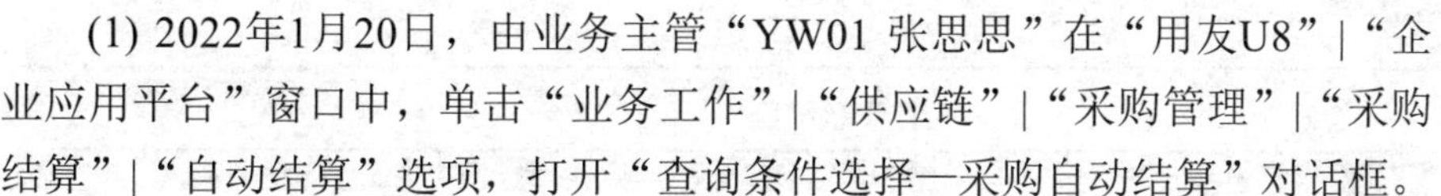

(1) 2022年1月20日，由业务主管“YW01 张思思”在“用友U8”|“企业应用平台”窗口中，单击“业务工作”|“供应链”|“采购管理”|“采购结算”|“自动结算”选项，打开“查询条件选择—采购自动结算”对话框。

(2) 单击“结算模式”栏的下三角按钮，选择“入库单和发票”，单击“供应商编码”栏的参照按钮，选择“长江股份有限公司”，如图3-24所示。

图3-24　“查询条件选择—采购自动结算”对话框

(3) 单击“确定”按钮，弹出“结算模式[入库单和发票]状态：全部成功，共处理了[2]条记录”提示对话框，如图3-25所示。

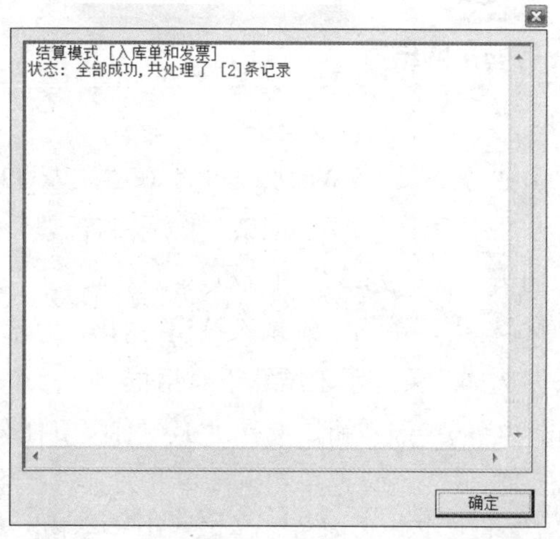

图3-25　“采购自动结算”后的提示对话框

(4) 单击“确定”按钮，完成自动结算的操作。

(5) 单击“业务工作”|“供应链”|“采购管理”|“采购结算”|“结算单列表”选项，可以查看采购结算单，如图3-26所示。

8176结算单打印模版

结算单列表

记录总数：2

选择	结算单号	结算日期	供应商	入库单号...	发票号	存货编码	存货名称	规格型号	主计量	结算数量	结算单价	结算金额	暂估单价
	000000000000001	2022-01-20	长江公司	0000000001	0000000002	H01	CHK		千克	20.00	6,550.00	131,000.00	6,600.00
	000000000000001	2022-01-20	长江公司	0000000001	0000000002	H02	FDS		台	10.00	3,200.00	32,000.00	3,200.00
合计										30.00		163,000.00	

第1/1页　页大小 500　转到页 1　确定　首　上一页　下一页　末页

图3-26　采购结算单列表

❖ **提示：**

- ✧ 此时可以单击“采购”|“采购结算”|“采购单明细列表”选项，进入“采购结算单列表”功能，查询本次自动结算的结果。
- ✧ 采购结算可以在填写发票时界面即时结算，也可以在结算功能中集中进行采购结算。
- ✧ 如果没有期初记账，则不能进行采购结算。
- ✧ 如果当前操作日期在已月末结账的日期范围，则不能进行采购结算，必须注销账套，重新注册时调整操作日期。如果采购结算确实应核算在当前操作日期所在会计月内，那么可以先取消该月的月末结账后再做采购结算。
- ✧ 入库单与采购发票可以分次结算，即入库单的一条记录可与采购发票多次结算。

9. 对美图公司采购业务的采购结算

美图公司采购结算

操作步骤：

(1) 2022年1月18日，由业务主管“YW01张思思”在“用友U8”|“企业应用平台”窗口中，单击“业务工作”|“供应链”|“采购管理”|“采购结算”|“手工结算”选项，打开“手工结算”对话框。

(2) 在“手工结算”对话框中，单击“选单”按钮，打开“结算选单”窗口，单击“查询”按钮，打开“过滤条件选择—采购手工结算”对话框。

(3) 单击“供应商编码”栏的参照按钮，选择“美图有限责任公司”，如图3-27所示。

(4) 单击“确定”按钮，打开“结算选单”入库单和发票选择窗口。

(5) 选中要进行手工结算的“采购入库单”，再选中“采购专用发票”和“采购运费发票”，如图3-28所示。

查询条件选择-采购手工结算

保存常用条件　过滤方案

常用条件

存货编码		到	
单据日期		到	
采购类型		到	
部门		到	
项目		到	
业务员编码		到	
供应商编码	B002 - 美图有限责任公司	到	
存货分类		到	
采购订单号		到	
扣税类别		制单人	

确定(F)　取消(C)

图3-27　手工结算的“条件输入”对话框

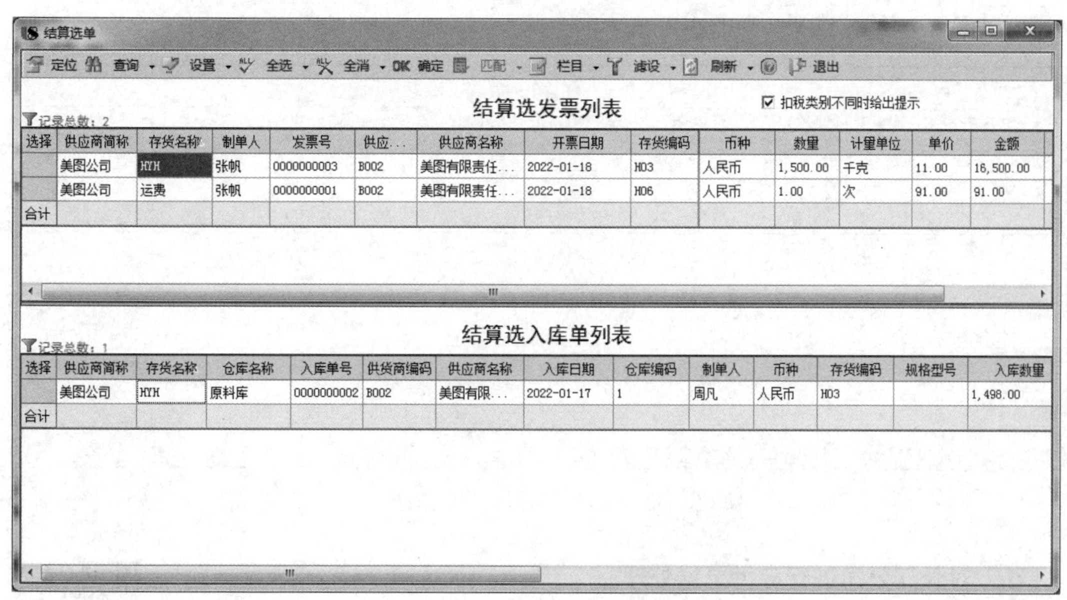

结算选单

定位　查询　设置　全选　全消　确定　匹配　栏目　滤设　刷新　退出

结算选发票列表

☑ 扣税类别不同时给出提示

记录总数：2

选择	供应商简称	存货名称	制单人	发票号	供应...	供应商名称	开票日期	存货编码	币种	数量	计量单位	单价	金额
	美图公司	HYH	张帆	0000000003	B002	美图有限责任...	2022-01-18	H03	人民币	1,500.00	千克	11.00	16,500.00
	美图公司	运费	张帆	0000000001	B002	美图有限责任...	2022-01-18	H06	人民币	1.00	次	91.00	91.00
合计													

结算选入库单列表

记录总数：1

选择	供应商简称	存货名称	仓库名称	入库单号	供应商编码	供应商名称	入库日期	仓库编码	制单人	币种	存货编码	规格型号	入库数量
	美图公司	HYH	原料库	0000000002	B002	美图有限...	2022-01-17	1	周凡	人民币	H03		1,498.00
合计													

图3-28　选中的入库单和发票

(6) 单击“确定”按钮，返回“采购手工结算”窗口。

(7) 将“采购发票”所在行对应的“合理损耗数量”修改为“2”，如图3-29所示。

(8) 单击“分摊”按钮(默认将运费按金额分摊)，系统提示“选择按金额分摊，是否开始计算?”。

(9) 单击“是”按钮，系统提示“费用分摊(按金额)完毕，请检查。”

(10) 单击“确定”按钮。

(11) 单击“结算”按钮，系统提示“完成结算”。单击“确定”按钮，结算完毕。

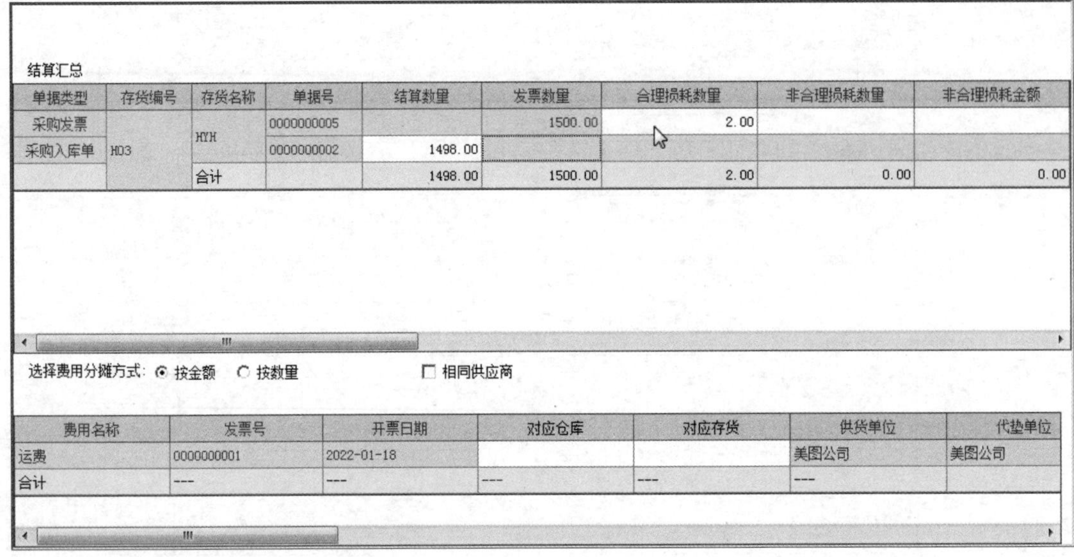

结算汇总

单据类型	存货编号	存货名称	单据号	结算数量	发票数量	合理损耗数量	非合理损耗数量	非合理损耗金额
采购发票	HO3	HYH	0000000005		1500.00	2.00		
采购入库单			0000000002	1498.00				
		合计		1498.00	1500.00	2.00	0.00	0.00

选择费用分摊方式: ⊙ 按金额 ○ 按数量 □ 相同供应商

费用名称	发票号	开票日期	对应仓库	对应存货	供货单位	代垫单位
运费	0000000001	2022-01-18			美图公司	美图公司
合计	---	---	---	---	---	

图3-29　录入合理损耗的手工结算窗口

(12) 单击“退出”按钮，退出。

(13) 单击“采购”|“采购结算”|“采购单明细列表”选项，进入“采购结算单列表”功能，查询采购结算结果，如图3-30所示。

8176结算单打印模版

结算单列表

记录总数：4

选择	结算单号	结算日期	供应商	入库单号/...	发票号	存货编码	存货名称	规格型号	主计量	结算数量	结算单价	结算金额	暂估单价	暂估金额	制单人
	000000000000001	2022-01-20	长江公司	0000000001	0000000002	HO1	CHK		千克	20.00	6,550.00	131,000.00	6,600.00	132,000.00	张思思
	000000000000001	2022-01-20	长江公司	0000000001	0000000002	HO2	FDS		台	10.00	3,200.00	32,000.00	3,200.00	32,000.00	张思思
	000000000000002	2022-01-20	美图公司	0000000002	0000000003	HO3	HYH		千克	1,498.00	11.07	16,590.00	11.00	16,478.00	张思思
	000000000000002	2022-01-20	美图公司		0000000001	HO6	运费		次	0.00	0.00	0.00	0.00	0.00	张思思
合计										1,528.00		179,590.00		180,478.00	

第1/1页　页大小 500　转到页 1　确定　首　上一页　下一页　末页

图3-30　采购“结算单列表”窗口

10. 对长江公司进行应付票据处理

长江公司应付票据处理

操作步骤：

(1) 由出纳“KJ02 刘浩”登录“用友U8”|“企业应用平台”系统。

(2) 单击“业务工作”|“财务会计”|“应付款管理”|“票据管理”选项，打开“查询条件选择”对话框，如图3-31所示。

(3) 单击“确定”按钮，打开“票据管理”对话框，单击“增加”按钮，填制对外签发的商业承兑汇票信息，如图3-32所示。

(4) 单击“保存”按钮。

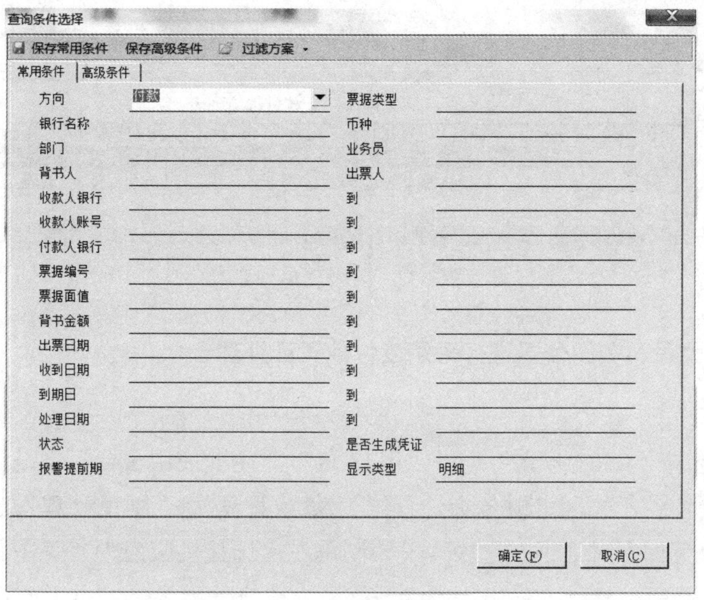

图3-31　“查询条件选择”对话框

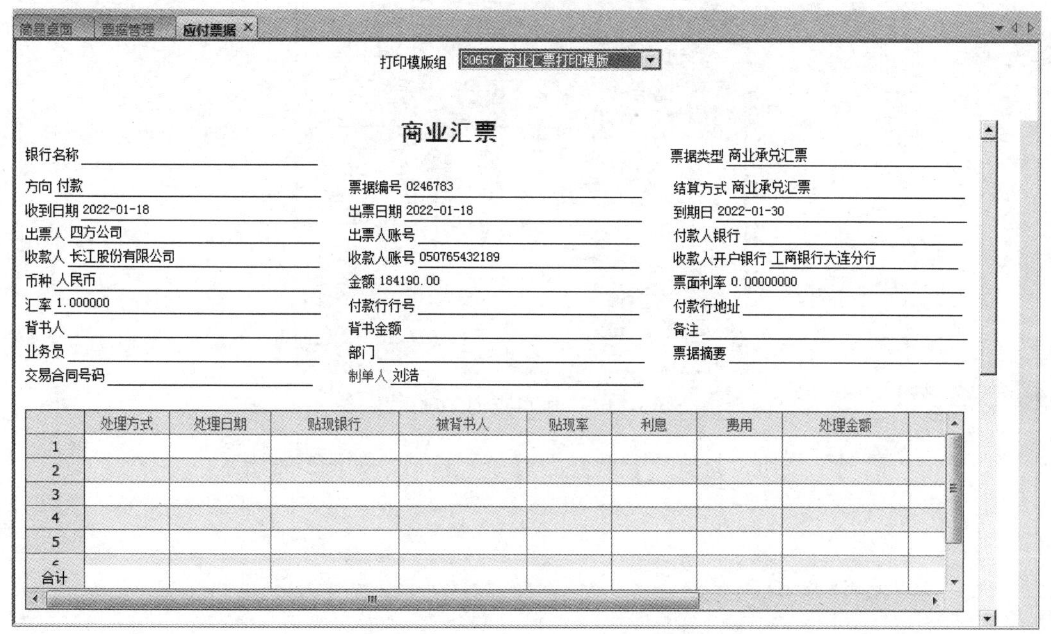

图3-32　商业承兑汇票录入窗口

(5) 由“KJ01王强”单击“业务工作”|“财务会计”|“应付款管理”|“付款单据处理”|“付款单据审核”选项，打开“付款单据查询条件”对话框，单击“确定”按钮。打开“收付款单列表”窗口，选择相应的商业票据，如图3-33所示。

(6) 单击“审核”按钮。

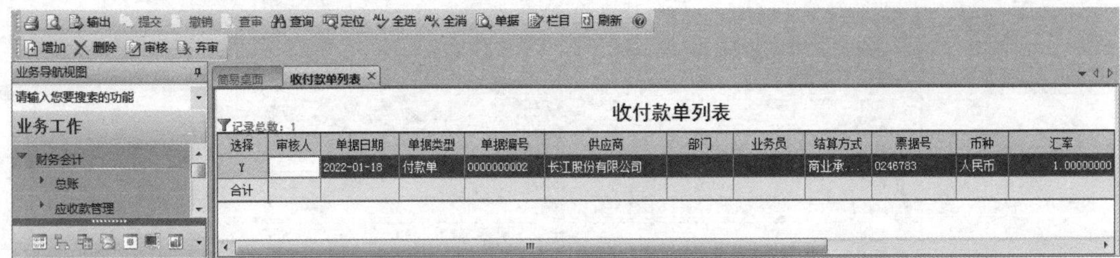

图3-33 收付款单列表

11. 对长江公司、美图公司进行采购应付款凭证处理

采购应付款凭证处理

操作步骤：

(1) 由业务会计“KJ03 陈光”登录“用友U8”|“企业应用平台”系统。

(2) 单击“业务工作”|“财务会计”|“应付款管理”|“制单处理”选项，打开“制单查询”对话框，选中“发票制单”，选择供应商为“美图公司”，如图3-34所示。

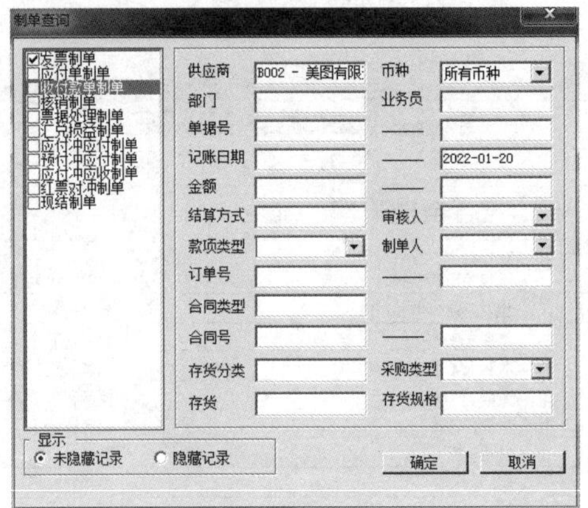

图3-34 “制单查询”对话框

(3) 单击“确定”按钮，打开“采购发票制单”窗口，如图3-35所示。

采购发票制单

凭证类别 记账凭证　　制单日期 2022-01-20　　共 2 条

选择标志	凭证类别	单据类型	单据号	日期	供应商编码	供应商名称	部门	业务员	金额
	记账凭证	采购专...	0000000003	2022-01-20	B002	美图有...			18,645.00
	记账凭证	运费发票	0000000001	2022-01-20	B002	美图有...			100.00

图3-35 应付制单列表

(4) 选择美图有限公司的两张发票，依次单击“合并”“制单”按钮，自动生成凭证，单击“保存”按钮，如图3-36所示。

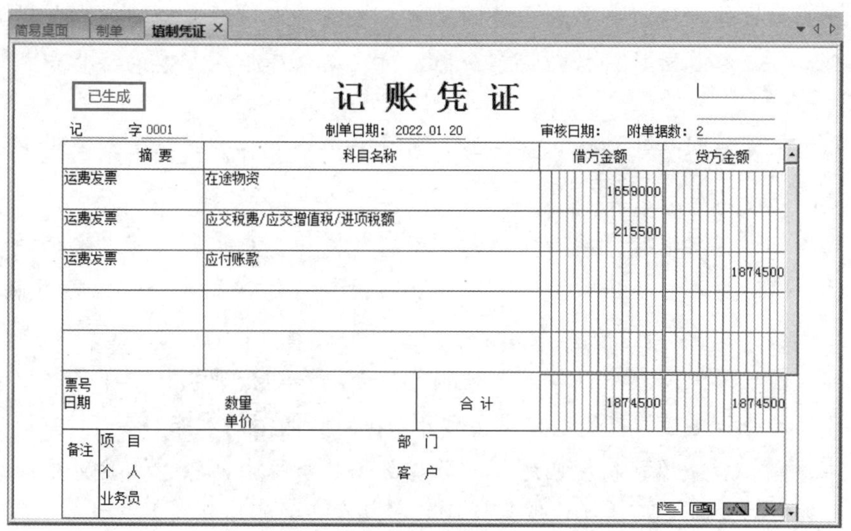

图3-36　美图公司记账凭证

(5) 同理，选择长江有限公司的“发票制单”和“收付款单制单”，依次单击“合并”“制单”按钮，制单生成凭证，单击“保存”按钮，如图3-37所示。

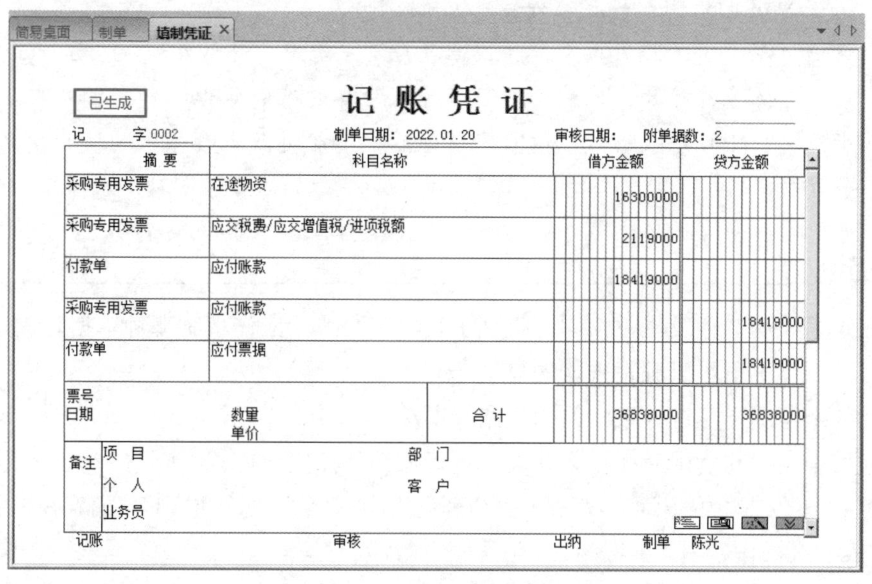

图3-37　长江公司记账凭证

(6) 将账套备份至“D:\222账套备份\任务6备份”文件夹中，以便完成接下来的任务。

❖ 提示：

✧ 企业如果选择了带有折扣金额的发票，系统将在“结算费用列表”中显示折扣金额，在结算时再将折扣金额分摊到对应的入库单、发票的存货中，改变存货成本。

✧ 如果企业要把某些运费、挑选整理费等费用按会计制度摊入采购成本中，那么可以选择“费用发票”。

✧ 入库单、发票选择完毕后，单击“确认”按钮，系统自动将本次选择的数据汇总，以汇总表显示出来。当“入库货物数量＝发票货物数量+合理损耗数量+非合理损耗数量”时，可以结算。

✧ 可以在结算汇总表中处理非合理损耗的金额和非合理损耗进项税转出金额，此处确定的非合理损耗类型将决定核算系统对这两项的入账科目。

✧ 结算完成后，计算机把已结算的单据数据从屏幕上清除，用户可以继续按以上步骤进行其他采购结算。结算的结果可以在“采购结算列表”功能中查看到。

✧ 如果采购结算操作错误或结算后发现结算单据有错误，需要取消该结算，那么可以利用采购结算列表的“删除”功能实现。

✧ 当下述情况出现时，结算单不可删除(取消结算)。
  - 已结算的采购入库单被存货系统记账。
  - 先“暂估”再结算的入库单，已在存货系统做“暂估处理”。

✧ 系统支持跨月结算，采购结算只选择未结算的采购入库单和采购发票，不限制业务发生的日期。本月已做月末结账后，不能再做本月的采购结算，只能在下个月做。

拓展任务

(1) 在一笔采购业务发生时，同时收到了货物和发票，应先填制哪种单据？

(2) 在什么情况下可以进行采购的自动结算？

(3) 在什么情况下应进行采购的手工结算？

(4) 采购中发生的费用应在什么功能中进行摊销？摊销的方式有哪些？

(5) 应在什么功能中查询“结算单明细列表”(即“采购结算单列表”)？在该列表功能中可以完成什么操作？

(6) 如果一张采购发票已经完成了采购结算，还未进行后续操作，则在此情况下应如何进行修改？

(7) 在根据“采购入库单”生成的“采购发票”中，能否修改发票中的存货种类？

(8) 在采购过程中如果发生了定额内损耗，应该怎么进行处理？

(9) 如何在填制采购入库单后直接生成采购发票？

(10) 如何在填制采购发票后进行现付处理？

(11) 了解采购人员要“爱岗敬业、廉洁自律”的重要意义。

任务7　日常采购、应付款业务(二)

具体任务

- 进行商业票据处理。
- 付款处理。
- 填制采购入库单。
- 填制并审核采购发票。
- 进行采购结算。
- 进行采购付款。

案例

(1) 2022年1月30日，本企业出纳李平开出184 190元的工商银行“转账支票”一张，支付2022年1月18日开给长江公司购买CHK和FDS的商业承兑汇票到期票款。

(2) 2022年1月30日，以网银转账方式向美图公司转出30 000元，支付给美图公司购买HYH的货税款18 745元(其中货款18 645元，运费100元)，余款形成预付款。

(3) 2022年1月30日，开出一张40 000元的工商银行的“转账支票”，支付2021年11月向美图公司采购FDS货品13台、单价为3 200元、税率为13%、总价款为47 008元的部分货税款，不足的部分(7 008元)使用“预付款”结算。

(4) 2022年1月30日，未办理订货手续，直接收到向科丰公司采购HYH货品1000千克、单价为12元、税率为13%的采购发票和货物，货物已验收入库(原料库)；31日经协商决定将本次的应付款13 560元中的10 000元转给美图公司。

(5) 2022年1月30日，将应向美图公司支付的货款10 000元中的1 000元用预付款冲抵。

(6) 2022年1月30日，发现“将应向美图公司支付的货款10 000元中的1 000元用预付款冲抵”的业务处理有错误，应取消本次的转账操作。经三方协商决定将应支付给美图公司的10 000元欠款转给长江公司。

业务处理过程

1. 第1笔业务的处理

第1笔业务的处理

操作步骤：

(1) 由出纳“KJ04 李平”登录“用友U8”|“企业应用平台”系统。

(2) 单击“业务工作”|“财务会计”|“应付款管理”|“票据管理”选项，打开“查询条件选择”对话框。单击“确定”按钮，打开“票据管理”窗口。

(3) 选择票号为“0246783”的商业承兑汇票，打开给长江公司商业承兑的汇票，打开“商业汇票”窗口。

(4) 单击“结算”按钮，打开“票据结算”对话框。

(5) 输入结算科目为“100201”，如图3-38所示。

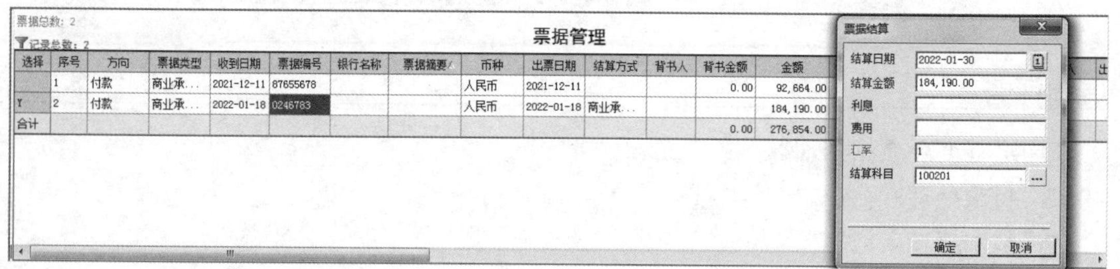

图3-38　商业汇票结算

(6) 单击“确定”按钮，按提示选择立即制单，生成凭证，单击“保存”按钮，如图3-39所示。

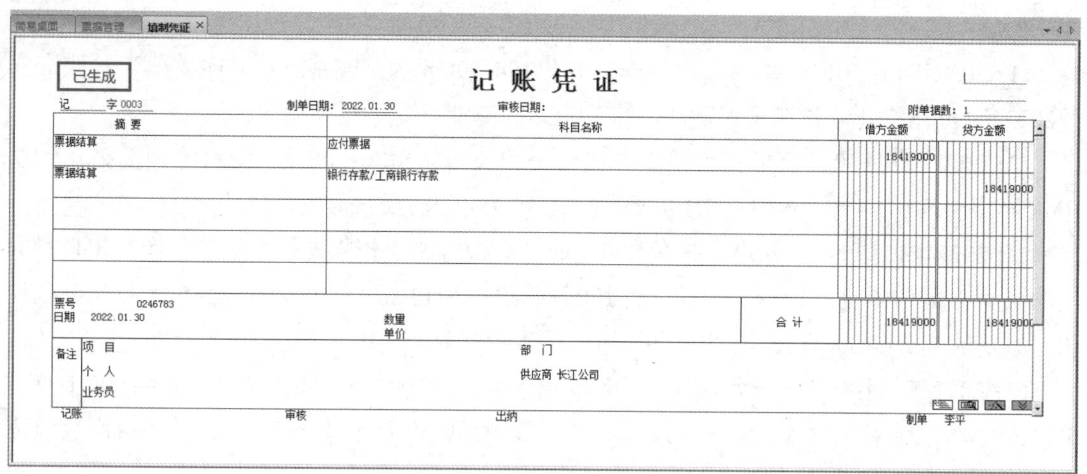

图3-39　商业汇票记账凭证

2. 第2笔业务的处理

第2笔业务的处理

操作步骤：

(1) 2022年1月30日，由出纳“KJ04 李平”登录“用友U8”|“企业应用平台”系统。

(2) 单击“业务工作”|“财务会计”|“应付款管理”|“付款单据处理”|“付款单据录入”选项，打开“付款单”窗口。

(3) 单击“增加”按钮。

(4) 单击“供应商”栏参照按钮，选择“美图公司”。

(5) 单击“结算方式”栏参照按钮，选择“网银转账”，“结算科目”栏出现“100201 工商银行存款”科目。

(6) 在“金额”栏录入“30 000”，单击“部门”栏参照按钮，选择“财务部”。

(7) 在表体第一行“款项类型”栏选择“应付款”，在“金额”栏录入“18 745”，表体第二行由系统自动显示“预付款”“11 255”，如图3-40所示。

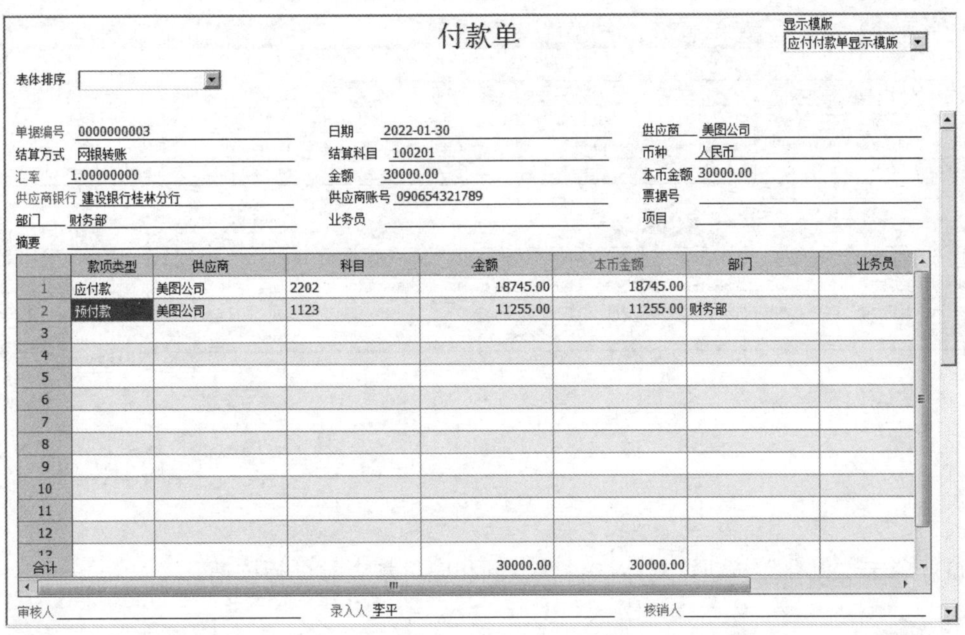

付款单

显示模版 应付付款单显示模版

表体排序

单据编号 0000000003　日期 2022-01-30　供应商 美图公司

结算方式 网银转账　结算科目 100201　币种 人民币

汇率 1.00000000　金额 30000.00　本币金额 30000.00

供应商银行 建设银行桂林分行　供应商账号 090654321789　票据号

部门 财务部　业务员　项目

摘要

	款项类型	供应商	科目	金额	本币金额	部门	业务员
1	应付款	美图公司	2202	18745.00	18745.00		
2	预付款	美图公司	1123	11255.00	11255.00	财务部	
3							
4							
5							
6							
7							
8							
9							
10							
11							
12							
合计				30000.00	30000.00		

审核人　录入人 李平　核销人

图3-40　“付款单”窗口

(8) 单击“保存”按钮。

(9) 单击“审核”按钮。系统提示“是否立即制单”，单击“是”按钮，生成凭证。单击“保存”按钮，如图3-41所示。

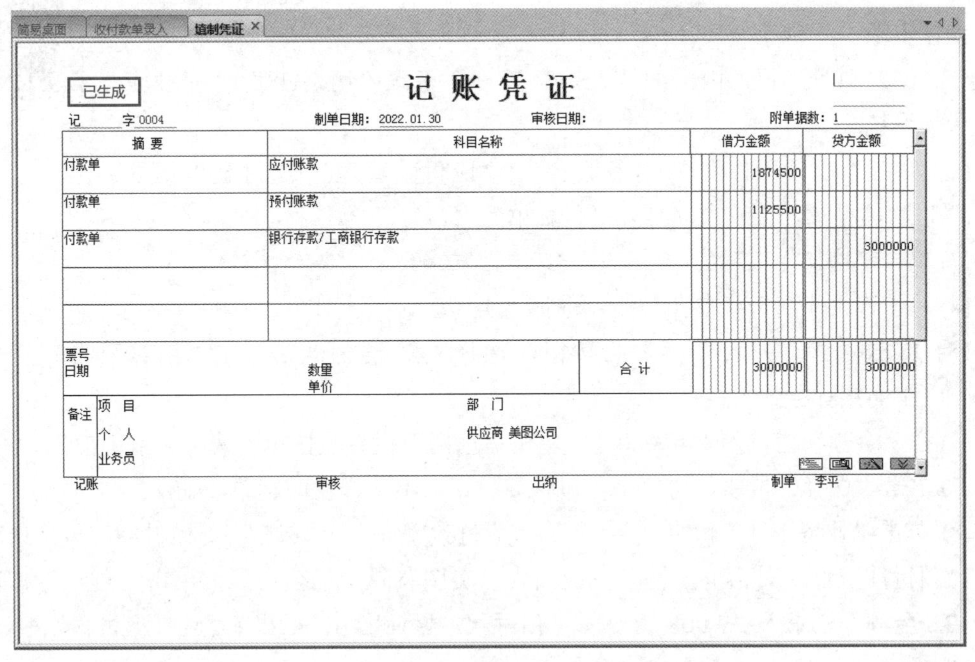

简易桌面　收付款单录入　填制凭证

已生成

记账凭证

记　字 0004　制单日期：2022.01.30　审核日期：　附单据数：1

摘要	科目名称	借方金额	贷方金额
付款单	应付账款	1874500	
付款单	预付账款	1125500	
付款单	银行存款/工商银行存款		3000000
票号 日期	数量 单价 合计	3000000	3000000

备注　项目　部门

个人　供应商 美图公司

业务员

记账　审核　出纳　制单 李平

图3-41　应付款处理记账凭证

(10) 退出凭证，回到“付款单”窗口。单击“核销”按钮，打开“单据核销”对话框。在对应的“本次结算”栏录入“18 645”和“100”，如图3-42所示。

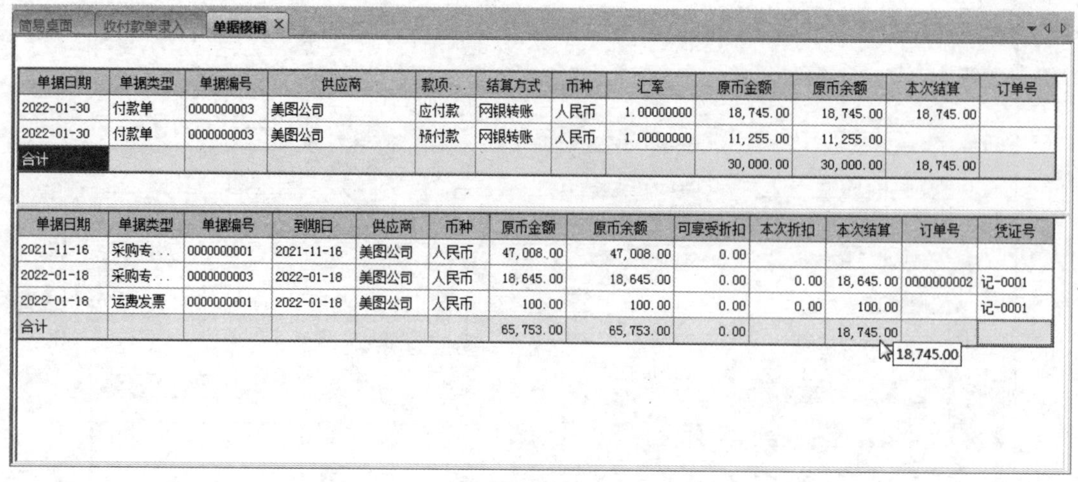

简易桌面 | 收付款单录入 | 单据核销

单据日期	单据类型	单据编号	供应商	款项...	结算方式	币种	汇率	原币金额	原币余额	本次结算	订单号
2022-01-30	付款单	0000000003	美图公司	应付款	网银转账	人民币	1.00000000	18,745.00	18,745.00	18,745.00	
2022-01-30	付款单	0000000003	美图公司	预付款	网银转账	人民币	1.00000000	11,255.00	11,255.00		
合计								30,000.00	30,000.00	18,745.00	

单据日期	单据类型	单据编号	到期日	供应商	币种	原币金额	原币余额	可享受折扣	本次折扣	本次结算	订单号	凭证号
2021-11-16	采购专...	0000000001	2021-11-16	美图公司	人民币	47,008.00	47,008.00	0.00				
2022-01-18	采购专...	0000000003	2022-01-18	美图公司	人民币	18,645.00	18,645.00	0.00	0.00	18,645.00	0000000002	记-0001
2022-01-18	运费发票	0000000001	2022-01-18	美图公司	人民币	100.00	100.00	0.00	0.00	100.00		记-0001
合计						65,753.00	65,753.00	0.00		18,745.00		

图3-42　已录入本次结算金额的“付款单”

(11) 单击“保存”按钮，对本次付款金额和应付款金额进行核销。

❖ 提示：

本次付款金额为30 000元，结算金额为18 745元，付款金额大于结算金额，余款形成“预付款”(11 255元)。

3. 第3笔业务的处理

第3笔业务的处理

操作步骤：

(1) 2022年1月30日，由出纳员“KJ04 李平”登录“用友U8”|“企业应用平台”系统。

(2) 单击“业务工作”|“财务会计”|“应付款管理”|“付款单据处理”|“付款单据录入”选项，打开“付款单”窗口。

(3) 单击“增加”按钮。

(4) 单击“供应商”栏参照按钮，选择“美图公司”。

(5) 单击“结算方式”栏参照按钮，选择“转账支票”；在“结算科目”栏出现“100201工商银行存款”科目。

(6) 在“金额”栏录入“40 000”，单击“部门”栏参照按钮，选择“财务部”。

(7) 单击“保存”按钮，再单击“审核”按钮，不选择立即制单，如图3-43所示。

(8) 单击“业务工作”|“财务会计”|“应付款管理”|“转账”|“预付冲应付”选项，打开“预付冲应付”对话框，输入供应商为“美图有限责任公司”，单击“过滤”按钮。在“转账金额”栏录入“7 008”(对应“预付款”栏)和“40 000”(对应“应付款”栏)，如图3-44所示。

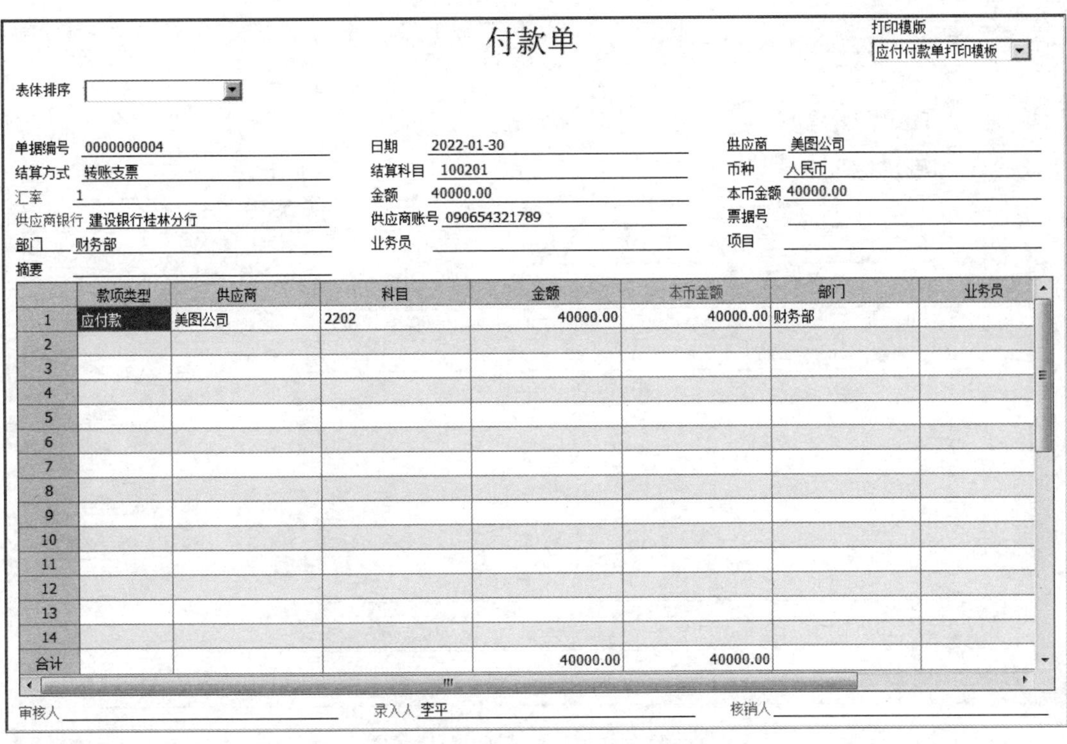

付款单

打印模版 应付付款单打印模板

表体排序

单据编号 0000000004　日期 2022-01-30　供应商 美图公司
结算方式 转账支票　结算科目 100201　币种 人民币
汇率 1　金额 40000.00　本币金额 40000.00
供应商银行 建设银行桂林分行　供应商账号 090654321789　票据号
部门 财务部　业务员　项目
摘要

	款项类型	供应商	科目	金额	本币金额	部门	业务员
1	应付款	美图公司	2202	40000.00	40000.00	财务部	
2							
3							
4							
5							
6							
7							
8							
9							
10							
11							
12							
13							
14							
合计				40000.00	40000.00		

审核人　录入人 李平　核销人

图3-43　已录入本次结算金额的“付款单”

预付冲应付

日期 2022-01-30　转账总金额　自动转账

预付款　应付款

供应商 B002 - 美图有限责 ——　币种 人民币　汇率 1
部门 ——　合同类型　合同号
业务员 ——　项目大类　项目
类型 付款单　来源　订单号
款项类型

单据日期	单据类型	单据编号	款项类型	结算方式	原币金额	原币余额	项目	转账金额
2022-01-30	付款单	0000000003	预付款	网银转账	30,000.00	11,255.00		7,008.00
2022-01-30	付款单	0000000004	应付款	转账支票	40,000.00	40,000.00		40,000.00
合计					70,000.00	51,255.00		47,008.00

过滤　分摊　全选　全消　栏目　自定义项

确定　取消

图3-44　过滤“预付款”

(9) 录入应付款转账金额为“47 008”，如图3-45所示。

(10) 单击“确定”按钮，不生成凭证。

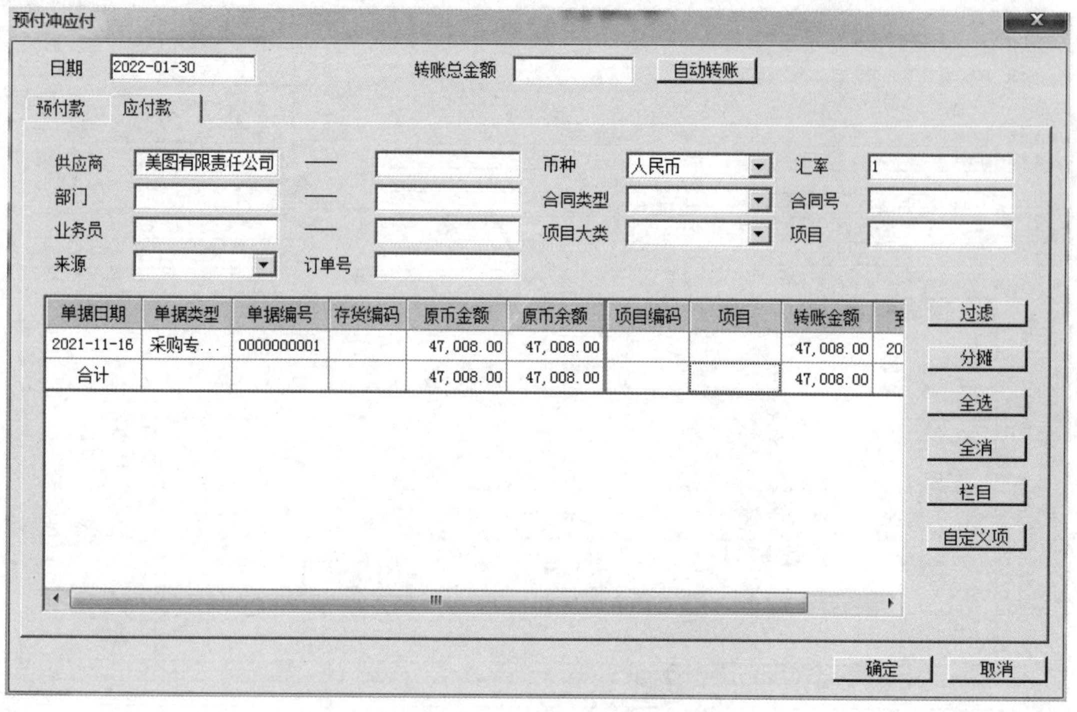

图3-45 录入“应付款”转账金额

(11) 单击“业务工作”|“财务会计”|“应付款管理”|“制单处理”选项，打开“制单查询”对话框。

(12) 选择“收付款单制单”“预付冲应付制单”复选框，如图3-46所示。

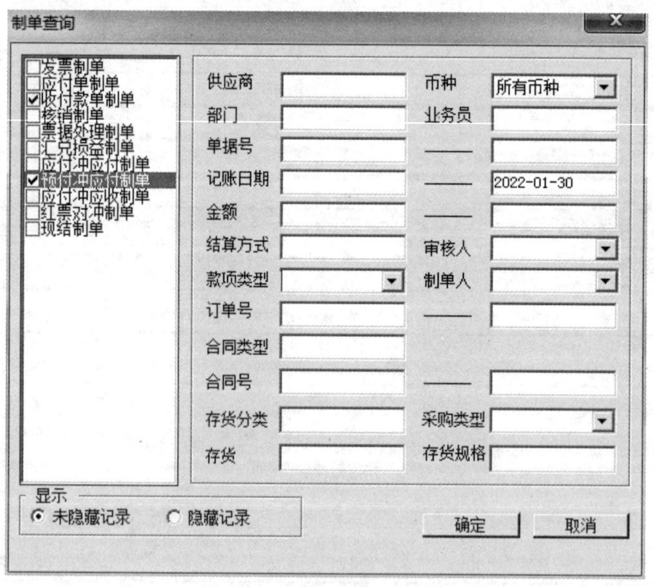

图3-46 “制单查询”对话框

(13) 单击“确定”按钮，打开“应付制单”窗口，依次单击“全选”“合并”按钮，如图3-47所示。

选择标志	凭证类别	单据类型	单据号	日期	供应商编码	供应商名称	部门	业务员	金额
1	记账凭证	付款单	0000000004	2022-01-30	B002	美图有...	财务部		40,000.00
1	记账凭证	预付冲应付	0000000004	2022-01-30	B002	美图有...	财务部		47,008.00

图3-47 “应付制单”窗口

(14) 单击“制单”按钮，生成凭证，单击“保存”按钮，如图3-48所示。

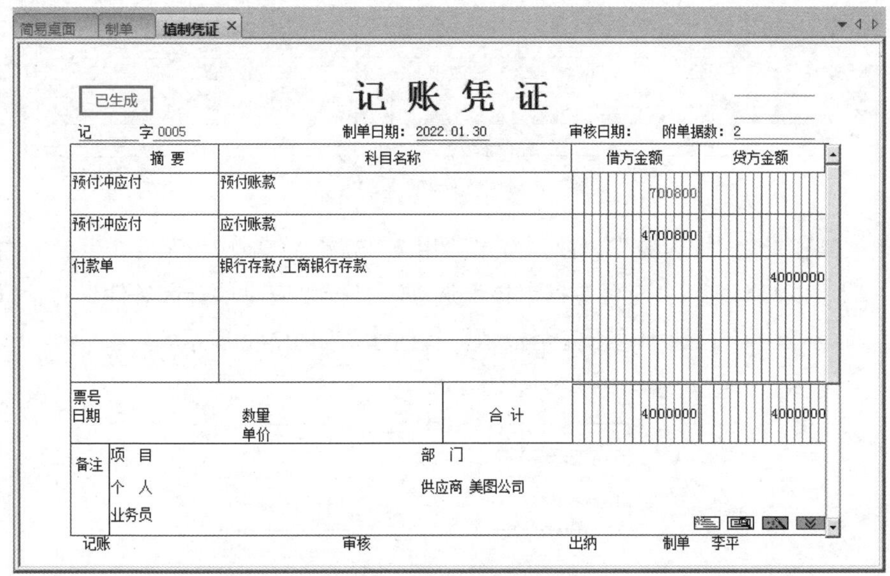

图3-48 生成制单凭证

❖ 提示：

本次付款金额为40 000元，结算金额为47 008元，付款金额小于结算金额，差额部分使用预付款。

4. 第4笔业务的处理

第4笔业务的处理

操作步骤：

(1) 2022年1月30日，由采购员“YW02 张帆”注册登录“用友U8”|“企业应用平台”系统。在“供应链”|“采购管理”|“采购发票”|“专用采购发票”选项中，填制一张采购专用发票，如图3-49所示。

(2) 单击“保存”按钮。

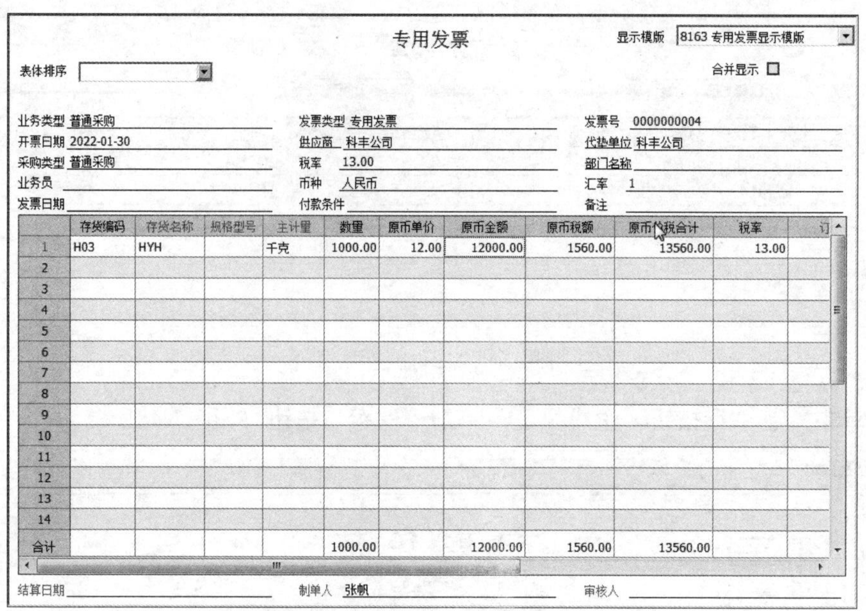

专用发票

显示模版 8163 专用发票显示模版

表体排序　　合并显示 □

业务类型 普通采购　发票类型 专用发票　发票号 0000000004
开票日期 2022-01-30　供应商 科丰公司　代垫单位 科丰公司
采购类型 普通采购　税率 13.00　部门名称
业务员　币种 人民币　汇率 1
发票日期　付款条件　备注

	存货编码	存货名称	规格型号	主计量	数量	原币单价	原币金额	原币税额	原币价税合计	税率
1	H03	HYH		千克	1000.00	12.00	12000.00	1560.00	13560.00	13.00
2										
3										
4										
5										
6										
7										
8										
9										
10										
11										
12										
13										
14										
合计					1000.00		12000.00	1560.00	13560.00	

结算日期　制单人 张帆　审核人

图3-49　已填制的采购发票

(3) 更换操作员为“YW01”，注册登录“用友U8”|“企业应用平台”系统。单击“财务会计”|“应付款管理”|“应付单据审核”选项，打开“应付单查询条件”对话框，选择供应商为“科丰公司”，选中“未完全报销”复选框，如图3-50所示。

应付单查询条件

单据名称　单据类型 全部
供应商 T001 - 科丰有限责任公
部门　业务员
单据编号
单据日期 2022-01-01
审核日期
币种　方向
原币金额
本币金额
业务类型
采购类型　制单人
存货分类　存货
存货规格　合同类型
合同号
工序

☑ 未审核　□ 已审核　☑ 已整单报销　☑ 未完全报销
□ 包含已现结发票
□ 已制单　☑ 未制单

批审　确定　取消

图3-50　“应付单查询条件”对话框

(4) 单击“确定”按钮，打开“应付单据列表”窗口，选中“科丰公司”的应付单，单击“审核”按钮，审核该张发票。

(5) 2022年1月30日，由采购员“YW02 张帆”在“采购管理”中填制一张到货单，如图3-51所示。

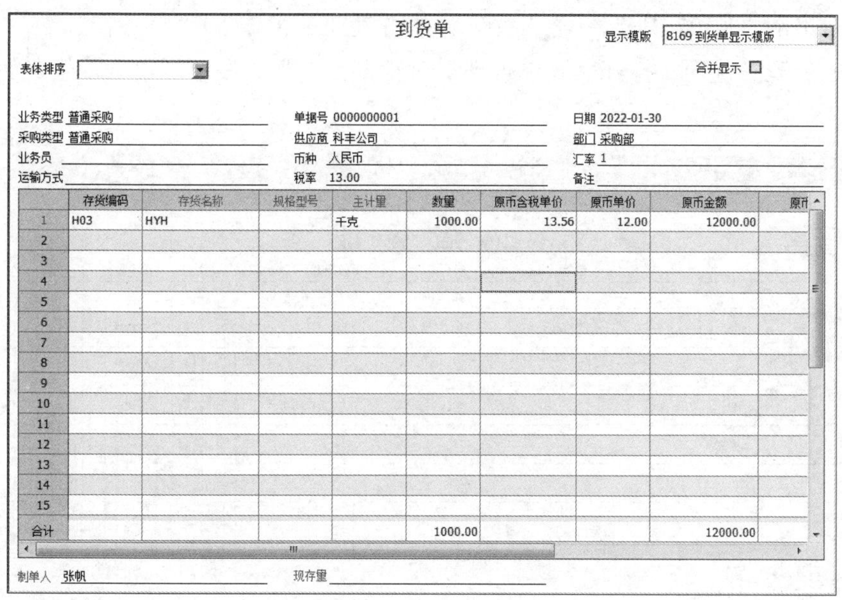

图3-51 填制到货单

(6) 单击“保存”按钮，再单击“审核”按钮。

(7) 由采购员“YW02 张帆”登录“库存管理”系统，根据“采购到货单(蓝字)”生成一张“采购入库单”，选择仓库“原料库”，如图3-52所示。

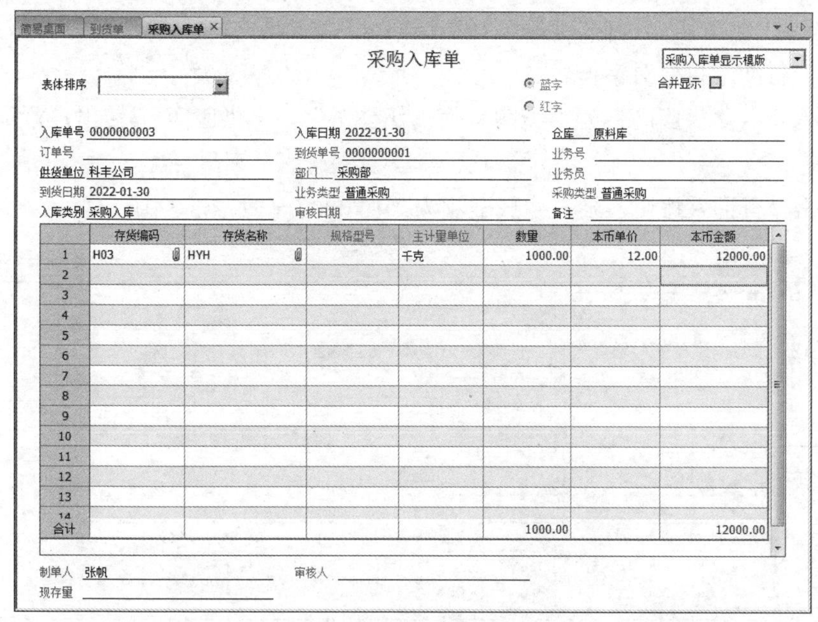

图3-52 已生成的采购入库单

(8) 单击“保存”按钮。

(9) 在“采购管理”系统中，对“科丰公司”的采购业务进行采购发票与采购入库单的自动结算。

(10) 系统提示结算成功。

(11) 由出纳“KJ02 刘浩”登录系统，单击“业务工作”|“财务会计”|“应付款管理”|“制单处理”选项，打开“制单查询”对话框。选择“发票制单”，生成凭证，如图3-53所示。

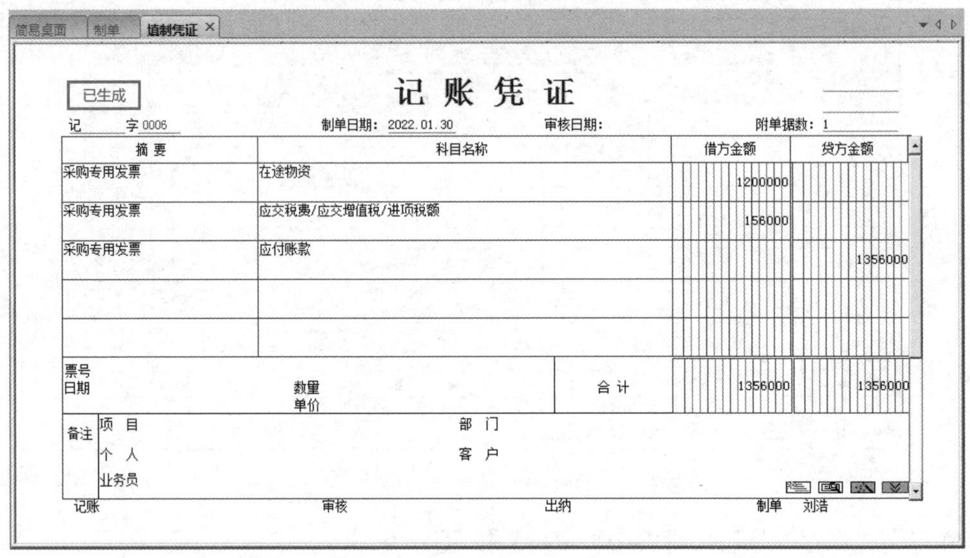

图3-53 采购发票制单生成凭证

(12) 由出纳“KJ04 李平”于“2022-01-30”登录“用友U8”|“企业应用平台”系统。

(13) 单击“业务工作”|“财务会计”|“应付款管理”|“转账”|“应付冲应付”选项，打开“应付冲应付”对话框。

(14) 录入转入“供应商”为“美图有限责任公司”，“供应商”(转出户)为“科丰有限责任公司”。

(15) 单击“查询”按钮，录入并账金额为“10 000”，如图3-54所示。

简易桌面 应付冲应付

日期 <= 2022-01-30

单据类型：☑货款 ☑应付款 ☐预付款

转入：☑供应商 B002 - 美图有限责　☐部门　☐业务员　合同类型　☐合同　项目大类　☐项目

供应商 T001 - 科丰有限责　部门　业务员

币种 人民币　汇率 1

项目大类　项目　合同类型　合同号

来源　订单号

自定义项

单据日期	单据类型	单据编号	方向	原币金额	原币余额	项目编码	项目	并账金额
2022-01-30	采购专...	0000000004	贷	13,560.00	13,560.00			10,000.00
借方合计				0.00	0.00			0.00
贷方合计				13,560.00	13,560.00			10,000.00

图3-54 录入并账金额

(16) 单击“保存”按钮，完成并账的操作，并立即制单生成凭证，如图3-55所示。

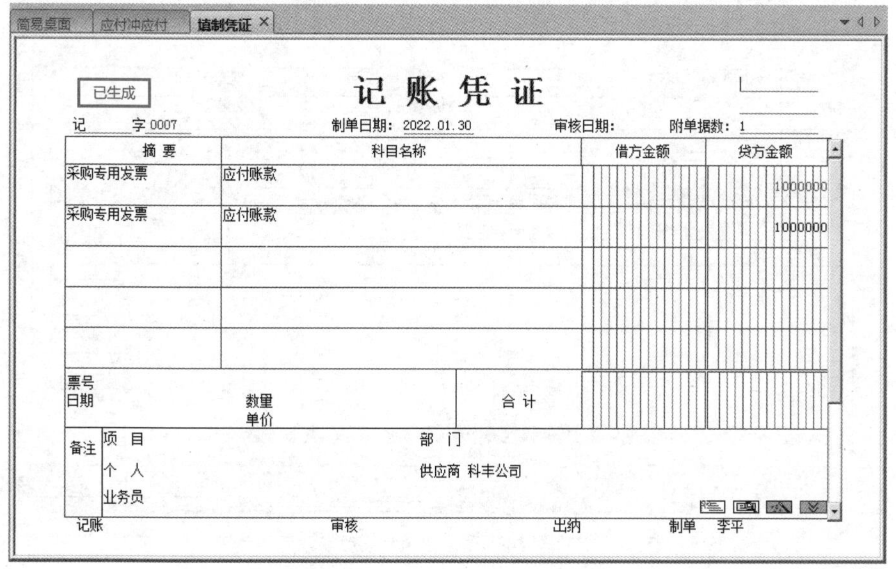

图3-55 并账转账制单生成凭证

5. 第5笔业务的处理

第5笔业务的处理

操作步骤：

(1) 2022年1月30日，由出纳员“KJ04 李平”登录“用友U8”|“企业应用平台”系统。

(2) 单击“业务工作”|“财务会计”|“应付款管理”|“转账处理”|“预付冲应付”选项，打开“预付冲应付”对话框。

(3) 分别录入预付款和应付款的供应商为“美图有限责任公司”。

(4) 分别单击“过滤”按钮，在“转账金额”栏录入“1 000”，如图3-56和图3-57所示。

预付冲应付

日期 2022-01-30　转账总金额　自动转账

预付款 | 应付款

供应商 B002 - 美图有限责　币种 人民币　汇率 1

部门　合同类型　合同号

业务员　项目大类　项目

类型 付款单　来源　订单号

款项类型

单据日期	单据类型	单据编号	款项类型	结算方式	原币金额	原币余额	项目	转账金额
2022-01-30	付款单	0000000003	预付款	网银转账	30,000.00	4,247.00		1,000.00
合计					30,000.00	4,247.00		1,000.00

过滤　分摊　全选　全消　栏目　自定义项

确定　取消

图3-56 录入转账金额1

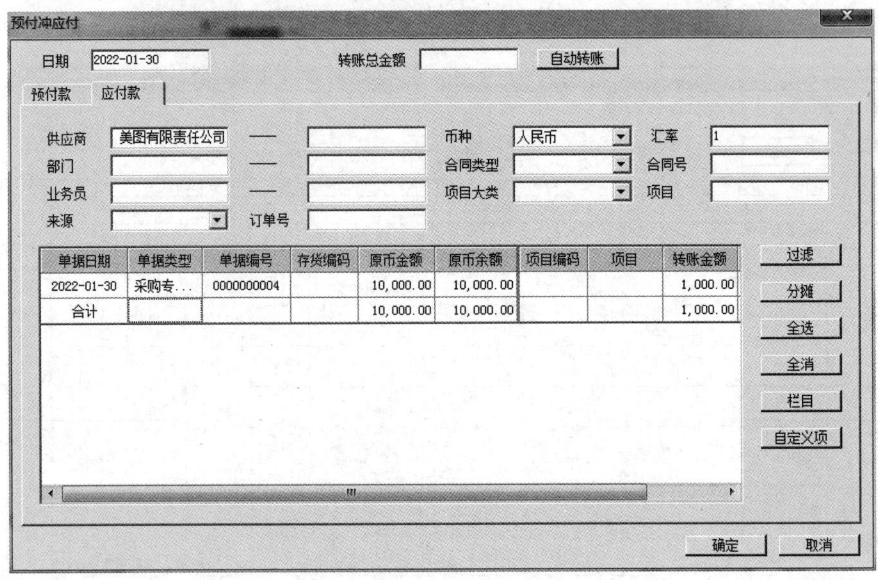

图3-57　录入转账金额2

(5) 单击“确定”按钮，完成转账的操作，生成并保存凭证，如图3-58所示。

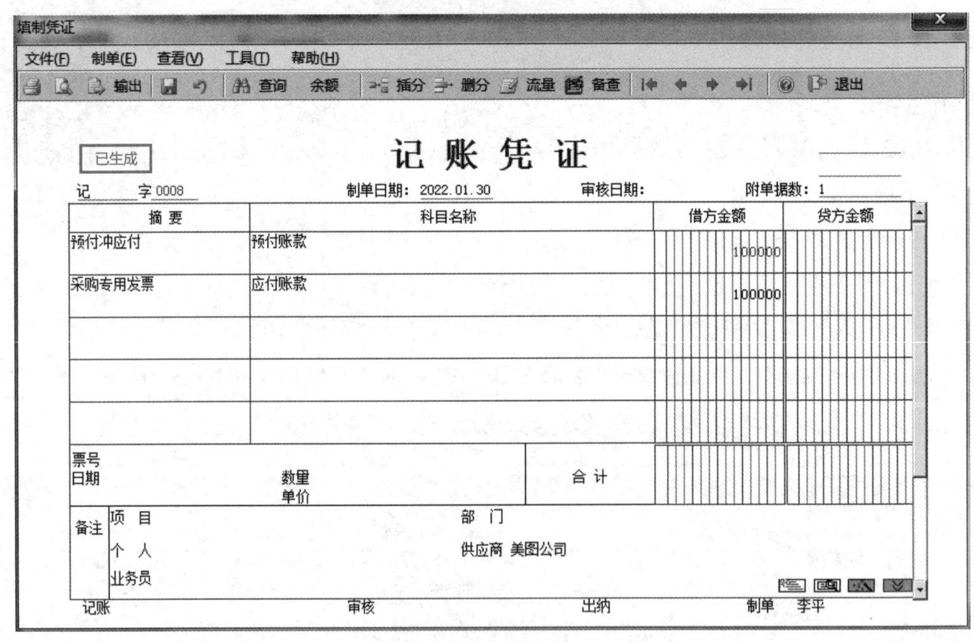

图3-58　并账转账生成凭证

6. 第6笔业务的处理

第6笔业务的处理

操作步骤：

(1) 2022年1月30日，由出纳“KJ04李平”登录“用友U8”|“企业应用平台”系统。

(2) 单击“业务工作”|“财务会计”|“应付款管理”|“单据查询”|“凭证查询”选项，打开“凭证查询”对话框，选中错误转账生成的凭证，并删除凭

证，如图3-59所示。

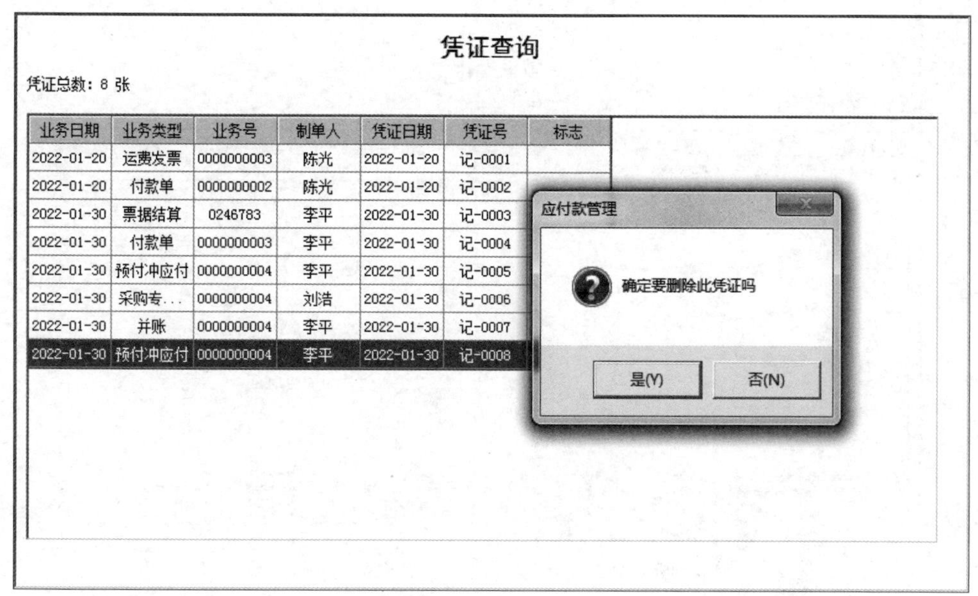

凭证查询

凭证总数：8 张

业务日期	业务类型	业务号	制单人	凭证日期	凭证号	标志
2022-01-20	运费发票	0000000003	陈光	2022-01-20	记-0001	
2022-01-20	付款单	0000000002	陈光	2022-01-20	记-0002	
2022-01-30	票据结算	0246783	李平	2022-01-30	记-0003	
2022-01-30	付款单	0000000003	李平	2022-01-30	记-0004	
2022-01-30	预付冲应付	0000000004	李平	2022-01-30	记-0005	
2022-01-30	采购专...	0000000004	刘洁	2022-01-30	记-0006	
2022-01-30	并账	0000000004	李平	2022-01-30	记-0007	
2022-01-30	预付冲应付	0000000004	李平	2022-01-30	记-0008	

图3-59　删除错误的转账凭证

(3) 单击“业务工作”|“财务会计”|“应付款管理”|“其他处理”|“取消操作”选项，打开“取消操作条件”对话框。

(4) 单击“供应商”栏参照按钮，选择“美图有限责任公司”；单击“操作类型”栏下拉按钮，选择“预付冲应付”，如图3-60所示。

取消操作条件

供应商　B002 - 美图有限　操作类型　预付冲应付
部门　业务员
操作日期
金额
单据编号
确定　取消

图3-60　“取消操作条件”对话框

(5) 单击“确定”按钮，打开“取消操作”窗口。

(6) 双击选中“选择标志”栏，如图3-61所示。

(7) 单击“确认”按钮，完成取消转账的操作。

(8) 单击“业务工作”|“财务会计”|“应付款管理”|“转账”|“应付冲应付”选项，打开“应付冲应付”对话框。

(9) 录入转入“供应商”为“长江股份有限公司”，供应商(转出户)为“美图有限责任公司”。

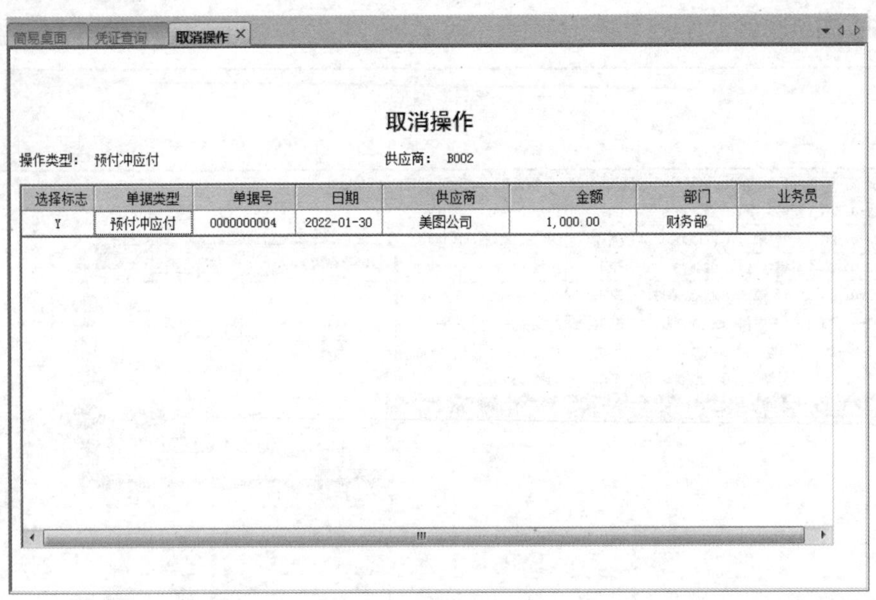

图3-61 选中要取消转账操作的数据

(10) 单击“查询”按钮，出现待结算的应付款的数据，在“并账金额”栏录入“10 000”，如图3-62所示。

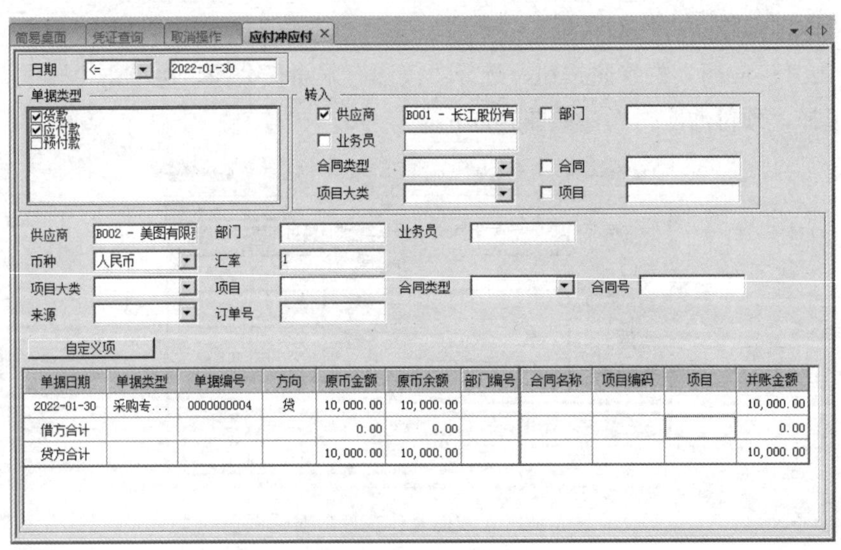

图3-62 录入并账金额

(11) 单击“保存”按钮，完成并账的操作，生成并保存凭证，如图3-63所示。

(12) 将账套备份至“D:\222账套备份\任务7备份”文件夹中，以便完成接下来的任务。

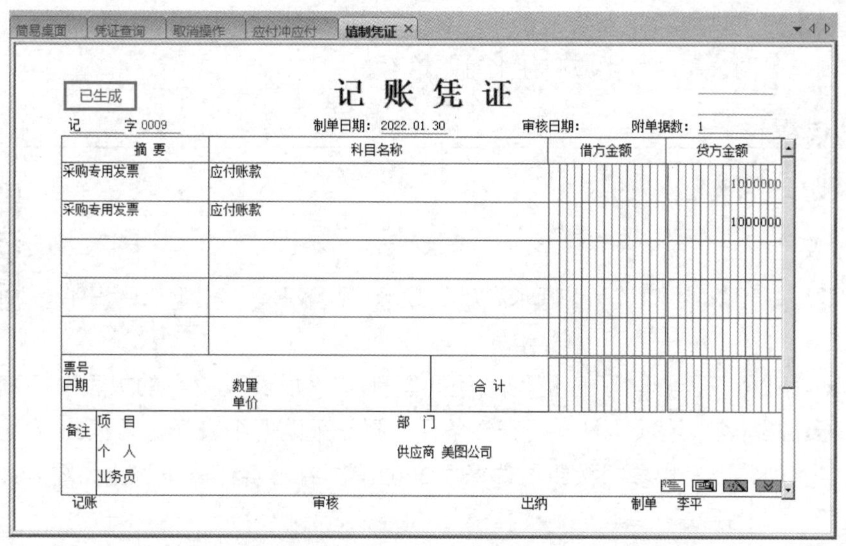

图3-63 转账制单凭证

拓展任务

(1) 在填制付款单时，“本次结算”金额与“金额”之间是什么关系？

(2) 在填制“付款单”时，“本次结算”金额与“金额”及“使用预付”金额之间是什么关系？

(3) 在填制付款单时，在什么情况下只要选择了“结算方式”则由系统自动生成“结算科目”。

(4) 在“付款单”界面单击什么按钮即可以将付款单变为红字付款单(即收款单)？

(5) 如果一笔采购业务已经进行了核销操作才发现采购发票有错误，应该怎么办？

(6) 采购系统的应付款的转账结算通常有几种方式？

(7) 如果已经进行了“应付冲应付”操作才发现在进行“应付冲应付”的操作时选错了付款单位，应该怎么办？

(8) 怎样了解企业还欠某个供应商多少货款？

(9) 了解企业在信息化的条件下应该如何管理应付账款。

任务8 查询采购、应付款账表

具体任务

- 查询美图公司的“采购明细表”。
- 查询HYH的“入库明细表”。
- 查询“在途货物余额表”。
- 查询“供应商往来总账”。
- 查询“供应商往来明细账”。

○ 查询全部“供应商往来余额表”。
○ 查询与美图公司的“供应商往来对账单”。

业务处理过程

查询采购、应付款业务的账表。

查询账表

操作步骤：

(1) 2022年1月31日，由“YW01张思思”登录“用友U8”|“企业应用平台”系统。

(2) 单击“业务工作”|“供应链”|“采购管理”|“报表”|“我的报表”|“统计表和明细表”|“采购明细表”选项，打开“查询条件选择—采购明细表”对话框。

(3) 单击“供应商”栏参照按钮，选择“B002美图有限责任公司”，如图3-64所示。

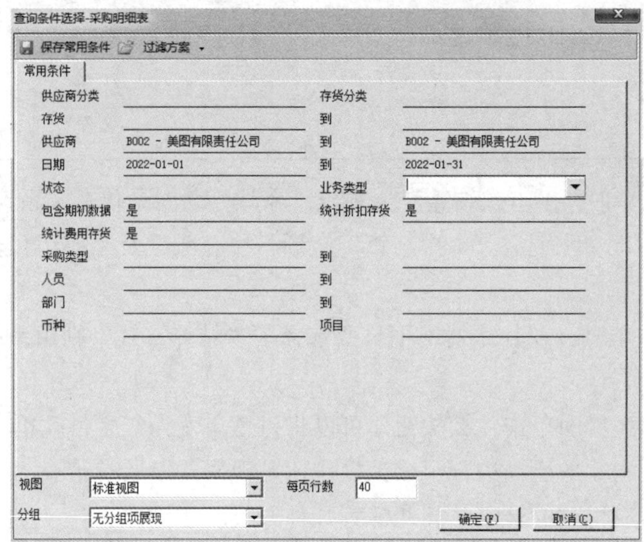

图3-64 “查询条件选择—采购明细表”对话框

(4) 单击“确定”按钮，打开“采购明细表”窗口，如图3-65所示。

简易桌面 | 报表管理器 | 采购明细表

采购明细表

日期： 2022-0… 至 2022-01-31 供应商： B002 到 B002
业务员： 到 部门： 到

发票日期	发票号	供应商简称	部门名称	业务员	存货名称	规格型号	主计量	辅计量	换算率	数量	本币单价	本币金额	本币税额	本币价税合计
2022-01-18	0000000…	美图公司			运费		次			1.00	90.00	90.00	10.00	100.00
2022-01-18	0000000…	美图公司			HYH		千克			1,500.00	11.00	16,500.00	2,145.00	18,645.00
总计										1,501.00		16,590.00	2,155.00	18,745.00

数据

图3-65 “采购明细表”窗口

(5) 继续查询HYH的“入库明细表”，如图3-66所示。

(6) 单击“业务工作”|“供应链”|“采购管理”|“报表”|“我的报表”|“采购账簿”|“在途货物余额表”选项，打开“在途货物余额表”窗口，如图3-67所示。

入库明细表

日期：2022-0… 至 2022-0…　供应商：　到
仓库：　到　部门：　到
存货：H03　到　业务员：　到

入库日期	入库单号	仓库名称	供应商简称	存货名称	规格型号	主计量	入库数量	本币单价	本币金额
2022-01-17	0000000002	原料库	美图公司	HYH		千克	1,498.00	11.07	16,590.00
2022-01-30	0000000003	原料库	科丰公司	HYH		千克	1,000.00	12.00	12,000.00
总计							2,498.00		28,590.00

共2条 共1页

图3-66　“入库明细表”窗口

在途货物余额表

日期：2022-0… 至 2022-0…　供应商：　至　存货：　至

存货编码	存货名称	供应商名称	主计量	部门编码	上期结余		本期采购		本期结算					本期结余	
					数量	金额	数量	金额	分配费用额	非合理损耗金额	数量	金额	损耗数量	数量	金额
H01	CHK	长江公司	千克				20.00	131,000.00			20.00	131,000.00			
H02	FDS	长江公司	台				10.00	32,000.00			10.00	32,000.00			
H03	HYH	美图公司	千克				1,500.00	16,500.00	90.00		1,498.00	16,590.00	2.00		
H03	HYH	科丰公司	千克				1,000.00	12,000.00			1,000.00	12,000.00			
总…							2,530.00	191,500.00	90.00		2,528.00	191,590.00	2.00		

图3-67　“在途货物余额表”窗口

(7) 单击“业务工作”|“财务会计”|“应付款管理”|“账表管理”|“业务账表”|“业务总账”选项，打开“应付总账表”窗口，如图3-68所示。

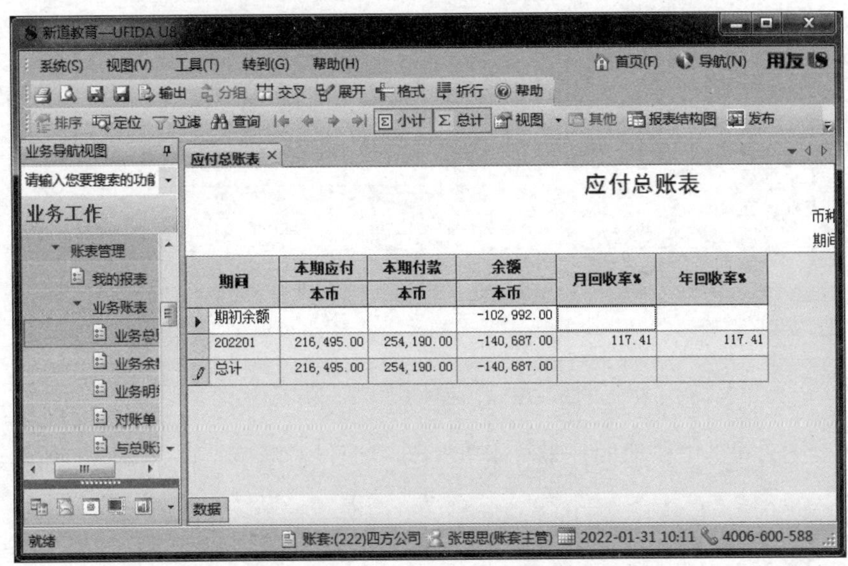

应付总账表

期间	本期应付	本期付款	余额	月回收率%	年回收率%
	本币	本币	本币		
期初余额			-102,992.00		
202201	216,495.00	254,190.00	-140,687.00	117.41	117.41
总计	216,495.00	254,190.00	-140,687.00		

图3-68　“应付总账表”窗口

(8) 查询“供应商业务明细账”(即“应付明细账”)，如图3-69所示。

应付明细账

币种：全部
期间：1 - 1

月	年	日	凭证号	供应商编码	供应商名称	摘要	单据类型	单据号	订单号	币种	本期应付本币	本期付款本币	余额本币	到期日
				A002	兄弟有限责任公司	期初余额							-150,000.00	
				(A002)小计:									-150,000.00	
1	2022	18	记-0002	B001	长江股份有限公司	付款单	付款单	0000000002		人民币		184,190.00	-184,190.00	2022-01-18
1	2022	20	记-0002	B001	长江股份有限公司	采购专...	采购专...	0000000002	0000000001	人民币	184,190.00			2022-01-18
1	2022	30	记-0009	B001	长江股份有限公司	采购专...	并账	BZAP000...		人民币	10,000.00		10,000.00	2022-01-30
				(B001)小计:							194,190.00	184,190.00	10,000.00	
				B002	美图有限责任公司	期初余额							47,008.00	
1	2022	20	记-0001	B002	美图有限责任公司	运费发票	采购专...	0000000003	0000000002	人民币	18,645.00		65,653.00	2022-01-18
1	2022	20	记-0001	B002	美图有限责任公司	运费发票	运费发票	0000000001		人民币	100.00		65,753.00	2022-01-18
1	2022	30	记-0004	B002	美图有限责任公司	付款单	付款单	0000000003		人民币		30,000.00	35,753.00	2022-01-30
1	2022	30	记-0005	B002	美图有限责任公司	预付冲应付	付款单	0000000004		人民币		40,000.00	-4,247.00	2022-01-30
1	2022	30	记-0007	B002	美图有限责任公司	采购专...	并账	BZAP000...		人民币	10,000.00		5,753.00	2022-01-30
1	2022	30	记-0009	B002	美图有限责任公司	采购专...	并账	BZAP000...		人民币	-10,000.00		-4,247.00	2022-01-30
				(B002)小计:							18,745.00	70,000.00	-4,247.00	
1	2022	30	记-0006	T001	科丰有限责任公司	采购专...	采购专...	0000000004		人民币	13,560.00		13,560.00	2022-01-30
1	2022	30	记-0007	T001	科丰有限责任公司	采购专...	并账	BZAP000...		人民币	-10,000.00		3,560.00	2022-01-30
				(T001)小计:							3,560.00		3,560.00	
	合 计										216,495.00	254,190.00	-140,687.00	

【用友软件】

图3-69 “应付明细账”窗口

(9) 查询“供应商业务余额表”(即“应付余额表”)，如图3-70所示。

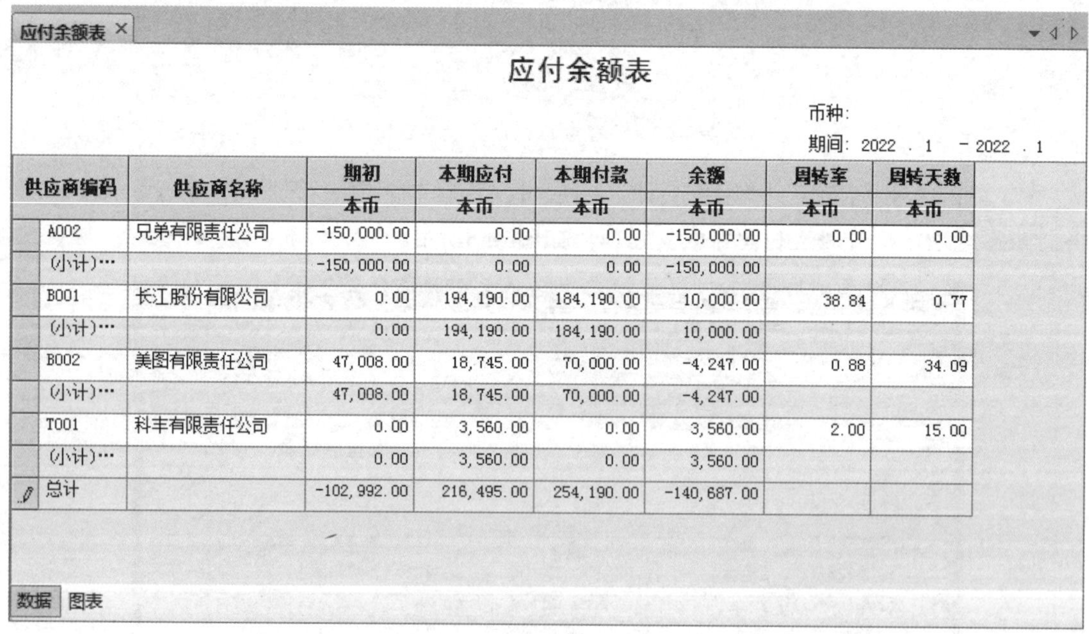

应付余额表

币种:
期间: 2022 . 1 - 2022 . 1

供应商编码	供应商名称	期初本币	本期应付本币	本期付款本币	余额本币	周转率本币	周转天数本币
A002	兄弟有限责任公司	-150,000.00	0.00	0.00	-150,000.00	0.00	0.00
(小计)···		-150,000.00	0.00	0.00	-150,000.00		
B001	长江股份有限公司	0.00	194,190.00	184,190.00	10,000.00	38.84	0.77
(小计)···		0.00	194,190.00	184,190.00	10,000.00		
B002	美图有限责任公司	47,008.00	18,745.00	70,000.00	-4,247.00	0.88	34.09
(小计)···		47,008.00	18,745.00	70,000.00	-4,247.00		
T001	科丰有限责任公司	0.00	3,560.00	0.00	3,560.00	2.00	15.00
(小计)···		0.00	3,560.00	0.00	3,560.00		
总计		-102,992.00	216,495.00	254,190.00	-140,687.00		

数据 图表

图3-70 “应付余额表”窗口

(10) 与美图公司的“供应商往来对账单”(即“应付对账单”)，如图3-71所示。

应付对账单

币种： 全部
期间： 1 - 1

年	月	日	凭证号	供应商		摘要	订单号	单据类型	单据号	币种	本期应付	本期付款	单据余额	余额	到期日
				编码	名称						本币	本币	本币	本币	
				B002	美图有限责任公司	期初余额								47,008.00	
2022	1	20	记-0001	B002	美图有限责任公司	运费发票	0000000002	采购专...	0000000003	人民币	18,645.00			65,653.00	2022-01-18
2022	1	20	记-0001	B002	美图有限责任公司	运费发票		运费发票	0000000001	人民币	100.00			65,753.00	2022-01-18
2022	1	30	记-0004	B002	美图有限责任公司	付款单		付款单	0000000003	人民币		30,000.00		35,753.00	2022-01-30
2022	1	30	记-0005	B002	美图有限责任公司	预付冲应付		付款单	0000000004	人民币		40,000.00		-4,247.00	2022-01-30
2022	1	30	记-0007	B002	美图有限责任公司	采购专...		并账	BZAP0000...	人民币	10,000.00			5,753.00	2022-01-30
2022	1	30	记-0009	B002	美图有限责任公司	采购专...		并账	BZAP0000...	人民币	-10,000.00			-4,247.00	2022-01-30
				(B002)...							18,745.00	70,000.00		-4,247.00	
合...											18,745.00	70,000.00		-4,247.00	

图3-71 “应付对账单”窗口

❖ 提示：

- ✧ 采购管理月末处理后，才能进行库存管理、存货核算的月末处理；如果采购管理系统要取消月末处理，则必须判断是否全部取消了库存管理、存货核算系统的月末处理。
- ✧ 由于此时还未进行销售、库存和存货系统的业务处理，所以此账套现在还不能进行月末结账。

(11) 将账套备份至“D:\222账套备份\任务8备份”文件夹中，以便完成接下来的任务。

拓展任务

(1) 在“采购单据列表”中可以查询到哪些单据？

(2) 在“采购明细表”的“结算明细表”中查到的数据有何作用？

(3) 如果想了解企业采购中“货到票未到明细表”，应该在哪里查找？

(4) 如果想了解企业采购中“票到货未到明细表”，应该在哪里查找？

(5) 如果想查询企业采购订单的执行情况，应在什么功能中进行查询？

(6) 在“采购统计表”中可以查询到哪些信息？

(7) 了解在哪些账表中可以查询到企业的应付账款的债务情况。

第 4 章 销售、应收款管理

功能概述

销售是企业生产经营成果的实现过程，是企业经营活动的中心。销售部门在企业中处于市场与企业接口的位置，其主要职能就是为客户提供产品及服务，从而实现企业的资金周转并获取利润，为企业提供生存与发展的动力。

销售管理系统是用友ERP-U8企业管理软件的一个子系统，主要提供对企业销售业务全流程的管理。销售管理系统支持以销售订单为核心的业务模式，其主要任务是在销售管理系统中处理销售发货单和销售发票，并根据销售发货单等发货成本信息确认销售成本，以及根据销售发票在应收款管理系统进行销售收款的全过程管理。在销售系统中，通过销售订货、发货、开票，处理销售发货和销售退货业务，同时在发货处理时对客户信用额度、存货现存量、最低售价等进行检查和控制，经审核的发货单可以自动生成销售出库单，冲减库存的现存量。此外，还可以进行账表查询及统计分析等。

由于销售管理系统与库存管理、应收款管理系统的紧密联系，因此它主要以与库存管理系统、存货核算系统、应收款管理系统等产品并用的形态出现，一起组成完整的企业管理系统。与库存管理及存货核算系统联合使用可以追踪存货的出库信息及销售成本的数据资料，及时了解企业的销售状况；与应收款管理、总账系统联合使用可以追踪销售收款情况。

销售管理系统的主要功能是进行销售订单处理，动态掌握订单执行情况；处理销售出库单、销售发票及销售退货业务，并根据销售出库单等数据资料确认销售成本；应收款管理系统主要是处理销售收款业务及相关转账处理，同时进行单据查询及账表的查询、统计。

- 订货：根据订货情况对供货单位、供货数量等进行输入、修改、查询、审核销售订单操作，了解订单的执行或未执行情况。
- 发货：处理销售发货和销售退货业务，可根据订单发货并处理发货折扣，同时在发货处理时可以对客户信用额度、存货现存量、最低售价等进行检查和控制，经过审核的发货单可以自动生成销售出库单。
- 开票：处理普通销售发票和专用销售发票的开票业务，可以根据订单开票；在先发货后开票的业务模式下可以汇总发货单开票，并处理销售折扣，同时在开票处理时可以对客户信用额度、存货现存量、最低售价等进行检查和控制；在先开票后发货的业务模式下经过审核的发票可以自动生成发货单和销售出库单。

- 价格管理：提供存货价格、客户价格管理功能，制定或修改各用于销售的存货的参考售价，以此作为货物销售的报价。提供按加价率自动批量调价的功能。
- 代垫费用：处理随同货物销售所发生的各种代垫费用，如运杂费等。
  - 销售支出：反映在货物销售过程中发生的各种销售费用和支出的情况。在销售业务中发生的销售折让等可以通过本功能进行处理。
  - 客户往来管理：在单据结算功能中可以通过填制收/付款单进行收付款结算，对发票及应收单进行核销；还可以在转账功能中实现应收冲应收、预收冲应收、应收冲应付、红票对冲等转账业务处理。
  - 销售、客户往来账表：可以根据不同的查询条件分别查询销售明细表和销售统计表及客户往来明细表等。

主要任务

学习销售管理系统中销售业务处理的流程，销售订单管理、销售发货单、销售发票等业务处理的原理和操作方法，以及销售账表的查询方法等。学习应收款管理系统中销售往来收款及应收票据处理，应收转账处理及往来业务核销工作。能够填制销售发票、销售发货单并进行销售收款处理等业务处理。了解销售账表及应收往来账的查询方法，理解销售管理、应收款管理系统控制参数对日常业务处理的影响。

思政园地

销售和应收款管理工作是企业管理的重要内容，作为相关工作人员，我们一定要认真、严谨，严格执行合同条款，确保收款数据的准确性，要具备较强的数据敏感度和学习能力，具有强烈的责任心。通过建立和完善销售和应收款管理的各种规章制度、操作规程及工作标准，规范自身行为，切实履职尽责。

4.1 销售管理的业务流程

4.1.1 销售系统的业务流程

销售管理系统适用于大多数企业的日常销售业务，它与应收款管理系统一起，提供对销售订货、销售发货单、销售发票及销售收款的全过程管理。用户可以根据企业的实际业务状况，结合本系统对销售流程进行灵活配置。

普通销售业务的一般流程如图4-1所示。

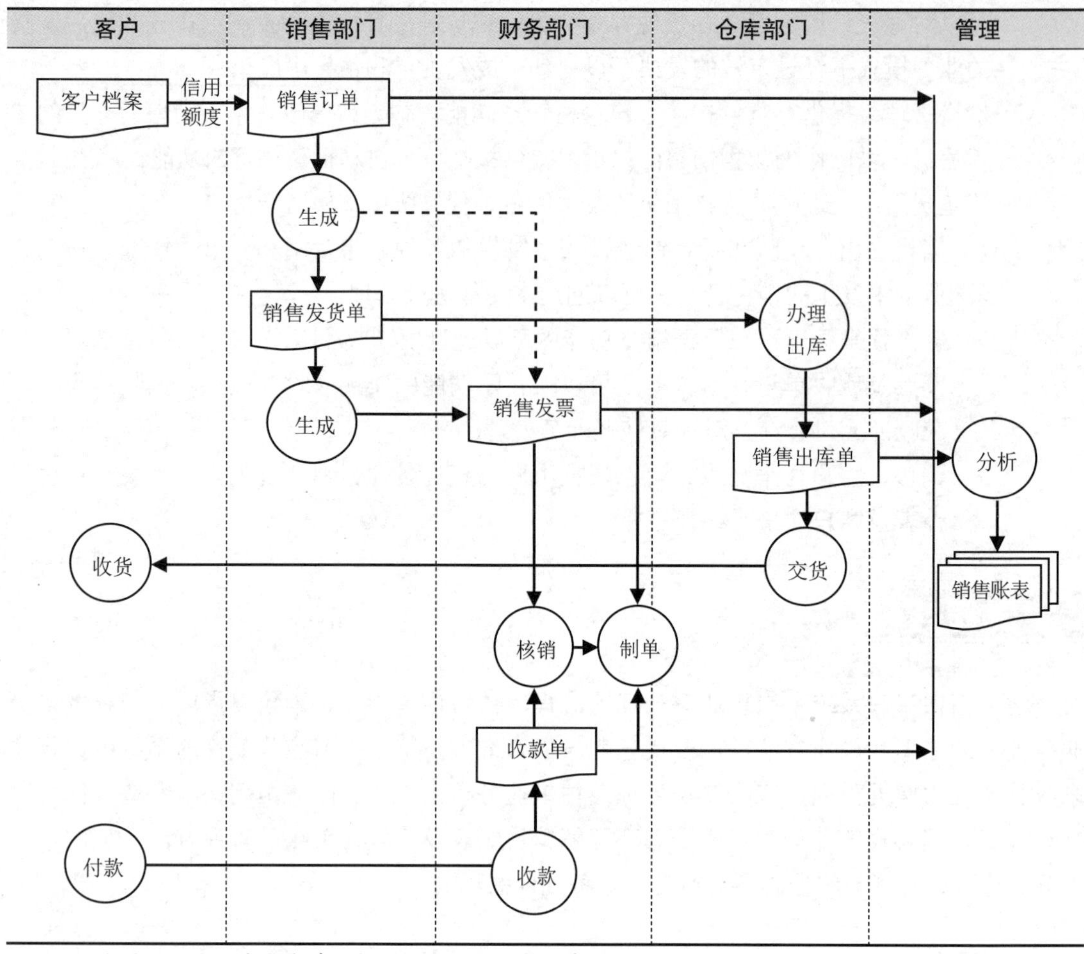

注：发票可以由销售发货单生成，也可以由销售订单生成，此处为可选流程。

图4-1　普通销售业务的一般流程

1. 订单管理

根据报价单的授权，业务人员与客户签订销售订单或销售合同，合同应符合《中华人民共和国民法典》的规定。金额重大的销售合同的订立应征询法律顾问或专家的意见。销售合同签订完经审批后方能成立，审批人员应严格把关销售价格、信用政策、发货及收款方式等。

销售部门按照经过批准的销售合同编制销售发货单，并根据销售发货单向仓库下达销售发货通知单，同时编制销售发票通知单，销售发票通知单经审批后传递给财务部门作为其开具销售发票的依据。按照销售管理内部控制的要求，编制销售发票通知单的人员与开具销售发票的人员应相互分离。

2. 销售发货

仓管部门在审核销售发货通知单后，应严格按照销售发货通知单所列的发货品种和规格、发货数量、发货时间和发货方式等办理货物出库。审核后的销售发货通知单生成销售出库单。

在发货管理中应建立货物出库、发运等环节的岗位责任制，确保货物发运的安全，以及建立销售退回管理制度。单位的销售退回必须经销售主管审批后方可执行。销售退回的货物应由质检部门检验和仓储部门清点后方可入库。质检部门对客户退回的货物进行检验并出具检验证明；仓储部门在清点货物、注明退回货物的品种和数量后填制退货接收报告。

3. 销售开票

财务部门根据销售发票通知单向客户开具销售发票。

销售发票传递给应收款系统形成应收款项，收到款项后，财务部门进行收款结算，形成收款单。

财务部门应对检验证明、退货接收报告，以及退货方出具的退货凭证等单据进行审核，审核后办理相应的退款事宜。

4. 销售、应收款查询及分析

管理部门根据销售订单或合同、销售出库单及收款单进行查询和分析，形成相应报表。

4.1.2 销售系统与其他系统的联系

销售系统主要与库存系统和应收款管理系统发生数据联系。

- 销售系统的发货单、销售发票新增后冲减库存系统的货物现存量；经审核后自动生成销售出库单传递给库存系统。库存系统为销售系统提供各可用于销售的存货的现存量。
- 销售系统的发货单、销售发票经审核后自动生成销售出库单，销售出库单或销售发票传递给核算系统。核算系统将计算出来的存货的销售成本传递给库存系统和销售系统。

销售系统与其他系统的联系如图4-2所示。

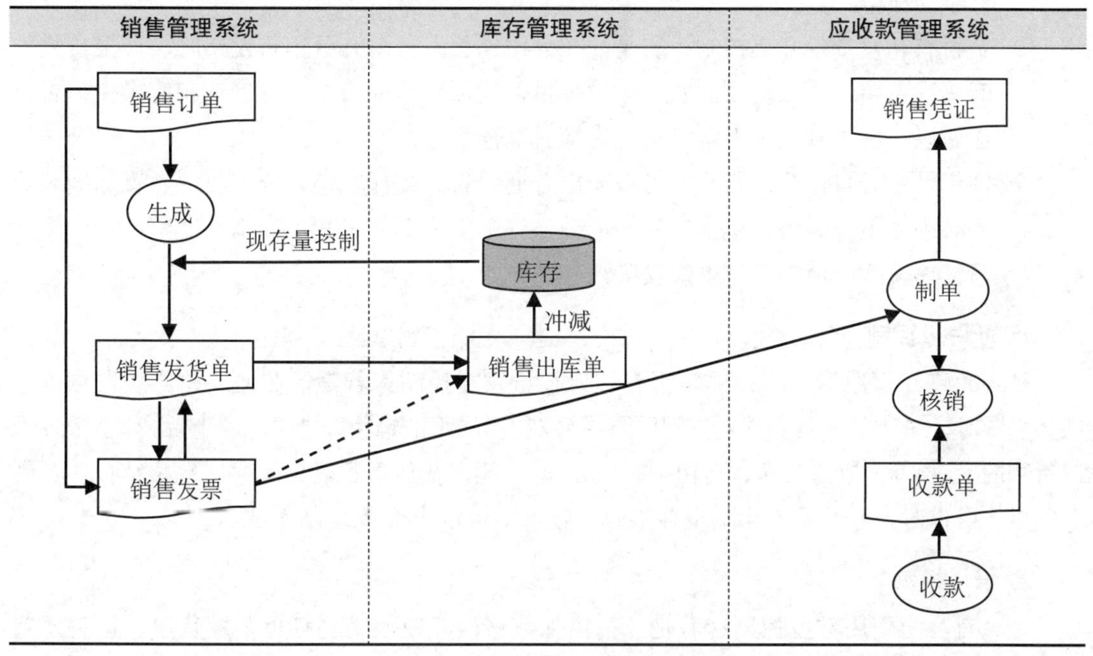

图4-2 销售系统与其他系统的联系

4.2 初始设置

在业务基础设置完成后，可根据企业的实际需要，具体设置销售、应收款业务的业务范围，录入有关的期初数据并进行期初对账处理。

4.2.1 销售、应收款业务控制参数设置

为了满足通用软件能够适应不同业务的需要，在初始化时可以对销售业务处理进行限定，设置业务处理控制参数。其主要包括销售业务控制、可用量控制、信用控制、价格管理控制、应收款控制参数和客户往来科目设置。主要参数说明如下。

1. 销售业务控制

- 是否销售生成出库单：销售管理的发货单、销售发票在审/复核时，自动生成销售出库单，并传递到库存管理系统，否则销售出库单由库存管理系统参照上述单据生成。
- 销售是否必填批号：如果选择是，则批次管理的存货在销售管理中开具发货单、委托代销发货单、销售发票、零售日报、销售调拨单，批号为必填项；如果选择否，则批号的销售管理可以指定，也可以不指定。
- 销售业务模式选择：零售日报、销售调拨、委托代销、分期收款、直运销售业务根据企业实际应用情况来做选择。
- 是否有超订量发货控制：若是，在参照销售订单增加发货单、销售发票时，如果货物的发货数量(包括开票直接发货模式下的销售发票开票数量)超过了该货物的受订量余额，则需要输入口令方可确认相应操作；否则在做以上操作时系统不做货物受订量的检查。
- 是否有超发货量开票控制：若是，在参照销售发货单开具销售发票时，如果货物的开票数量超过了该货物的发货单位数量，则需要输入口令方可确认相应操作；否则在做以上操作时系统不做货物发货量的检查。
- 销售是否必有订单：若是，可以要求普通销售、委托代销、分期收款、直运销售业务必须先填写销售订单，然后根据销售订单生成销售发货单或销售发票，否则不填写订单就可以填制发货单或发票。

2. 可用量控制

是否允许超可用量出库：即是否有超现存量发货控制。若是，在增加、修改发货单、销售发票时，货物的发货数量(包括开票直接发货模式下的销售发票开票数量)必须小于等于该货物的库存现存量(与仓库、自由项有关)，即一笔发货业务不能使库存出现负结存，否则在做以上操作时，系统不与存货现存量做比较，即可以出现负结存。

3. 信用控制

是否有客户信用额度控制：若是，在增加、修改和审核销售订单、发货单、销售发票

时，若当前客户的应收账款余额超过了该客户档案中设定的信用额度值，或者当前客户的信用期间超过了该客户档案中设定的信用期间值，需要输入口令方可确认相应操作；否则，在做以上操作时系统不做客户信用检查。用户可以选择进行信用控制的单据，可多选。特别是对发货单、发票的控制，当发货单、发票都被选中时表示对两者都控制；当发货单被选中而发票未被选中时表示对所有发货单控制，并且对先开票的发票控制；当发货单未被选中而发票被选中时表示只对发票控制(包括参照发货单生成的发票和先开票的发票)。

4. 价格管理控制

可通过价格管理控制选项选择设定是按存货价格还是按客户价格进行价格管理，并可选择按自由项定调价。

当进行客户价格管理时，可以选择取价方式及报价参照方式，还可以选择价格政策，如是否促销价或阶梯价格等。

5. 应收款控制参数

应收款控制参数与应付款控制参数的说明相对应，此处不再重复说明。

6. 客户往来科目设置

客户往来科目主要是设置和客户往来(应收款项)相关的记账凭证所需要的会计科目，便于系统自动对该类业务进行制单。其包括基本科目设置、控制科目设置、存货销售科目设置、结算方式科目设置。

- 基本科目设置：是在核算应收款项时经常用到的科目，可以在此处设置常用科目。
- 控制科目设置：如果在核算客户的赊销欠款时，针对不同的客户(客户分类、地区分类)分别设置了不同的应收账款科目和预收账款科目，可以先在账套参数中选择设置的依据(即选择是针对不同的客户设置，还是针对不同的客户分类设置，或者是不同的地区分类设置)，然后在此处进行设置。
- 存货销售科目设置：如果针对不同的存货(存货分类)分别设置不同的销售收入科目、应交销项税科目和销售退回科目，则可以先在账套参数中选择设置的依据(即选择是针对不同的存货设置，还是针对不同的存货分类设置)，然后在此处设置。
- 结算方式科目设置：可以为每种结算方式设置一个默认的科目。

4.2.2 录入销售及应收款系统期初数据

1. 销售期初数据

- 销售期初发货单：主要是指以前已经开出销售发货单，但尚未办理销售出库及发票的业务，需要将上月的这类销售发货单在销售系统的期初录入中输入，以便和后续的销售业务连续处理。
- 委托代销发货单：如果已经启用了委托代销业务，同时又有已经发货但尚未结算的委托代销发货业务，需要在销售期初中录入这类委托代销发货单，以便和后续的销售业务连续处理。

2. 应收款系统期初数据

应收款系统的期初余额，是指企业已形成的应收款项到目前为止尚未收到的余额或是已经收到的预收款。为了便于以后核销账务，在初次使用应收款管理系统时，应将未处理完的单据全部录入本系统中。在第二年进行业务处理时，系统自动将上年度未处理完全的单据转成下一年度的期初余额。由于应收款项业务形成的原因不同，形成应收款项的原始单据也有所不同，主要有销售专用发票、销售普通发票、预收单及其他应收单等。当完成全部应收款期初余额录入后，通过对账功能可将应收款系统的应收款余额与总账系统的期初余额进行核对。

4.3 日常销售业务

销售管理系统的日常业务处理主要包括填制并审核销售订单、填制并审核销售发货单和填制销售发票；应收款管理系统主要是利用销售发票进行销售收款、应收票据处理及应收款转账等业务内容。

销售管理系统中填制的销售发货单将在库存管理系统中进行审核确认，在存货核算系统中进行记账。销售系统中填制的销售发票，自动传递给应收款系统，可以进行审核、制单，形成客户往来款的信息。

❖ 提示：

销售管理系统是“用友ERP-U8企业管理软件”产品的一部分，不能单独使用。与其他模块的关系为：销售管理与库存管理、存货核算系统共用销售发货单，销售管理系统填制发货单，库存管理及存货核算系统生成销售出库单；销售管理系统的销售发票自动传递给应收款系统，应收款系统已经审核的发票销售管理系统不能被修改、删除。

4.3.1 日常销售业务的操作流程

不同的业务模式，业务处理流程不同。企业的销售业务可以包含不同的业务模式。销售系统主要提供以下两种业务模式。

1. 先发货后开票业务模式

先发货后开票业务模式，指根据销售订单或其他销售合同、协议，向客户发出货物，发货之后根据发货单开票结算。在该模式下，系统根据销售订单生成销售发货单，根据发货单生成销售发票。

2. 开票直接发货业务模式

开票直接发货业务模式，指根据销售订单或其他销售合同、协议，向客户开具销售发票，客户根据发票到指定仓库提货。在该模式下，系统根据销售订单生成销售发票，根据发票自动生成销售发货单。

4.3.2 销售订货

销售订货是确认客户要货需求的过程。企业根据销售订单组织货源，并对订单的执行进行管理、控制和追踪。销售订单是反映由购销双方确认的客户要货需求的单据。对于追求对销售业务进行规范化管理的工商企业而言，销售业务的进行需经历一个由客户询价、销售业务部门报价到双方签订购销合同(或达成口头购销协议)的过程。订单作为合同或协议的载体而存在，成为销售发货的日期、货物明细、价格、数量等事项的依据。在先发货后开票业务模式下，发货单可以根据销售订单开具；在开票直接发货业务模式下，销售发票可以根据销售订单开具。

1. 销售订单的操作流程

(1) 根据销售合同或协议填写销售订单。

(2) 待购买单位确认后，修改并审核订单。

(3) 发出货物时，填制销售发货单。

(4) 对于执行完成的订单，可以关闭订单。

(5) 查询订单的出库执行情况。

(6) 查询订单各存货的出库执行情况。

销售订单的操作流程如图4-3所示。

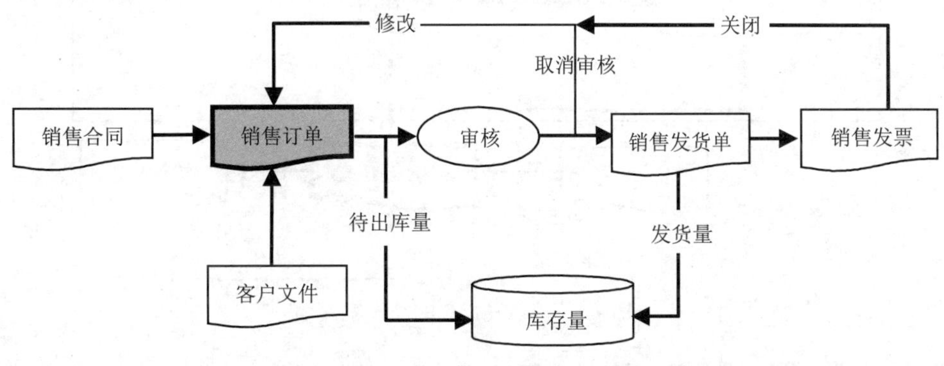

图4-3 销售订单的操作流程

2. 填制并审核销售订单

当与销售单位达成销售意向签订销售合同或协议时，可以将销售合同或协议输入计算机，供销售主管审批或经由销售单位确认。

4.3.3 销售发货

销售发货是企业将货物交给客户的过程，是营销过程的重要环节，企业根据销售订单生成的发货单发货。发货单是确认发货的依据，是销售发货业务的执行载体，客户通过发货单取得货物所有权，仓库根据发货单办理出库。

销售发货单是根据销售发货或销售退货业务的实际发货或收货数量填制的单据。该单据按出/进仓库划分为“发货单”和“发货单(红字)”。销售发货单可以直接录入，也可以由销售订单或销售发票生成。在先发货后开票业务模式下，发货单由销售部门根据销售订单生成，客户通过发货单取得货物的实物所有权。在开票直接发货业务模式下，发货单由销售部门根据销售发票生成，作为货物发出的依据。在此情况下，发货单只能浏览，不能进行增删改和审核等操作。本系统允许先发货后开票和开票直接发货这两种模式同时存在。

根据不同的参数设置，销售出库单可以在销售系统发货单审核时自动生成，也可以由库存系统调阅已审核的发货单生成。

退货是发货的逆向处理业务，它反映的是客户因货物质量、品种、数量不符合规定要求，而将已购货物退回给本企业的业务。

1. 销售发货单的操作流程

(1) 填制或根据订单生成销售发货单。

(2) 可以在库存管理系统中确认销售发货单，也可以由销售人员审核销售发货单；库存系统可根据销售发货单结合入库情况生成销售出库单。

(3) 查询各发货单的实际处理情况。

销售发货单的操作流程如图4-4所示。

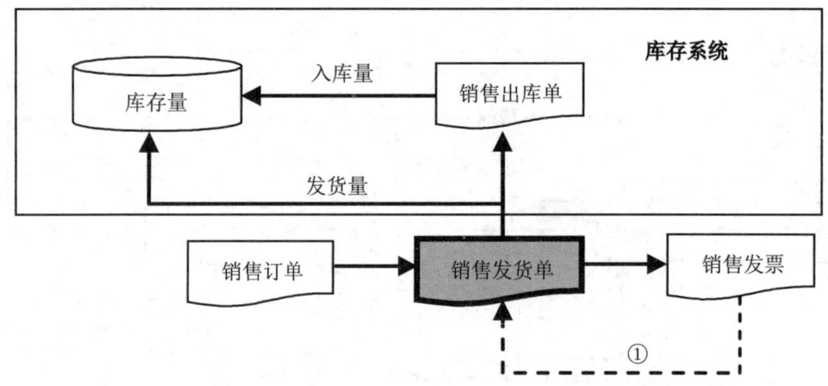

图4-4 销售发货单的操作流程

注：①在先发货后开票模式下，销售发票根据销售发货单生成；在开票直接发货的情况下，销售发票审核后自动生成销售发货单，此时不需要手工填制发货单。

2. 填制销售发货单

销售订单交期来临时，发货人员按照订单的内容和要求发货。发货通常是按客户销售订单的订单日期、所订的物料、数量、发货日期等要求进行。发货后系统自动更新库存。发货时，应在系统内填制或生成“销售发货单”。

4.3.4 销售发票

销售发票是销售业务的重要环节，它是销售收入确认、销售成本计算、应交销售税金确认和应收账款确认的依据。销售发票是指给客户开具的增值税专用发票、普通发票及其所附清单等原始销售票据，一般包括产品或服务的说明、客户名称地址，以及货物的名称、单价、数量、总价、税额等资料。

不同的业务模式，销售发票生成的依据也不同。

在先发货后开票业务模式下，销售发票由销售部门参照发货单生成；在开票直接发货业务模式下，销售发票参照销售订单生成或直接填制。本系统中先发货后开票和开票直接发货这两种模式可以同时存在。

参照订单生成或直接填制的销售发票经复核后自动生成发货单，并根据参数设置生成销售出库单，或由库存系统参照已复核的销售发票生成销售出库单。一张订单/发货单可以拆单或拆记录生成多张销售发票，也可以用多张订单/发货单汇总生成一张销售发票。销售发票经复核后通知财务部门形成应收账款。

销售发票按发票类型分为普通发票及专用发票；按业务性质分为蓝字发票和红字发票。

1. 操作流程

(1) 输入销售发票。

- 如果销售发票有对应的销售订单，那么可以用复制原销售订单方法输入发票。
- 如果先填制销售发货单并且已输入计算机，那么发票可以用复制原销售发货单的方法输入。
- 如果本张发票与以前已有的某张发票相同，那么可以用复制以前发票的方法输入。

(2) 若因管理需要，可通知审核人员对输入的发票进行审核确认。审核过的发票不能进行修改、删除。

(3) 在应收款系统收款后，销售发票和收款单进行应收款核销。

(4) 查询各销售发票的有关信息。

销售发票的操作流程如图4-5所示。

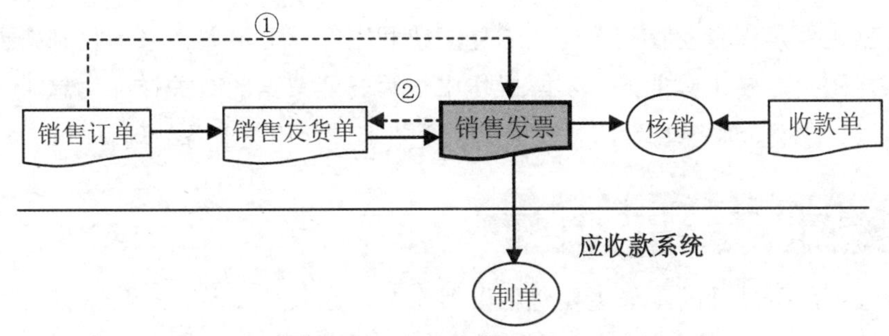

图4-5 销售发票的操作流程

注：

① 销售发票可以根据销售发货单生成，也可以参照订单生成。此处为可选流程。

② 在先发货后开票模式下，销售发票根据销售发货单生成；在开票直接发货的情况下，销售发票审核后自动生成销售发货单。

2. 填制并审核销售发票

销售发票可以直接填制，也可以通过复制销售订单或销售发货单生成。

4.4 应收款管理

应收账款是企业资产的一个重要组成部分，是企业正常经营活动中，由于销售商品或提供劳务，而应向购货单位或接受劳务的单位收取的款项。应收款管理主要用于核算和管理企业与客户之间的往来款项，及时进行应收账款确认及收款处理，是财务核算工作的重要内容。应收款管理主要包括收款结算、转账处理、应收票据处理、应收款制单处理和取消操作等内容。

4.4.1 收款结算

当将客户购买的货物发出并开具发票后，要按收款条件向客户收取货款。这时要录入收款单据，并与应收该客户的应收款项进行核销。如果收取的货款等于应收款，则进行完全核销；如果收取的货款小于应收款，则进行部分核销；如果收取的货款大于应收款，则余款作为预收款处理。收款核销处理的结果将在应收款系统中生成记账凭证并传递到总账系统。

4.4.2 转账处理

在实际工作中往来单位之间有可能互为供应单位，往来款项业务非常复杂，双方单位之间经常出现既有应收账款又有预收账款、既有应收账款又有应付账款的情况。因此，在实际工作中可以根据不同情况以预收账款冲抵应收账款，以应收账款冲抵应付账款，以应收账款冲抵应收账款等。转账处理功能即是完成往来业务相互冲抵操作的功能。

4.4.3 应收票据处理

应收票据主要是指企业收到的商业承兑汇票和银行承兑汇票，包括收到票据、到期计息收款结算、退票、转出等业务。实际操作中填写商业票据的有关详细信息，尤其是出票日期、到期日、票面金额等要素，可以根据系统要求进行相关业务处理。

4.4.4 应收款制单处理

应收款管理制单处理的工作主要包括发票制单、应收单制单、应收票据处理制单、核销制单、汇兑损益制单、转账制单、并账制单、现结制单等。

其中发票制单生成诸如以下的记账凭证。

借：应收账款——××客户(应收科目)

　　贷：主营业务收入(销售收入科目)

　　　　应交税费——应交增值税——销项税额(销售税金科目)

核销制单生成诸如以下的记账凭证。

借：银行存款

　　贷：应收账款等科目

借方科目为表头结算科目。贷方科目款项类型若为应收款，则为应收科目；款项类型若为预收款，则贷方科目为预收科目；款项类型为其他费用，则贷方科目为费用科目。若无科目，则用户需要手工输入科目。

应收款项形成后，企业应在约定日期内及时收款，收款后形成收款单，收款单经批准审核后，即可进行收款单制单，系统根据收款单上记载的相关信息生成记账凭证，并传递给总账系统进行进一步处理。这里的"应收账款"为应收系统的受控科目，在应收款系统和总账系统集成应用的情况下，必须要在总账系统中将"应收账款"科目定义为客户往来核算，并将其指定为应收系统受控科目，这样核算系统才能使用该科目制单。一般情况下，可以通过总账参数设置"不允许使用应收系统受控科目"，这样应收账款只能在核算系统中制单，总账系统无权利用其制单，以保证日常业务处理后应收款系统和总账系统数据的对账平衡。

4.4.5 取消操作

应收款管理的各个业务处理环节有可能由于各种原因造成操作失误，为了方便修改，系统提供了取消操作的功能。

取消操作的类型包括取消核销、取消审核、取消转账或并账等。

1. 取消核销

取消核销即当已经对购货单位收款结算后，发现发票、出库单或结算金额有错误时，应在取消核销后再进行修改。

2. 取消审核

取消已填制的商业承兑汇票及银行承兑汇票的审核操作。

3. 取消转账或并账

在制单之前如果发现转账或并账业务的处理有错误，可以在取消转账或并账后进行重新转账或并账等操作。

4.5 月末业务

销售、应收款系统的月末业务主要包括：销售账表的查询和分析，客户往来账表的查询和分析，销售、应收款系统月末结账。

4.5.1 销售账表查询

销售账表查询是通过对明细表、统计表、余额表及销售分析表的对比分析，实现对销售管理的事中控制、事后分析功能。综合利用销售系统提供的各种账表及查询功能，可以全面提升企业的销售管理水平。

1. 销售明细表

销售明细表，是指将销售业务中的销售发票、销售发货单由用户任选查询条件，逐笔显示出来。销售明细表主要有销售明细表、发货明细表、退货明细表、现收款明细表、销售费用明细表等。

2. 销售统计表

销售统计表，是指将销售业务中的销售发票和销售发货由用户任选查询条件，逐笔显示出来。销售统计表主要有销售统计表、发货统计表、销售日报、发票日报、代垫费用统计表等。操作流程与查询销售明细表相同。

3. 销售明细账

销售明细账，是指销售人员将销售业务活动中发生的销售发货单和销售发票登记并汇总出销售收入明细账、销售成本明细账和销售明细账等。

4.5.2 客户往来账表查询

客户往来账表查询主要包括对客户往来总账、客户往来明细账、客户往来余额表及客户往来对账单进行查询。

1. 客户往来总账

查询客户往来总账可以按客户或客户分类等条件，查询在一定月份期间所发生的应付、收款总额及余额情况。

2. 客户往来明细账

查询客户往来明细账可以按客户、客户分类、存货或存货分类等条件，查询在一定月份期间所发生的应付、收款的明细情况。

3. 客户往来余额表

查询客户往来余额表可以按客户、客户分类、存货或存货分类等条件，查询在一定月份期间所发生的应收、收款总额及余额情况。

4. 客户往来对账单

查询客户往来对账单可以了解一定期间内各客户、客户分类等条件的对账单。

4.5.3 月末结账

月末结账，是指逐月将每月的单据数据封存，并将当月的销售数据及有关收款数据记入有关账表中。月末结账可以连续将多个月的单据进行结账，但不允许跨月结账。月末结账后，该月的凭证将不能修改、删除。

销售管理月末结账后才能进行库存管理和应收款系统的月末处理。如果销售管理要取消月末处理，则必须先通知库存管理、应收款管理的任何一个单元，要求它们的系统取消月末结账。如果库存管理、应收款管理系统的任何一个单元不能取消月末结账，那么也不能取消销售管理的月末结账。

任务导入

四方股份有限公司于2022年1月开始使用用友ERP-U8企业管理软件进行销售管理、应收款管理系统业务的处理。其具体的分工为：由“YW01”进行销售、应收款系统初始化，由“YW03”填制销售订单、销售出库单和销售发票，由“YW01”审核销售订单和销售发票，由“KJ04”进行销售收款及转账的处理。

任务9 销售、应收款系统初始化

具体任务

- 设置销售系统、应收款管理系统的参数。
- 录入应收款期初余额。

案例

1. 设置销售、应收款系统控制参数

销售管理业务控制选择“销售生成出库单”“报价不含税”“有零售日报业务”“有委托代销业务”“有分期收款业务”“有直运销售业务”“有销售调拨业务”，其他参数默认。

销售可用量控制选择“允许非批次存货超可用量发货”。

应收款管理业务控制选择坏账处理方式为“应收余额百分比法”“自动计算现金折扣”，其他参数默认。

2. 应收款初始设置

(1) 设置基本科目如表4-1所示。

表4-1 基本科目

基本科目种类	科目	币种
应收科目	1122(应收账款)	人民币
预收科目	2203(预收账款)	人民币
服务收入科目	6051(其他业务收入)	人民币
商业承兑科目	1121(应收票据)	人民币
银行承兑科目	1121(应收票据)	人民币
票据利息科目	6603(财务费用)	人民币
票据费用科目	6603(财务费用)	人民币
税金科目	22210102(应交税费—应交增值税—销项税额)	人民币
销售收入科目	6001(主营业务收入)	人民币
销售退回科目	6001(主营业务收入)	人民币
运费科目	660106(销售费用—运输费用)	人民币

(2) 设置结算方式科目如表4-2所示。

表4-2　结算方式科目

结算方式	币种	本单位账号	科目
现金结算	人民币		1001
转账支票	人民币	010-90903280	100201
汇兑	人民币	010-90903280	100201
银行汇票	人民币	010-90903280	100201
网银转账	人民币	010-90903280	100201

(3) 设置坏账准备如表4-3所示。

表4-3　坏账准备

提取比率	0.5%
坏账准备期初余额	11 300
坏账准备科目	1231(坏账准备)
对方科目	6701(资产减值损失)

3. 录入应收款期初余额(如表4-4所示)

表4-4　应收款期初余额

单据类型	时间	客户	存货	数量	单价	税率	金额	会计科目
销售专用发票	2021-11-6	伟力公司	12奇达	4	18 900	13%	85 428	应收账款(1122)
销售专用发票	2021-11-11	碧兴公司	12奇天	6	12 900	13%	87 462	应收账款(1122)

4. 录入“成品库”期初余额

录入“库存管理”系统“成品库”的期初余额并在“存货核算系统”进行取数及记账。库存系统“成品库”的期初余额如表4-5所示。

表4-5　库存系统“成品库”的期初余额

存货编号	存货名称	计量单位	数量	单价	金额	合计	仓库
H04	12奇达	台	23	10 736	246 928	469 638	成品库
H05	12奇天	台	25	8 908.4	222 710		

业务处理过程

1. 设置销售系统及应收款系统控制参数

设置控制参数

操作步骤：

(1) 单击“开始”|“程序”|“用友U8”|“企业应用平台”选项，打开“注册[控制台]”对话框。

(2) 在“用户名”栏录入“YW01张思思”，单击“账套”栏下拉按钮，选择“[222] 四方股份有限公司”，修改操作日期为“2022-01-03”。

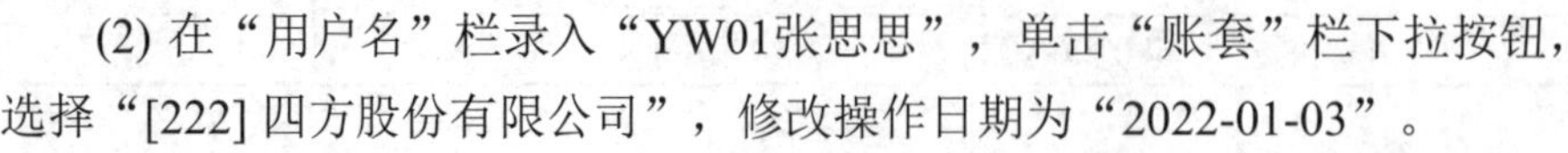

(3) 单击“确定”按钮，打开“用友U8企业管理软件”窗口。

(4) 单击“业务工作”|“供应链”|“销售管理”|“设置”选项，打开“销售选项”对话框。

(5) 单击“业务控制”选项卡。

(6) 在“业务控制”选项卡中设置各选项，如图4-6所示。

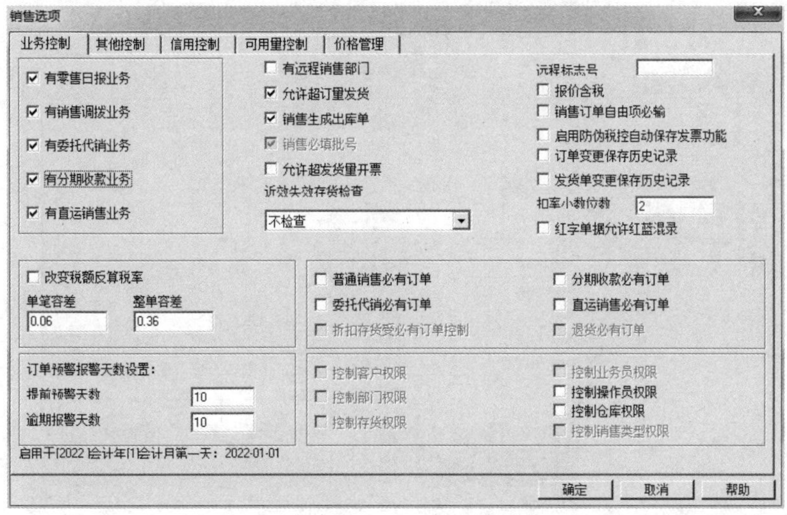

图4-6 销售系统业务控制参数设置

(7) 单击“可用量控制”选项卡，选中“允许非批次存货超可用量发货”。

(8) 单击“确定”按钮。

❖ 提示：

在使用销售系统前应仔细了解销售管理系统的控制参数，如果不需要另行设置，则可以默认系统已经设置好的控制参数。

(9) 选择“业务工作”|“财务会计”|“应收款管理”|“设置”|“选项”选项，打开“账套参数设置”对话框。

(10) 设置各选项，如图4-7所示。

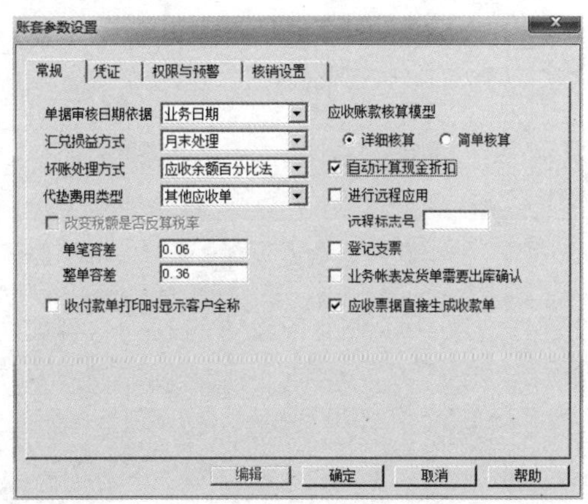

图4-7 应收款系统业务控制参数设置

2. 应收款初始设置

应收款初始设置

操作步骤：

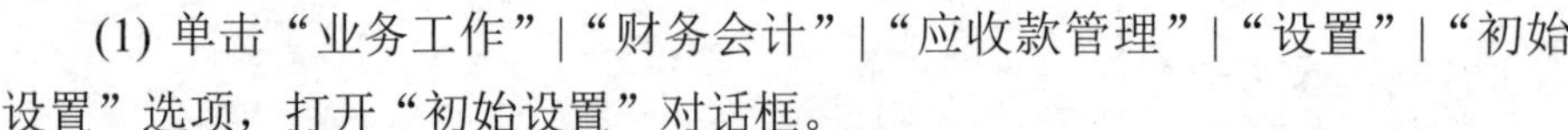

(1) 单击“业务工作”|“财务会计”|“应收款管理”|“设置”|“初始设置”选项，打开“初始设置”对话框。

(2) 单击“设置科目”|“基本科目设置”选项，基本科目设置的有关内容如图4-8所示。

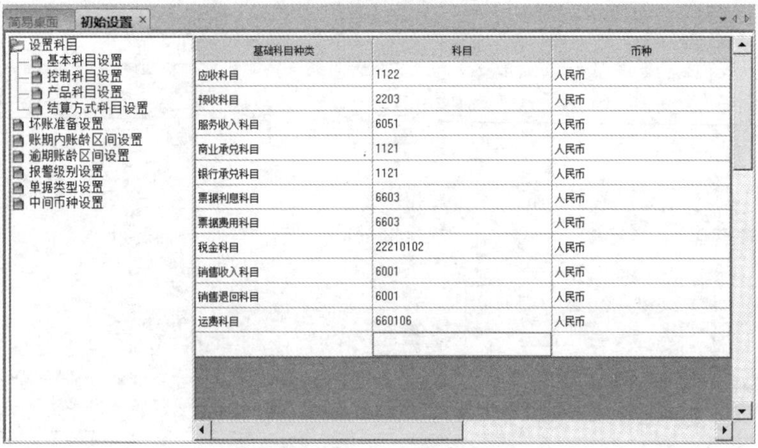

简易桌面　初始设置

设置科目
- 基本科目设置
- 控制科目设置
- 产品科目设置
- 结算方式科目设置

坏账准备设置
账期内账龄区间设置
逾期账龄区间设置
报警级别设置
单据类型设置
中间币种设置

基础科目种类	科目	币种
应收科目	1122	人民币
预收科目	2203	人民币
服务收入科目	6051	人民币
商业承兑科目	1121	人民币
银行承兑科目	1121	人民币
票据利息科目	6603	人民币
票据费用科目	6603	人民币
税金科目	22210102	人民币
销售收入科目	6001	人民币
销售退回科目	6001	人民币
运费科目	660106	人民币

图4-8　基本科目设置

(3) 单击“结算方式科目设置”选项，结算方式科目设置的有关内容如图4-9所示。

简易桌面　初始设置

设置科目
- 基本科目设置
- 控制科目设置
- 产品科目设置
- 结算方式科目设置

坏账准备设置
账期内账龄区间设置
逾期账龄区间设置
报警级别设置
单据类型设置
中间币种设置

结算方式	币　种	本单位账号	科　目
1 现金结算	人民币		1001
2 转账支票	人民币	010-90903280	100201
3 汇兑	人民币	010-90903280	100201
4 银行汇票	人民币	010-90903280	100201
8 网银转账	人民币	010-90903280	100201

图4-9　结算方式科目设置

(4) 单击“坏账准备设置”选项，坏账准备设置的有关内容如图4-10所示。

(5) 单击“确定”按钮。

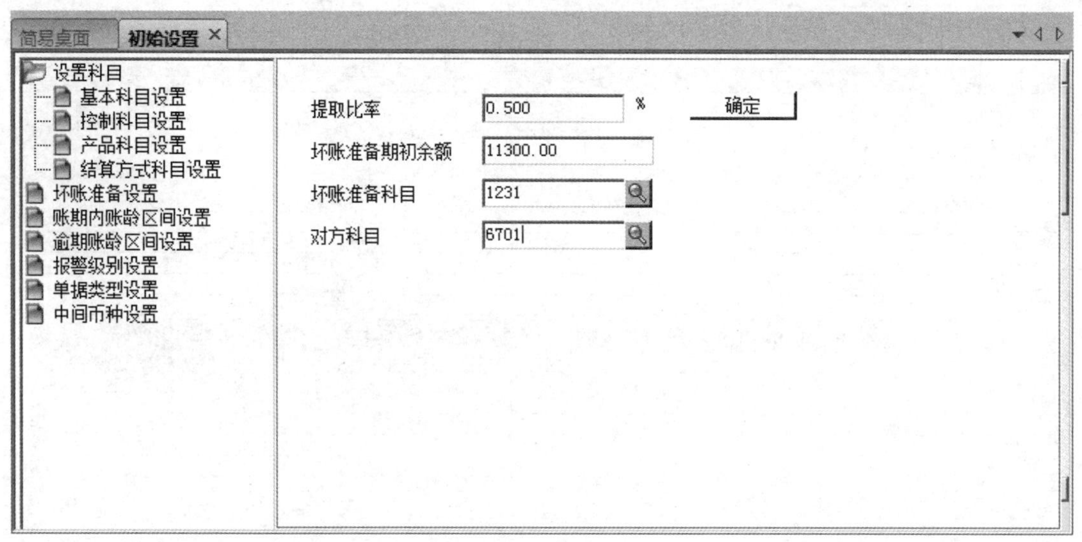

图4-10　坏账准备设置

3. 录入应收款期初余额并与总账对账

录入余额并对账

操作步骤：

(1) 由账套主管“YW01 张思思”登录“用友U8”|“企业应用平台”系统。

(2) 单击“财务会计”|“应收款管理”|“设置”|“期初余额”选项，打开“期初余额_查询”对话框。

(3) 单击“确认”按钮，打开“期初余额明细表”窗口。

(4) 单击“增加”按钮，打开“单据类别”对话框，如图4-11所示。

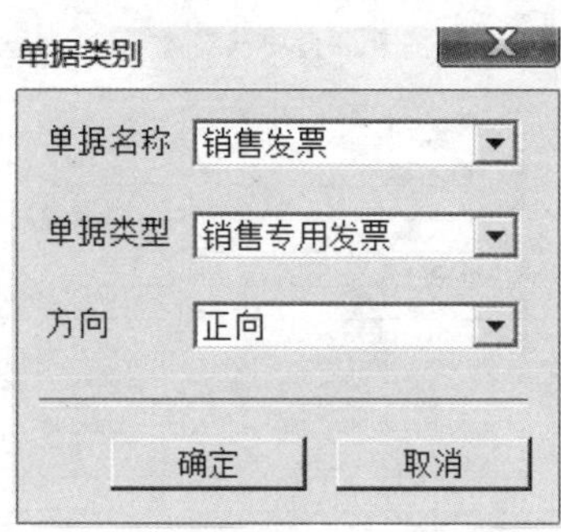

图4-11　选择单据类别

❖ 提示：

正向表示销售发票为蓝字发票，负向则表示为红字销售发票。

(5) 单击“确定”按钮，打开“销售专用发票”窗口。

(6) 在“销售专用发票”窗口中，修改“开票日期”为“2021-11-06”，录入“销售专用发票”的内容。

(7) 单击“保存”按钮，如图4-12所示。

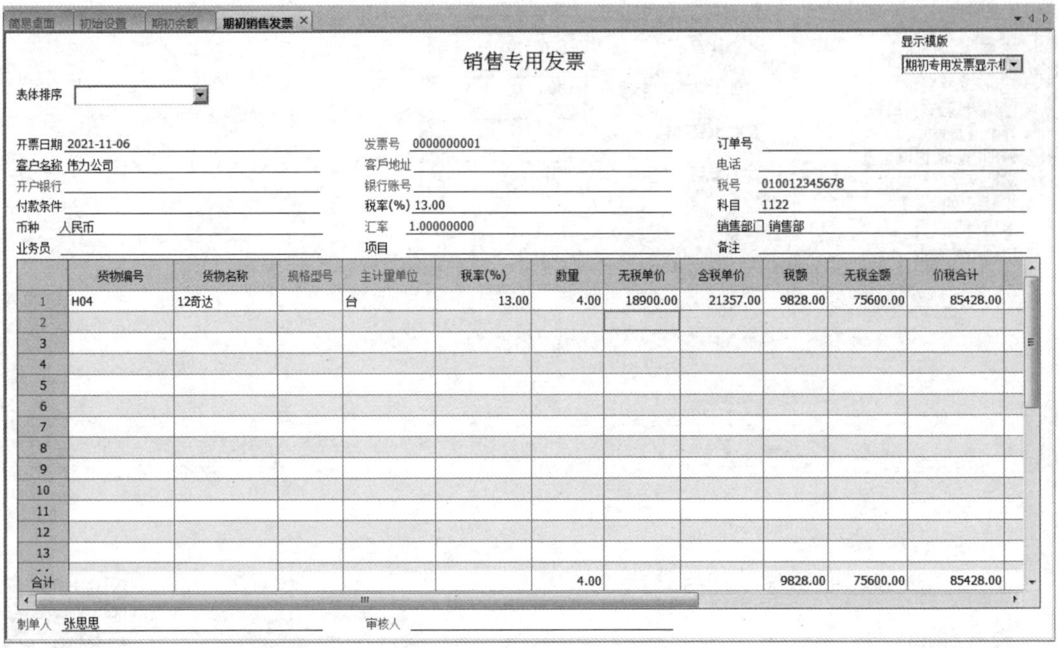

简易桌面 | 初始设置 | 期初余额 | 期初销售发票

销售专用发票

显示模版 期初专用发票显示模

表体排序

开票日期 2021-11-06	发票号 0000000001	订单号
客户名称 伟力公司	客户地址	电话
开户银行	银行账号	税号 010012345678
付款条件	税率(%) 13.00	科目 1122
币种 人民币	汇率 1.00000000	销售部门 销售部
业务员	项目	备注

	货物编号	货物名称	规格型号	主计量单位	税率(%)	数量	无税单价	含税单价	税额	无税金额	价税合计
1	H04	12奇达		台	13.00	4.00	18900.00	21357.00	9828.00	75600.00	85428.00
2											
3											
4											
5											
6											
7											
8											
9											
10											
11											
12											
13											
合计						4.00			9828.00	75600.00	85428.00

制单人 张思思　　审核人

图4-12　期初销售专用发票1

❖ 提示：

期初销售发票保存完毕之后，系统自动在制单人和审核人栏目上签字。

(8) 依此方法继续录入另一张销售发票并保存，如图4-13所示。

简易桌面 | 初始设置 | 期初余额 | 期初销售发票

销售专用发票

显示模版 期初专用发票显示模

表体排序

开票日期 2021-11-11	发票号 0000000002	订单号
客户名称 慧兴公司	客户地址	电话
开户银行	银行账号	税号 010912345678
付款条件	税率(%) 13.00	科目 1122
币种 人民币	汇率 1	销售部门 销售部
业务员	项目	备注

	货物编号	货物名称	规格型号	主计量单位	税率(%)	数量	无税单价	含税单价	税额	无税金额	价税合计
1	H05	12奇天		台	13.00	6.00	12900.00	14577.00	10062.00	77400.00	87462.00
2											
3											
4											
5											
6											
7											
8											
9											
10											
11											
12											
13											
合计						6.00			10062.00	77400.00	87462.00

制单人 张思思　　审核人

图4-13　期初销售专用发票2

(9) 单击“退出”按钮，返回“期初余额明细表”窗口。

(10) 单击“对账”按钮，系统显示对账结果，如图4-14所示。

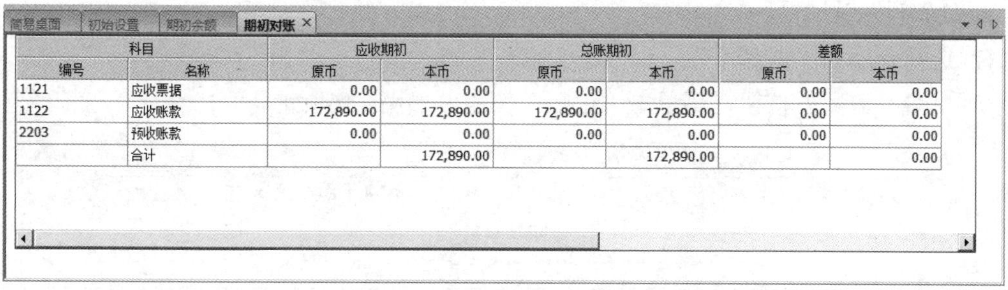

简易桌面 | 初始设置 | 期初余额 | 期初对账

科目		应收期初		总账期初		差额	
编号	名称	原币	本币	原币	本币	原币	本币
1121	应收票据	0.00	0.00	0.00	0.00	0.00	0.00
1122	应收账款	172,890.00	172,890.00	172,890.00	172,890.00	0.00	0.00
2203	预收账款	0.00	0.00	0.00	0.00	0.00	0.00
	合计		172,890.00		172,890.00		0.00

图4-14　应收款期初余额与总账的对账结果

❖ 提示：

如果应收期初和总账期初的差额不为零，则说明销售系统和总账系统的期初数据不一致，需要查找差距，修改至平衡为止，然后才能展开销售日常业务。

4. 录入“库存管理”系统“成品库”的期初余额并在“存货核算系统”记账

操作步骤：

(1) 由账套主管“YW01 张思思”登录“用友U8”|“企业应用平台”系统。

(2) 单击“供应链”|“库存管理”|“初始设置”|“期初结存”选项，打开“库存期初”对话框。

录入期初余额并记账

(3) 选择仓库为“成品库”。

(4) 录入成品库期初数据，如图4-15所示。

简易桌面 | 库存期初数据录入

库存期初

仓库 (2)成品库

表体排序

	仓库	仓库编码	存货编码	存货名称	规格型号	主计量单位	数量	单价	金额	入库类
1	成品库	2	H04	12奇达		台	23.00	10736.00	246928.00	
2	成品库	2	H05	12奇天		台	25.00	8908.40	222710.00	
3										
4										
5										
6										
7										
8										
9										
10										
11										
12										
13										
14										
15										
16										
17										
18										
19										
20										
21										
22										
合计							48.00		469638.00	

图4-15　库存期初

(5) 单击“保存”按钮，再单击“审核”按钮。

(6) 单击“供应链”|“存货核算”|“初始设置”|“期初数据”|“期初余额”选项，打开“期初余额”对话框。

(7) 选择仓库为“成品库”。

(8) 单击“取数”按钮，再单击“记账”按钮，如图4-16所示。

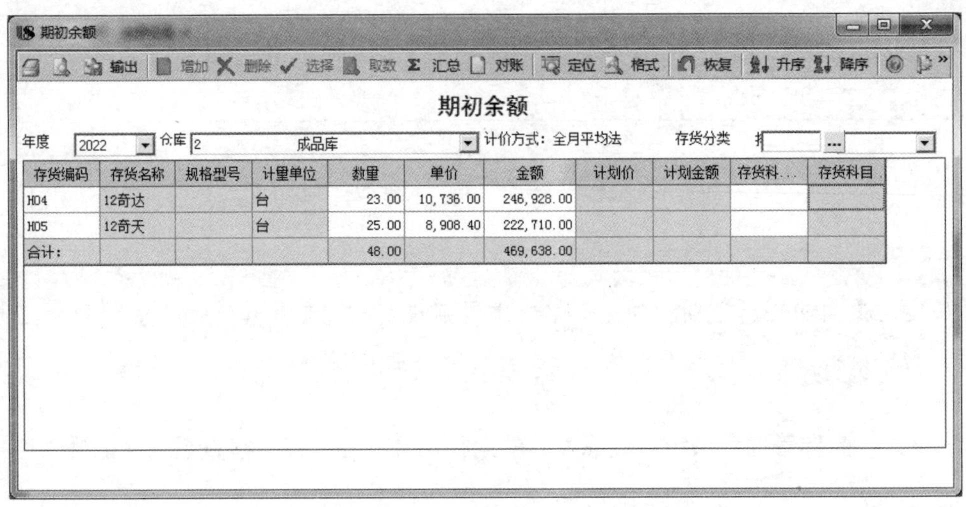

存货编码	存货名称	规格型号	计量单位	数量	单价	金额	计划价	计划金额	存货科...	存货科目
H04	12奇达		台	23.00	10,736.00	246,928.00				
H05	12奇天		台	25.00	8,908.40	222,710.00				
合计：				48.00		469,638.00				

图4-16 存货期初余额

(9) 将账套备份至“D:\222账套备份\任务9备份”文件夹中，以便完成接下来的任务。

❖ 提示：

如果库存系统没有存货，则不能进行存货的销售，因此，在进行销售业务处理之前，录入库存系统和存货核算系统中“成品库”的期初余额并记账。

拓展任务

(1) 在进行销售系统的“销售业务范围设置”时，是否选中“是否销售生成出库单”对库存系统的销售出库单有何影响？

(2) 在选项中是否选中“是否允许零出库”对销售发货单的填制有何影响？

(3) 在进行基础设置时所设置的“客户档案”中，是否有税号的设置对销售单据的填制有何影响？

(4) 销售系统的期初余额通常会是什么内容？

(5) 应收款的期初余额的单据有哪些类型？

(6) 在填制应收款期初余额时为什么要填制会计科目？

(7) 在填制销售单据时将引入的是客户的全称还是简称？

(8) 了解企业在信息化条件下应如何维护客户关系。

任务10 销售、应收系统日常业务(一)

具体任务

- 填制并审核销售订单。
- 填制并审核销售发货单。
- 修改客户档案(补充客户银行档案信息)。
- 填制并审核销售发票。
- 制单处理。

案例

(1) 2022年1月12日，销售部和伟力公司、碧兴公司分别达成如表4-6所示的销售协议。

表4-6 销售部和伟力公司、碧兴公司达成的销售协议

购货单位	存货	数量	无税单价	税率	预发货日期
伟力公司	12奇达	5	18 800	13%	1月17日
	12奇天	12	12 900	13%	1月17日
碧兴公司	12奇达	3	18 820	13%	1月17日

(2) 2022年1月17日，将伟力公司订购的“12奇达”和“12奇天”按订单从成品库发货。

(3) 2022年1月17日，向碧兴公司销售的3台“12奇达”按订单从成品库发货。

(4) 客户银行档案信息如表4-7所示。

表4-7 客户银行档案信息

序号	客户简称	所属银行	开户银行	银行账号	默认值
1	凯图公司	中国银行	中国银行长春分行十里路支行	990-990990	是
2	天地公司	中国建设银行	中国建设银行大连黑石礁支行	123-123123	是
3	北威公司	交通银行	交通银行石家庄丰北支行	789-789789	是
4	碧兴公司	中国银行	中国银行沈阳体育场路支行	567-567567	是
5	伟力公司	中国建设银行	中国建设银行杭州西湖支行	115-115115	是

(5) 2022年1月17日，根据已发给伟力公司“12奇天”的销售发货单，开具销售专用发票。发票列明“12奇达”为5台，单价为18 800元，税率为13%；“12奇天”为12台，单价为12 900元，税率为13%。

(6) 2022年1月17日，根据已发给碧兴公司“12奇达”货物的销售发货单，开具销售专用发票。发票列明“12奇达”为3台，单价为18 820元，税率为13%。

(7) 2022年1月18日，未办理订货手续，凯图公司直接上门购货“12奇天”3台，商定价格为每台12 500元，税率为13%。当天开票后货物已经提走。

(8) 2022年1月20日，接到凯图公司通知，18号提货的“12奇天”部分产品出现质量问题，对方要求退货，经与凯图公司确认，同意对方的部分退货请求(无税单价12 500元)，退回“12奇天”1台，公司已经开具红字销售专用发票给对方，同时已经收到退回的货物并入库。

业务处理过程

1. 填制销售订单

填制销售订单

操作步骤：

(1) 2022年1月12日，由销售员“YW03江昆”登录“用友U8”|“企业应用平台”系统。

(2) 单击“供应链”|“销售管理”|“销售订货”|“销售订单”选项，打开“销售订单”窗口。

(3) 单击“增加”按钮，填制销售订单。

(4) 单击“保存”按钮，如图4-17所示。

简易桌面 销售订单

销售订单

显示模版 销售订单显示模版

表体排序

合并显示 □

订单号 0000000001　订单日期 2022-01-12　业务类型 普通销售

销售类型 普通销售　客户简称 伟力公司　付款条件

销售部门 销售部　业务员　税率 13.00

币种 人民币　汇率 1.00000000　备注

	存货编码	存货名称	规格型号	主计量	数量	报价	含税单价	无税单价	无税金额	税额	价税合计	税率(%)
1	H04	12奇达		台	5.00	0.00	21244.00	18800.00	94000.00	12220.00	106220.00	13.00
2	H05	12奇天		台	12.00	0.00	14577.00	12900.00	154800.00	20124.00	174924.00	13.00
3												
4												
5												
6												
7												
8												
9												
10												
11												
12												
13												
14												
合计					17.00				248800.00	32344.00	281144.00	

制单人 江昆　审核人　关闭人

图4-17　已填制的销售订单

(5) 单击“增加”按钮，继续录入另一张销售订单。

(6) 由“YW01 张思思”分别审核两张销售订单。已审核的第2张销售订单，如图4-18所示。

(7) 单击“退出”按钮。

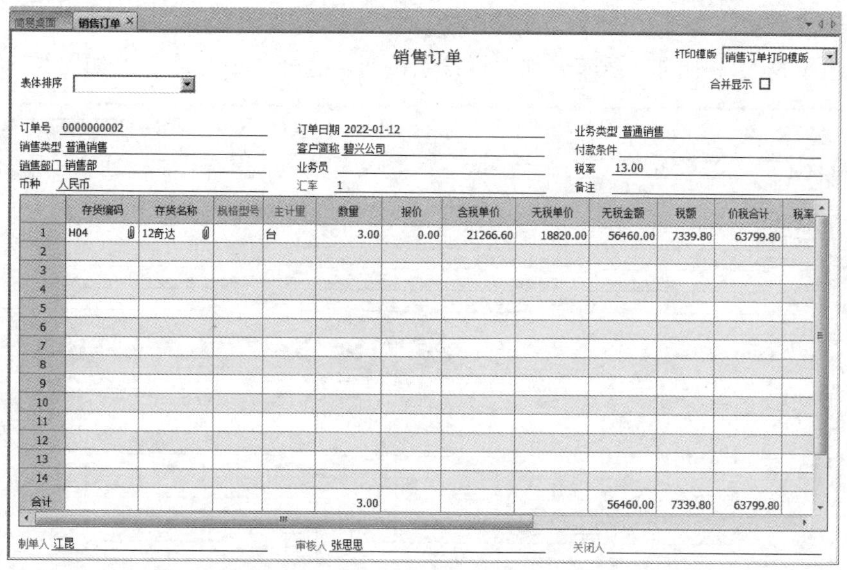

销售订单

打印模版 销售订单打印模版

表体排序　　　　合并显示 □

订单号 0000000002　　订单日期 2022-01-12　　业务类型 普通销售

销售类型 普通销售　　客户简称 慧兴公司　　付款条件

销售部门 销售部　　业务员　　税率 13.00

币种 人民币　　汇率 1　　备注

	存货编码	存货名称	规格型号	主计量	数量	报价	含税单价	无税单价	无税金额	税额	价税合计	税率
1	H04	12奇达		台	3.00	0.00	21266.60	18820.00	56460.00	7339.80	63799.80	
2												
3												
4												
5												
6												
7												
8												
9												
10												
11												
12												
13												
14												
合计					3.00				56460.00	7339.80	63799.80	

制单人 江昆　　审核人 张思思　　关闭人

图4-18　已审核的第2张销售订单

2. 填制并审核销售发货单

填制并审核发货单

操作步骤：

(1) 2022年1月17日，由销售员“YW03 江昆”登录“用友U8”|“企业应用平台”系统。

(2) 单击“供应链”|“销售管理”|“销售发货”|“发货单”选项，打开“发货单”对话框。

(3) 单击“增加”按钮，打开“选择订单”窗口。

(4) 单击“客户”栏参照按钮，选择“伟力公司”。

(5) 单击“确定”按钮，显示已填制的订单。单击选中“0000000001”号订单。

(6) 分别选中该订单中两种产品的信息，如图4-19所示。

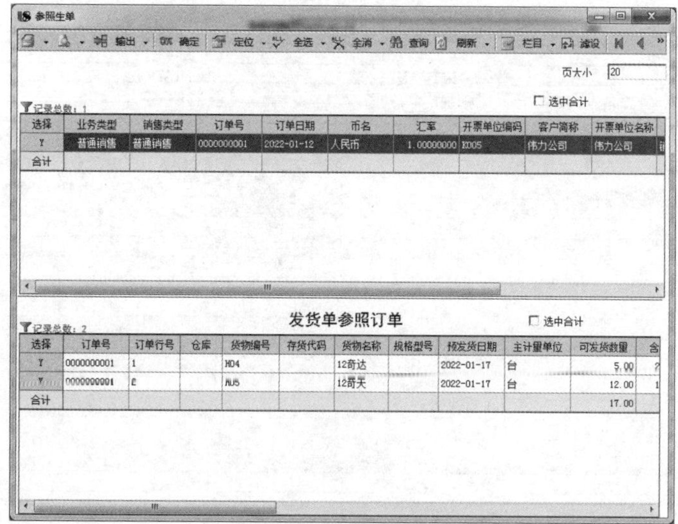

参照生单

页大小 20

记录总数：1　　选中合计

选择	业务类型	销售类型	订单号	订单日期	币名	汇率	开票单位编码	客户简称	开票单位名称
Y	普通销售	普通销售	0000000001	2022-01-12	人民币	1.00000000	K005	伟力公司	伟力公司
合计									

发货单参照订单

记录总数：2　　选中合计

选择	订单号	订单行号	仓库	货物编号	存货代码	货物名称	规格型号	预发货日期	主计量单位	可发货数量
Y	0000000001	1		H04		12奇达		2022-01-17	台	5.00
Y	0000000001	2		H05		12奇天		2022-01-17	台	12.00
合计										17.00

图4-19　“选择订单”窗口

(7) 单击“确定”按钮，生成一张发货单。

(8) 单击单据表体中的“仓库名称”栏参照按钮，选择“成品库”，如图4-20所示。

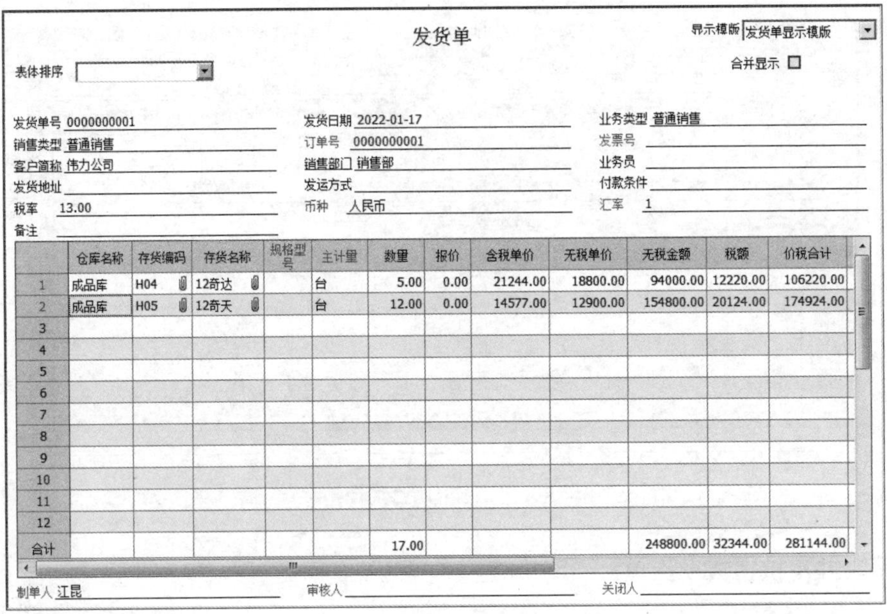

发货单

显示模版 发货单显示模版

表体排序

合并显示 □

发货单号 0000000001　发货日期 2022-01-17　业务类型 普通销售

销售类型 普通销售　订单号 0000000001　发票号

客户简称 伟力公司　销售部门 销售部　业务员

发货地址　发运方式　付款条件

税率 13.00　币种 人民币　汇率 1

备注

	仓库名称	存货编码	存货名称	规格型号	主计量	数量	报价	含税单价	无税单价	无税金额	税额	价税合计
1	成品库	H04	12奇达		台	5.00	0.00	21244.00	18800.00	94000.00	12220.00	106220.00
2	成品库	H05	12奇天		台	12.00	0.00	14577.00	12900.00	154800.00	20124.00	174924.00
3												
4												
5												
6												
7												
8												
9												
10												
11												
12												
合计						17.00				248800.00	32344.00	281144.00

制单人 江昆　审核人　关闭人

图4-20　销售发货单

(9) 单击“保存”按钮，再单击“审核”按钮。

❖ 提示：

如果库存系统还未录入期初余额并在存货核算系统记账，则不允许保存发货单、审核发货单。

(10) 单击“增加”按钮，继续录入并审核第2张发货单，如图4-21所示。

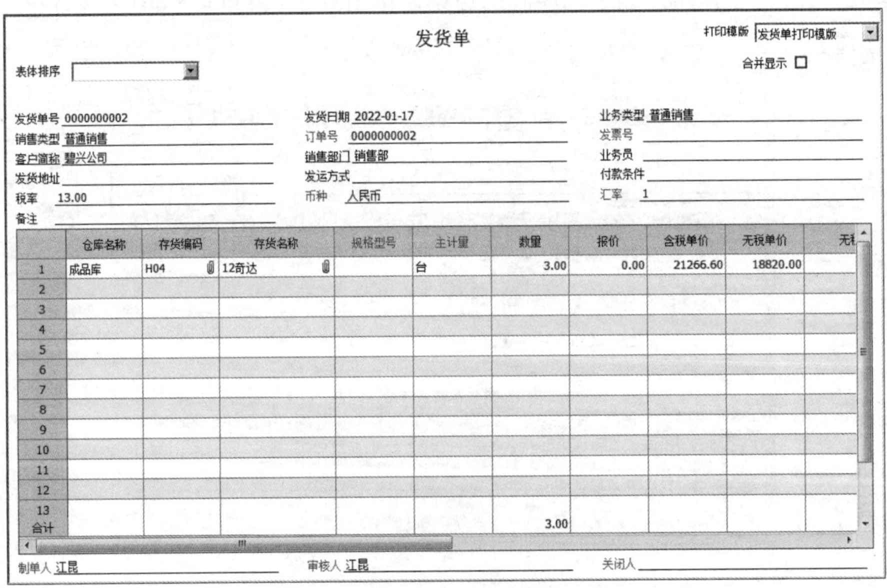

发货单

打印模版 发货单打印模版

表体排序

合并显示 □

发货单号 0000000002　发货日期 2022-01-17　业务类型 普通销售

销售类型 普通销售　订单号 0000000002　发票号

客户简称 碧兴公司　销售部门 销售部　业务员

发货地址　发运方式　付款条件

税率 13.00　币种 人民币　汇率 1

备注

	仓库名称	存货编码	存货名称	规格型号	主计量	数量	报价	含税单价	无税单价	无税
1	成品库	H04	12奇达		台	3.00	0.00	21266.60	18820.00	
2										
3										
4										
5										
6										
7										
8										
9										
10										
11										
12										
13										
合计						3.00				

制单人 江昆　审核人 江昆　关闭人

图4-21　已录入并审核的第2张发货单

3. 设置客户银行档案

设置客户银行档案

操作步骤：

(1) 由业务主管“YW01张思思”单击“基础设置”|“基础档案”|“客商信息”|“客户档案”选项，打开“客户档案”对话框。

(2) 选中“凯图公司”按钮，单击“修改”按钮，打开“修改客户档案”对话框。

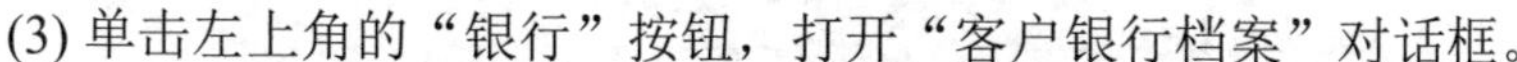
(3) 单击左上角的“银行”按钮，打开“客户银行档案”对话框。

(4) 录入凯图公司的银行档案，如图4-22所示。

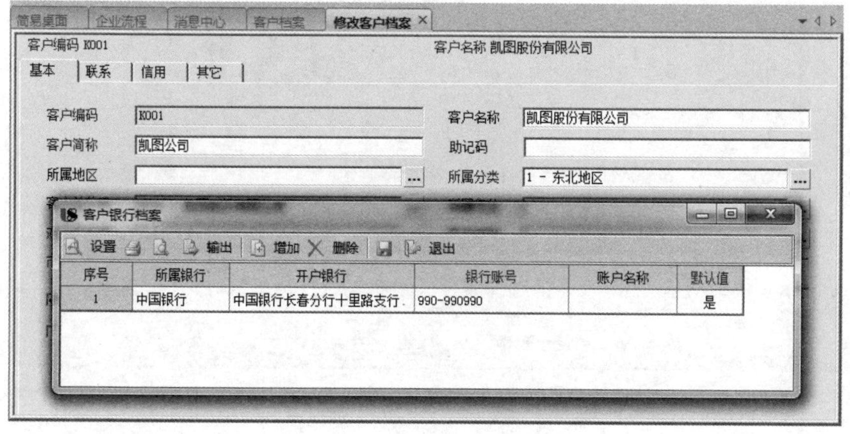

图4-22　凯图公司的银行档案

(5) 单击“保存”按钮，保存。继续录入其他客户的银行档案。

4. 填制并复核销售发票

填制并复核销售发票

操作步骤：

(1) 2022年1月17日，由销售员“YW03江昆”登录“用友U8”|“企业应用平台”系统。

(2) 单击“供应链”|“销售管理”|“销售开票”选项，打开“销售专用发票”对话框。

(3) 单击“增加”按钮，在订单过滤窗口，单击“取消”按钮。

(4) 单击“生单”按钮，选择“参照发货单”选项，打开“查询选择条件—发票参照发货单”对话框，选择“客户编码”为“伟力有限责任公司”，如图4-23所示。

(5) 单击“确定”按钮，打开“参照生单”对话框。单击“全选”按钮。

(6) 单击“确定”按钮，生成一张销售专用发票，如图4-24所示。

❖ 提示：

- ✧ 如果发货单尚未审核，不能参照“发货单”生成“销售专用发票”。
- ✧ 如果在建立客户档案时未设置该公司的“开户银行”及“银行账号”，则此处不能填制销售专用发票。

查询条件选择-发票参照发货单

保存常用条件　过滤方案

常用条件

客户编码	K005 - 伟力有限责任公司	部门编码	
发货单日期		到	
发货单号		到	
存货编码		到	
仓库		业务员编码	
业务类型	普通销售	发货单类型	蓝字记录
蓝字记录是...	否	是否显示已...	否
信用单位编码		表体订单号	
开票单位编码			

确定(E)　取消(C)

图4-23　“查询选择条件—发票参照发货单”对话框

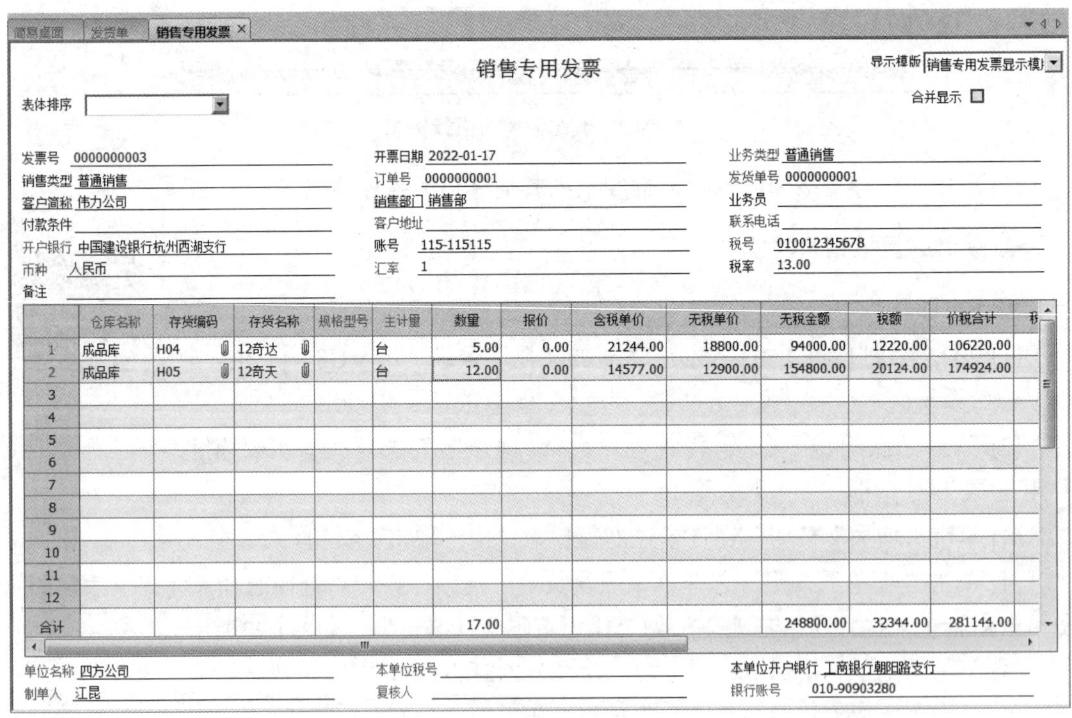

简易桌面　发货单　销售专用发票

销售专用发票

显示模版 销售专用发票显示模版

表体排序　合并显示

发票号 0000000003　开票日期 2022-01-17　业务类型 普通销售

销售类型 普通销售　订单号 0000000001　发货单号 0000000001

客户简称 伟力公司　销售部门 销售部　业务员

付款条件　客户地址　联系电话

开户银行 中国建设银行杭州西湖支行　账号 115-115115　税号 010012345678

币种 人民币　汇率 1　税率 13.00

备注

	仓库名称	存货编码	存货名称	规格型号	主计量	数量	报价	含税单价	无税单价	无税金额	税额	价税合计	税
1	成品库	H04	12奇达		台	5.00	0.00	21244.00	18800.00	94000.00	12220.00	106220.00	
2	成品库	H05	12奇天		台	12.00	0.00	14577.00	12900.00	154800.00	20124.00	174924.00	
3													
4													
5													
6													
7													
8													
9													
10													
11													
12													
合计						17.00				248800.00	32344.00	281144.00	

单位名称 四方公司　本单位税号　本单位开户银行 工商银行朝阳路支行

制单人 江昆　复核人　银行账号 010-90903280

图4-24　生成的销售专用发票

(7) 单击“保存”按钮，再单击“复核”按钮。

(8) 单击“增加”按钮，继续生成第2张销售专用发票，如图4-25所示。

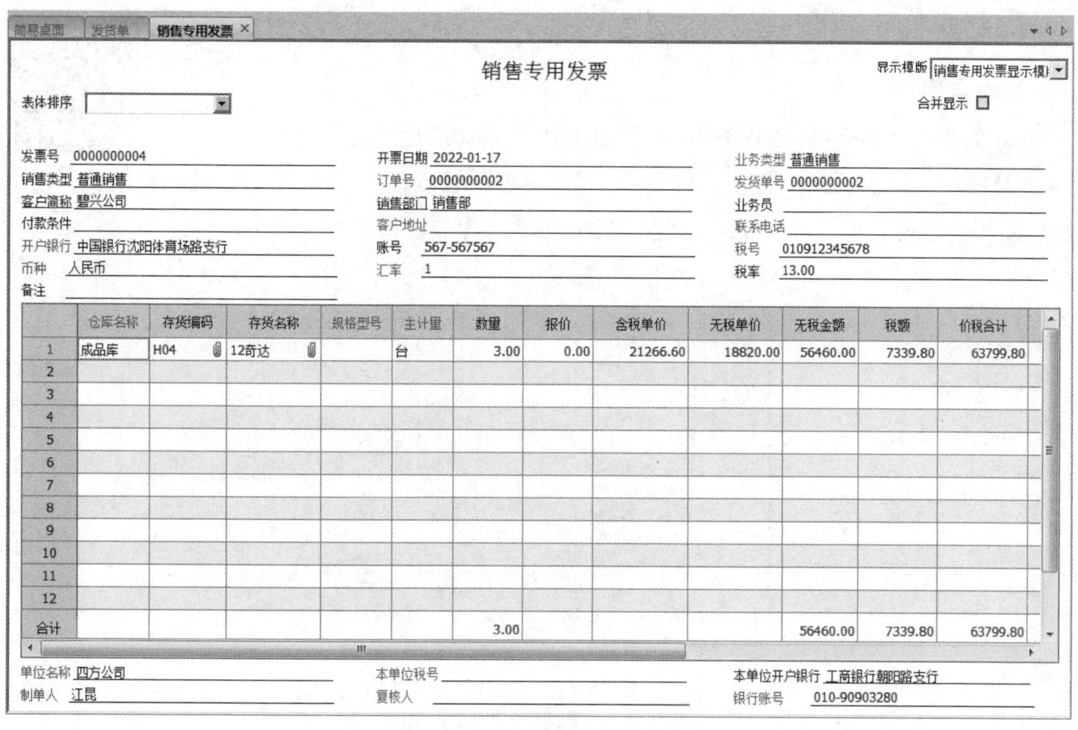
简易桌面 | 发货单 | 销售专用发票

销售专用发票

显示模版 销售专用发票显示模版

表体排序

合并显示 □

发票号 0000000004　开票日期 2022-01-17　业务类型 普通销售

销售类型 普通销售　订单号 0000000002　发货单号 0000000002

客户简称 碧兴公司　销售部门 销售部　业务员

付款条件　客户地址　联系电话

开户银行 中国银行沈阳体育场路支行　账号 567-567567　税号 010912345678

币种 人民币　汇率 1　税率 13.00

备注

	仓库名称	存货编码	存货名称	规格型号	主计量	数量	报价	含税单价	无税单价	无税金额	税额	价税合计
1	成品库	H04	12奇达		台	3.00	0.00	21266.60	18820.00	56460.00	7339.80	63799.80
2												
3												
4												
5												
6												
7												
8												
9												
10												
11												
12												
合计						3.00				56460.00	7339.80	63799.80

单位名称 四方公司　本单位税号　本单位开户银行 工商银行朝阳路支行

制单人 江昆　复核人　银行账号 010-90903280

图4-25　生成的第2张销售专用发票

(9) 单击“保存”按钮，再单击“复核”按钮。

5. 审核应收款单据

操作步骤：

审核应收款单据

(1) 由业务主管“YW01张思思”单击“业务工作”|“财务会计”|“应收款管理”|“应收单据处理”|“应收单据审核”选项，打开“应收单据查询条件”对话框，单击“确定”按钮，打开“应收单据列表”窗口。选择要审核的两张单据，如图4-26所示。

(2) 单击“审核”按钮，系统提示单据审核完毕。

简易桌面 | 单据处理

应收单据列表

记录总数：2

选择	审核人	单据日期	单据类型	单据号	客户名称	部门	业务员	制单人	币种	汇率	原币金额	本币金额
Y		2022-01-17	销售专...	0000000003	伟力有限责任公司	销售部		江昆	人民币	1.00...	281,144.00	281,144.00
Y		2022-01-17	销售专...	0000000004	碧兴有限责任公司	销售部		江昆	人民币	1.00...	63,799.80	63,799.80
合计											344,943.80	344,943.80

图4-26　应收单据审核列表

6. 对客户进行销售应收款凭证处理

进行应收款凭证处理

操作步骤：

(1) 由会计"KJ03 陈光"登录"用友U8"|"企业应用平台"系统。

(2) 单击"业务工作"|"财务会计"|"应收款管理"|"制单处理"命令，打开"制单查询"对话框，选择"发票制单"选项，如图4-27所示。

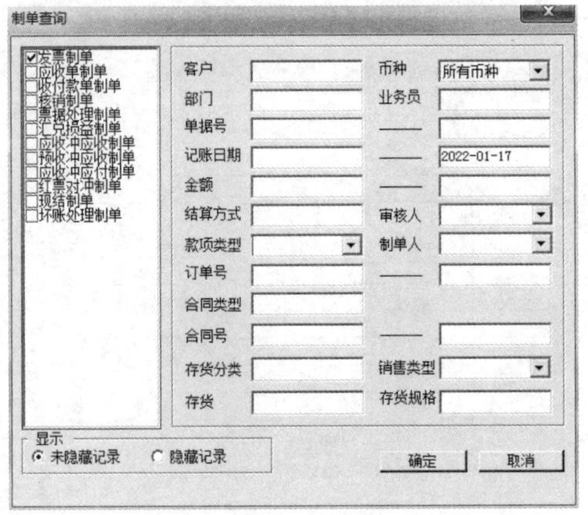

图4-27 "制单查询"对话框

(3) 选择两张销售发票，依次单击"全选""合并"按钮，如图4-28所示。

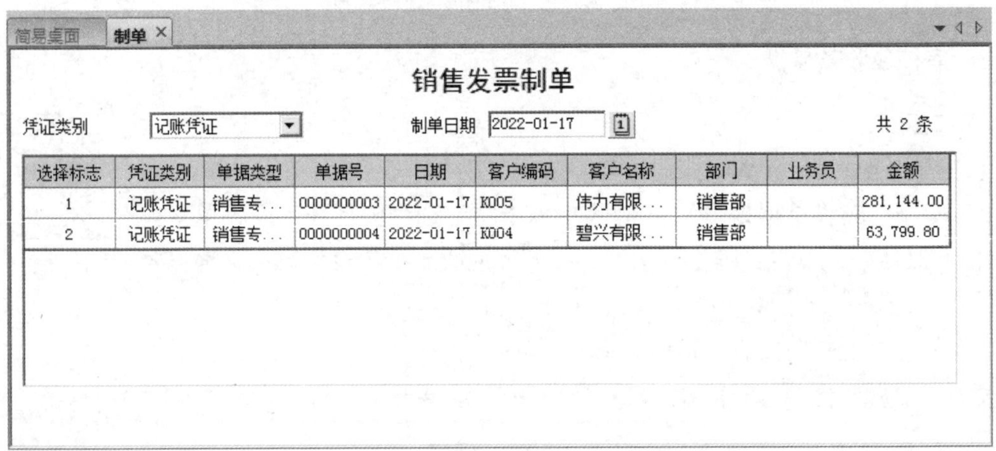

简易桌面 制单

销售发票制单

凭证类别 记账凭证　　制单日期 2022-01-17　　共 2 条

选择标志	凭证类别	单据类型	单据号	日期	客户编码	客户名称	部门	业务员	金额
1	记账凭证	销售专...	0000000003	2022-01-17	K005	伟力有限...	销售部		281,144.00
2	记账凭证	销售专...	0000000004	2022-01-17	K004	碧兴有限...	销售部		63,799.80

图4-28 销售发票制单列表

(4) 单击"制单"按钮，自动生成凭证，单击"保存"按钮，如图4-29所示。

7. 开票直接发货销售业务

开票直接发货销售业务

操作步骤：

(1) 2022年1月18日，由销售员"YW03 江昆"登录"用友U8"|"企业应用平台"系统。

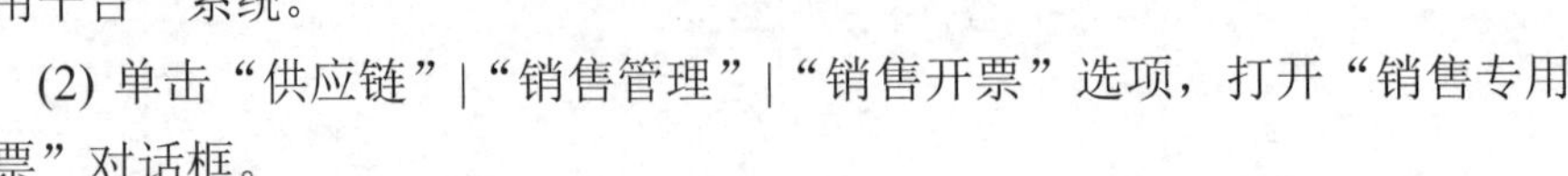

(2) 单击"供应链"|"销售管理"|"销售开票"选项，打开"销售专用发票"对话框。

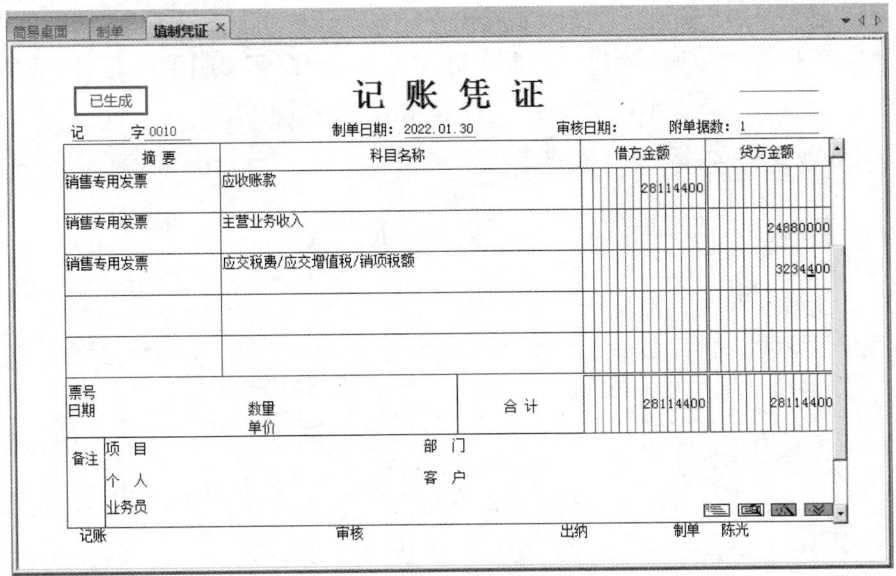

记账凭证

已生成

记　字 0010　　制单日期：2022.01.30　　审核日期：　　附单据数：1

摘要	科目名称	借方金额	贷方金额
销售专用发票	应收账款	28114400	
销售专用发票	主营业务收入		24880000
销售专用发票	应交税费/应交增值税/销项税额		3234400
票号 日期	数量 单价 合计	28114400	28114400

备注　项目　　部门

个人　　客户

业务员

记账　　审核　　出纳　　制单　陈光

图4-29　销售发票制单生成凭证1

(3) 单击“增加”按钮，在订单过滤窗口，单击“取消”按钮。

(4) 在“销售专用发票”窗口直接填写发票内容，如图4-30所示。

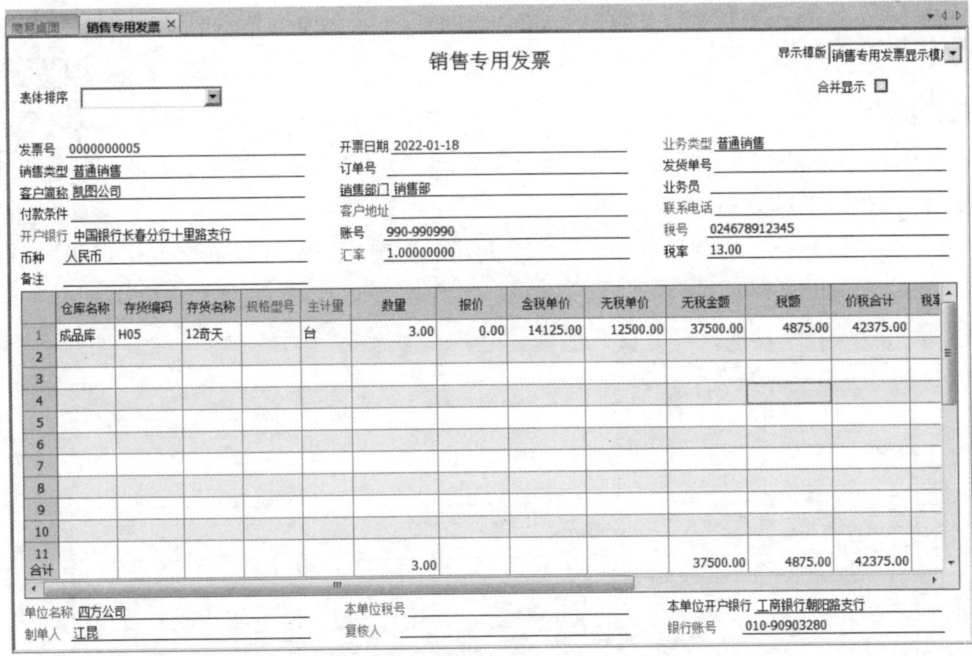

销售专用发票

发票号 0000000005　　开票日期 2022-01-18　　业务类型 普通销售

销售类型 普通销售　　订单号　　发货单号

客户简称 凯图公司　　销售部门 销售部　　业务员

付款条件　　客户地址　　联系电话

开户银行 中国银行长春分行十里路支行　　账号 990-990990　　税号 024678912345

币种 人民币　　汇率 1.00000000　　税率 13.00

备注

	仓库名称	存货编码	存货名称	规格型号	主计量	数量	报价	含税单价	无税单价	无税金额	税额	价税合计
1	成品库	H05	12奇天		台	3.00	0.00	14125.00	12500.00	37500.00	4875.00	42375.00
合计						3.00				37500.00	4875.00	42375.00

单位名称 四方公司　　本单位税号　　本单位开户银行 工商银行朝阳路支行

制单人 江昆　　复核人　　银行账号 010-90903280

图4-30　销售直接开票业务

(5) 单击“保存”按钮。

(6) 单击“复核”按钮。

(7) 由会计主管“KJ01 王强”登录“用友U8”|“企业应用平台”系统。

(8) 单击“业务工作”|“财务会计”|“应收款管理”|“应收单据处理”|“应收单据审核”选项，打开“应收单据审核”对话框，审核单据。

(9) 由会计“KJ03 陈光”登录“用友U8”|“企业应用平台”系统，单击“业务工作”|“财务会计”|“应收款管理”|“制单处理”选项，打开“制单查询”对话框，选择“发票制单”，生成凭证，单击“保存”按钮，如图4-31所示。

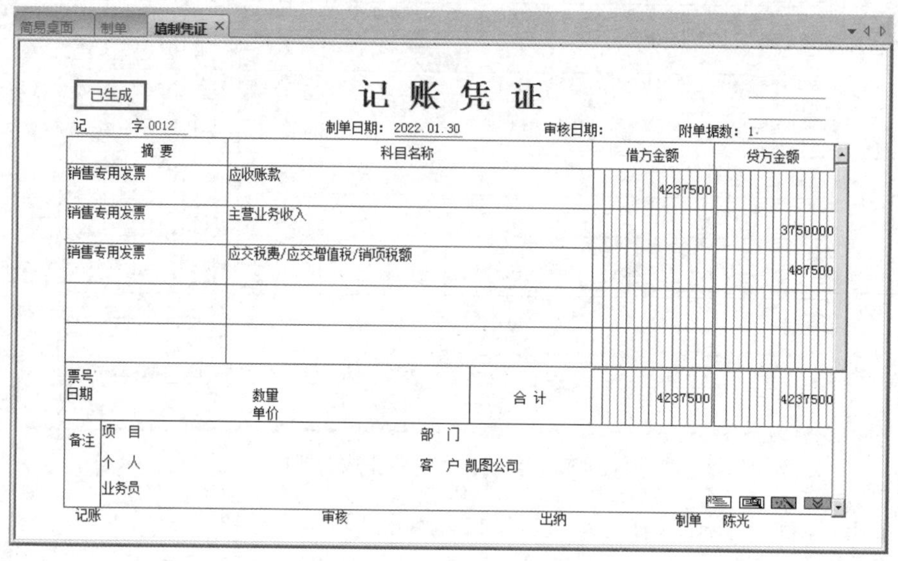

图4-31　销售发票制单生成凭证2

8. 销售退货业务

销售退货业务

操作步骤：

(1) 2022年1月20日，由销售员“YW03 江昆”登录“用友U8”|“企业应用平台”系统。

(2) 单击“供应链”|“销售管理”|“销售开票”选项，打开“红字专用销售发票”对话框，录入一张红字销售专用发票。

(3) 单击“保存”按钮，并复核，如图4-32所示。

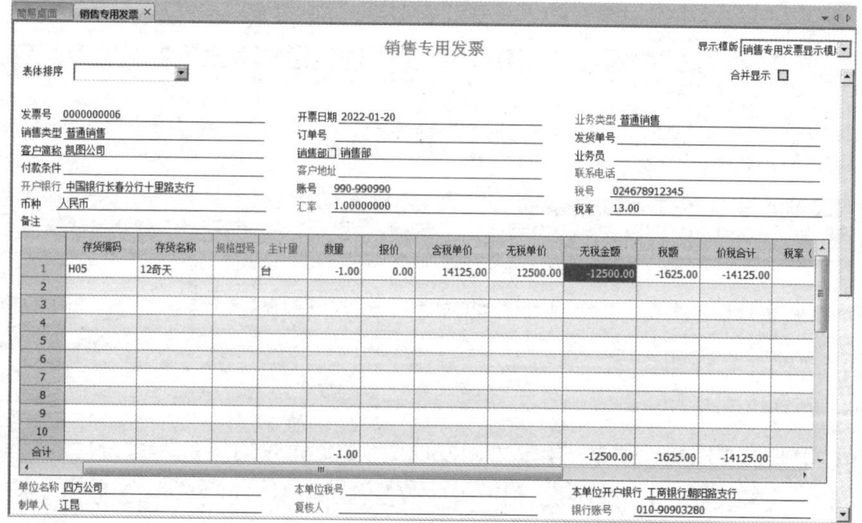

图4-32　退货红字销售发票

(4) 单击“供应链”|“销售管理”|“销售发货”选项，打开“退货单”对话框。

(5) 查看已经生成并审核的销售退货单，如图4-33所示。

图4-33　销售退货单

(6) 由业务主管“YW01 张思思”登录“用友U8”|“企业应用平台”系统，单击“业务工作”|“财务会计”|“应收款管理”|“应收单据处理”|“应收单据审核”选项，打开“应收单据审核”对话框，审核红字发票，弹出“是否立即制单？”信息提示框，如图4-34所示。

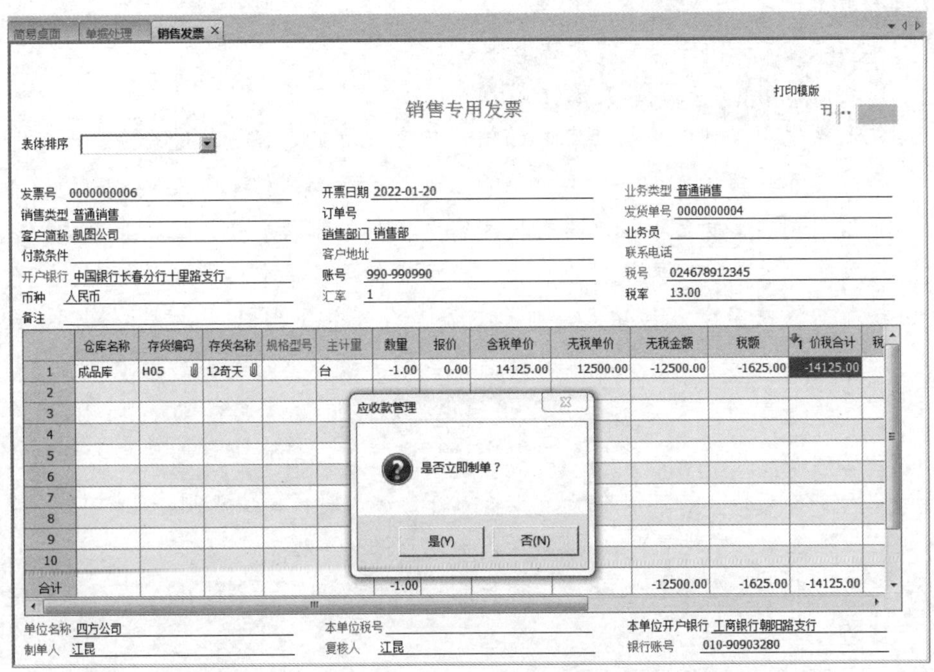

图4-34　审核红字销售发票

(7) 单击“是”按钮，生成凭证，单击“保存”按钮，结果如图4-35所示。

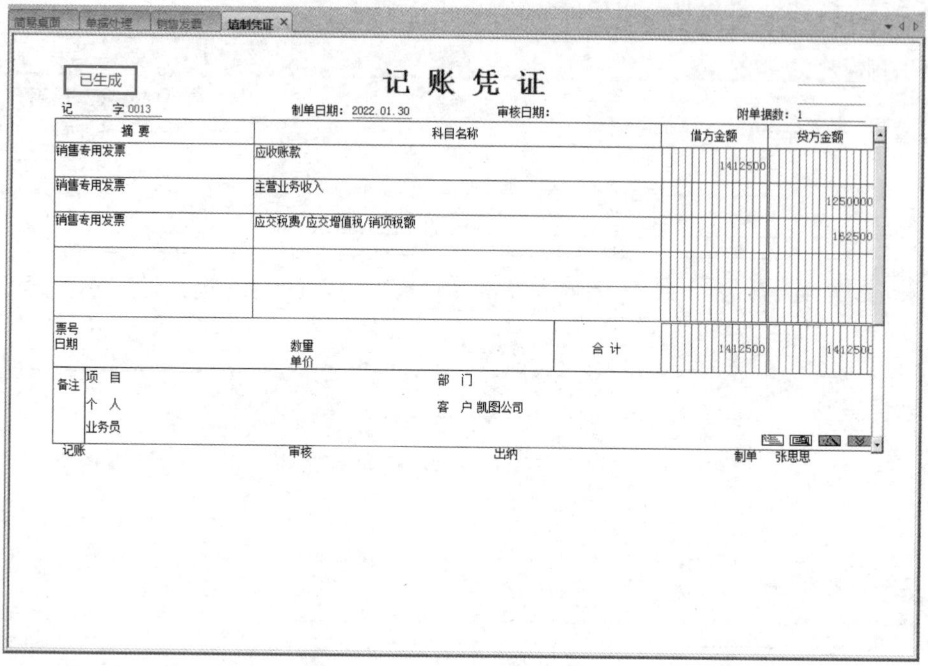

已生成

记账凭证

记　字 0013　　制单日期：2022.01.30　　审核日期：　　附单据数：1

摘要	科目名称	借方金额	贷方金额
销售专用发票	应收账款	1412500	
销售专用发票	主营业务收入		1250000
销售专用发票	应交税费/应交增值税/销项税额		162500
票号 日期	数量 单价 合计	1412500	1412500

备注　项目　部门

个人　客户 凯图公司

业务员

记账　审核　出纳　制单 张思思

图4-35　红字销售发票生成凭证

(8) 将账套备份至“D:\222账套备份\任务10备份”文件夹中，以便完成接下来的任务。

❖ 提示：

- ✧ 发票上的仓库指明所开票货物在销售出库时所在的仓库。本系统支持一张销售发票中包含多个仓库。在销售发票生成销售出库单时，按销售发票单中相异仓库的数量生成同样数量的销售出库单。
- ✧ 已复核的销售发票，在复核时直接登记应收账。
- ✧ 在本系统中，可以根据某客户的信用状况来决定是否与其进行业务往来，即是否给其开具销售单据。信用控制的方法是：在客户档案中设置客户的信用额度和信用期间，发票审核记账时增加客户的应收账款余额，收款业务减少客户的应收账款余额。发票或其他应收单审核后形成最早未核销发票日期，定金收款核销后修改最早未核销发票日期。在录入销售单据时，当进入客户栏目时，如果用户输入了客户，屏幕的状态行会提示该客户的当前应收账款余额。若在“选项”中将“是否有客户信用额度控制”选项设置为“有”，在保存单据时，如果客户的应收账款余额大于信用额度，当前单据日期最早未核销发票日期大于客户档案的信用期限，则系统将会弹出对话框要求用户输入口令(口令在“业务控制”中设置)，口令输入正确方可保存单据。
- ✧ 当有超现存量发货控制时，在货物已输入的情况下，不能输入不存在所输入货物的仓库。
- ✧ 所选货物为劳务或折扣属性的货物时，仓库可不输入。

拓展任务

(1) 在一笔销售业务发生时，应先填制销售发货单还是销售发票？

(2) 在销售过程中为客户代垫的费用应如何进行处理？

(3) 如果采用商业汇票的结算方式，当收到商业承兑汇票时按现收处理，应如何设置应收票据的辅助核算内容？

(4) 如何填制销售退货单？

(5) 在“销售发货单”界面中，“联查”按钮有何作用？

(6) 能否依据未审核的销售发货单生成销售发票？

(7) 销售发票的种类有哪些？

(8) 在“销售专用发票”界面中，“代垫”按钮和“支出”按钮各有什么作用？

(9) 已经根据销售发货单生成了销售专用发票才发现发货单有错误，应该怎么办？

(10) 了解销售人员要“坚持准则、强化服务”的重要意义。

任务11　销售、应收款系统日常业务(二)

具体任务

- 进行销售收款。
- 填制销售发货单。
- 填制并审核销售发票。
- 制单处理。

案例

(1) 2022年1月19日，收到伟力公司以网银转账方式的付款，用以支付购买“12奇达”和“12奇天”的货税款281 144元。

(2) 2022年1月20日，收到碧兴公司开具的100 000元的转账支票一张，用以支付购买“12奇达”的货税款63 799.8元。余款形成预收款。

(3) 2022年1月20日，从成品库发出向碧兴公司销售的“12奇天”5台，单价为12 500元，开出一张税率为13%的销售专用发票(货税款共计70 625元)，并同时发货。同时，收到一张碧兴公司网银转账付款60 000元，支付部分货税款，不足的部分(10 625元)使用“预收款”结算。

(4) 2022年1月25日，经与碧兴公司双方协商，决定以以前的预收款冲抵2021年形成的应收款(87 462元)中的10 000元。

(5) 2022年1月25日，将应向碧兴公司收取的2021年形成的应收款的余款77 462元货款转为向伟力公司收取。

(6) 2022年1月28日，发现将应向碧兴公司收取的77 462元货款转给伟力公司的业务处理有错误，应取消本次的并账操作，更改为将应向碧兴公司收取的2021年形成的应收款的余款77 462元货款转为向天地公司收取。

业务处理过程

1. 第1笔业务的处理

第1笔业务的处理

操作步骤：

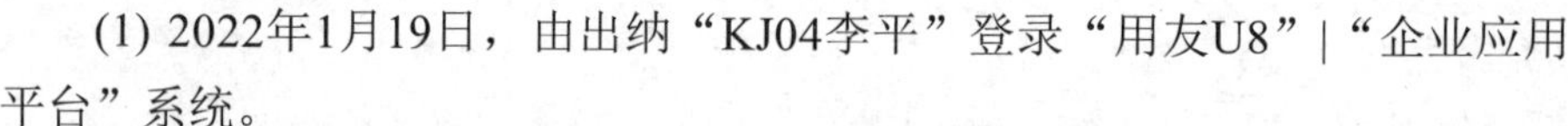

(1) 2022年1月19日，由出纳“KJ04李平”登录“用友U8”|“企业应用平台”系统。

(2) 单击“业务工作”|“财务会计”|“应收款管理”|“收款单据处理”|“收款单据录入”选项，打开“收款单”窗口。

(3) 单击“增加”按钮。

(4) 单击“客户”栏下拉按钮，选择“伟力公司”。

(5) 单击“结算方式”栏下拉按钮，选择“网银转账”；“结算科目”栏显示“100201 工商银行存款”。

❖ 提示：

如果在核算系统中设置了“结算方式对应科目”，此处可以自动按所选择的结算方式生成相应的结算方式对应的结算科目。

(6) 在“金额”栏录入“281 144”，单击“部门”下拉按钮，选择“销售部”，在“摘要”栏录入“销售货款”。单击“保存”按钮，如图4-36所示。

收款单

打印模版 应收收款单打印模板

表体排序

单据编号 0000000001　日期 2022-01-19　客户 伟力公司

结算方式 网银转账　结算科目 100201　币种 人民币

汇率 1　金额 281144.00　本币金额 281144.00

客户银行 中国建设银行杭州西湖支行　客户账号 115-115115　票据号

部门　业务员　项目

摘要

	款项类型	客户	部门	业务员	金额	本币金额	科目	项目
1	应收款	伟力公司			281144.00	281144.00	1122	
2								
3								
4								
5								
6								
7								
8								
9								
10								
11								
12								
13								
合计					281144.00	281144.00		

录入人 李平　审核人　核销人

图4-36　已录入收款金额的“收款单”

(7) 由业务主管“YW01 张思思”单击“审核”按钮，暂时先不生成记账凭证，再单击“核销”按钮，显示出了待核销的单据及对应的金额。

(8) 在“本次结算”栏录入“281 144”，如图4-37所示。

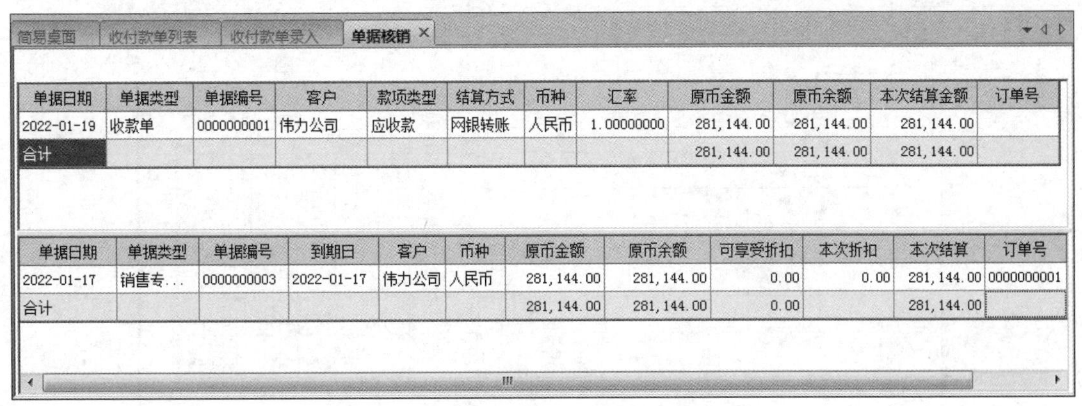

图4-37　已录入本次结算金额的“付款单”

(9) 单击“保存”按钮，对本次收款金额和应收款金额进行完全核销。

(10) 单击“业务工作”|“财务会计”|“应收款管理”|“制单处理”选项，打开“制单查询”对话框，如图4-38所示，选择“收付款单制单”选项，如图4-39所示。

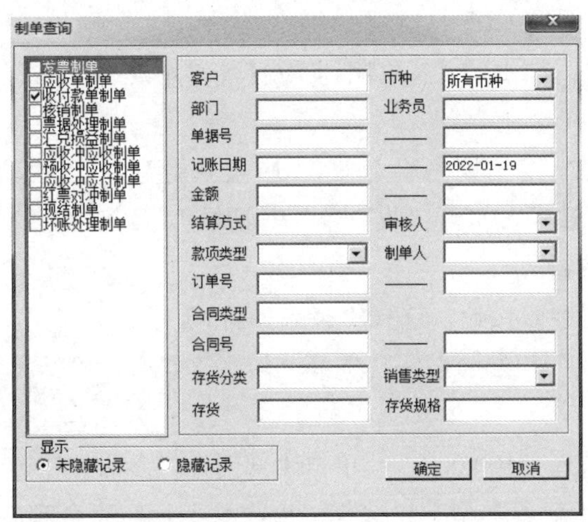

图4-38　“制单查询”对话框

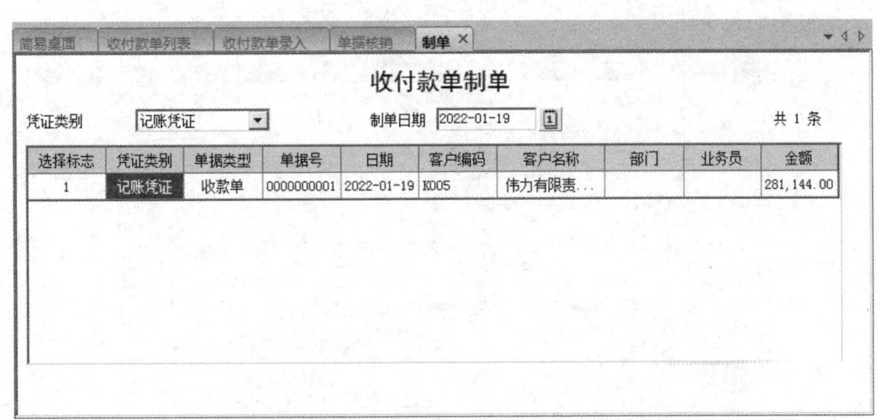

图4-39　选择收付款单制单

(11) 单击“制单”按钮，制单生成凭证，如图4-40所示。

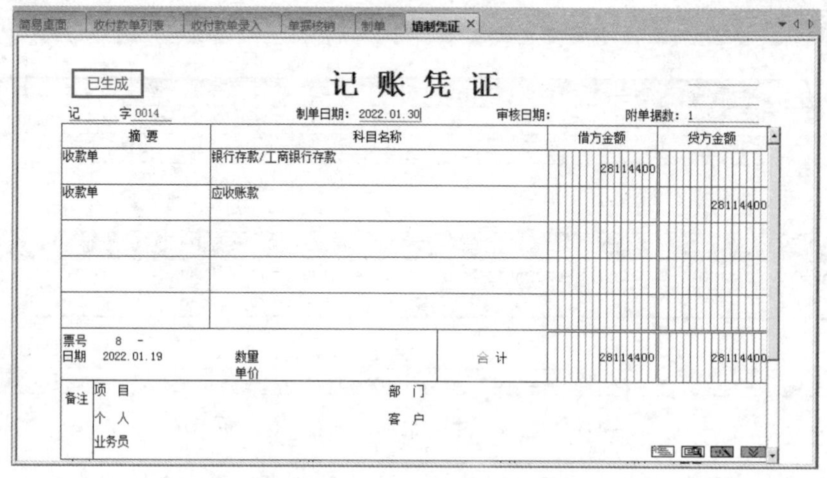

图4-40　收付款单制单生成凭证

2. 第2笔业务的处理

第2笔业务的处理

操作步骤：

(1) 2022年1月20日，由出纳“KJ04李平”登录“用友U8”|“企业应用平台”系统。

(2) 单击“业务工作”|“财务会计”|“应收款管理”|“收款单据处理”|“收款单据录入”选项，打开“收款单”对话框。

(3) 单击“增加”按钮。

(4) 单击“客户”栏参照按钮，选择“碧兴公司”。

(5) 单击“结算方式”栏参照按钮，选择“转账支票”，“结算科目”栏显示“100201工商银行存款”。

(6) 在“金额”栏录入“100 000”，单击“部门”栏参照按钮，选择“财务部”。

(7) 在表体第一行“款项类型”栏选择“应收款”，在“金额”栏录入“63 799.8”；在表体第二行“款项类型”栏选择“预收款”，在“金额”栏录入“36 200.2”，单击“保存”按钮，如图4-41所示。

收款单

单据编号 0000000002　日期 2022-01-20　客户 碧兴公司
结算方式 转账支票　结算科目 100201　币种 人民币
汇率 1　金额 100000.00　本币金额 100000.00
客户银行 中国银行沈阳体育场路支行　客户账号 567-567567　票据号
部门 财务部　业务员　项目
摘要

	款项类型	客户	部门	业务员	金额	本币金额	科目
1	应收款	碧兴公司			63799.80	63799.80	1122
2	预收款	碧兴公司	财务部		36200.20	36200.20	2203
合计					100000.00	100000.00	

录入人 李平　审核人　核销人

图4-41　收付款单录入

(8) 由业务主管“YW01张思思”单击“审核”按钮，可以立即制单生成凭证，如图4-42所示，也可以“核销”后在“制单处理”中制单生成凭证。

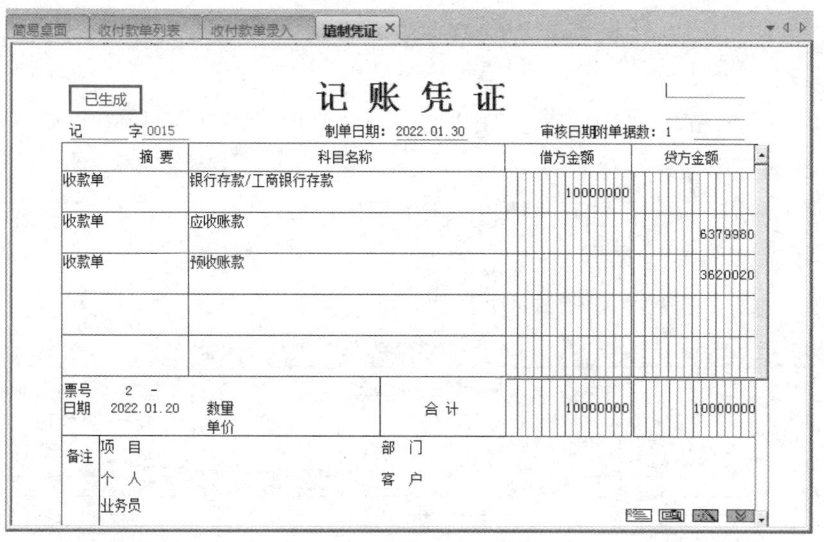

图4-42 收付款单制单

(9) 在进行“核销”后，在对应“应收款”的“本次结算”栏录入“63 799.8”，如图4-43所示。

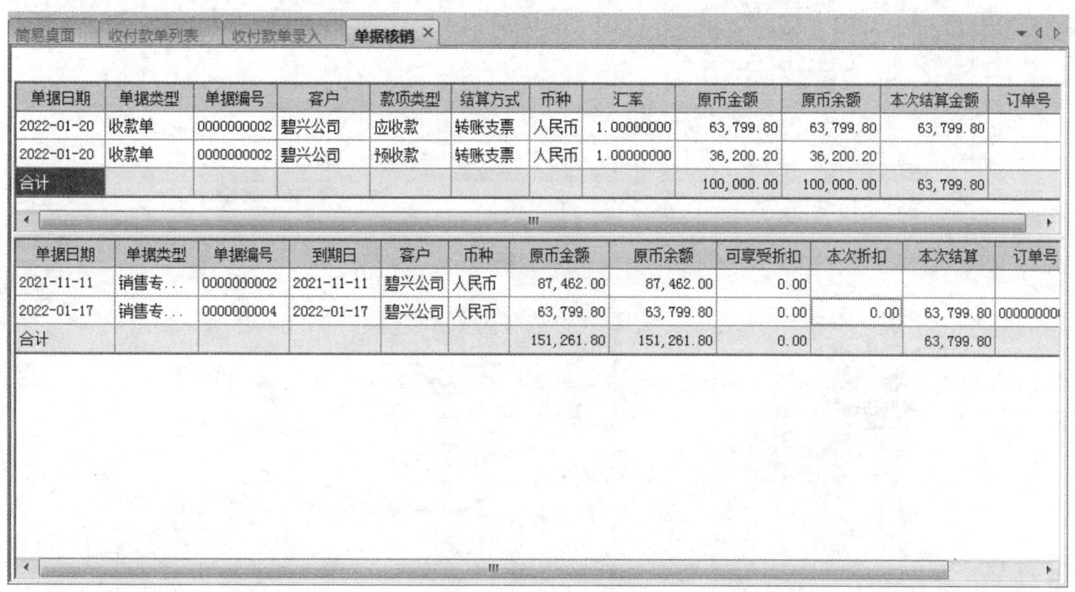

单据日期	单据类型	单据编号	客户	款项类型	结算方式	币种	汇率	原币金额	原币余额	本次结算金额	订单号
2022-01-20	收款单	0000000002	碧兴公司	应收款	转账支票	人民币	1.00000000	63,799.80	63,799.80	63,799.80	
2022-01-20	收款单	0000000002	碧兴公司	预收款	转账支票	人民币	1.00000000	36,200.20	36,200.20		
合计								100,000.00	100,000.00	63,799.80	

单据日期	单据类型	单据编号	到期日	客户	币种	原币金额	原币余额	可享受折扣	本次折扣	本次结算	订单号
2021-11-11	销售专...	0000000002	2021-11-11	碧兴公司	人民币	87,462.00	87,462.00	0.00			
2022-01-17	销售专...	0000000004	2022-01-17	碧兴公司	人民币	63,799.80	63,799.80	0.00	0.00	63,799.80	00000000
合计						151,261.80	151,261.80	0.00		63,799.80	

图4-43 收款单核销

(10) 单击“保存”按钮。

❖ 提示：

本次收款金额为100 000元，结算金额为63 799.8元，收款金额大于结算金额，余款形成“预收款”36 200.2元。

3. 第3笔业务的处理

第3笔业务的处理

操作步骤：

(1) 2022年1月20日，由销售员“YW03江昆”登录“用友U8”|“企业应用平台”系统。

(2) 单击“供应链”|“销售管理”|“销售开票”|“销售专用发票”选项，打开“销售专用发票”对话框。

(3) 单击“增加”按钮，打开“销售专用发票”设置窗口。

(4) 录入发票的所有内容。

(5) 单击“保存”按钮，如图4-44所示。

简易桌面 销售专用发票

销售专用发票

打印模版 销售专用发票打印模版

表体排序

合并显示

发票号 0000000007　开票日期 2022-01-20　业务类型 普通销售
销售类型 普通销售　订单号　发货单号
客户简称 慧兴公司　销售部门 销售部　业务员
付款条件　客户地址　联系电话
开户银行 中国银行沈阳体育场路支行　账号 567-567567　税号 010912345678
币种 人民币　汇率 1　税率 13.00
备注

	仓库名称	存货编码	存货名称	规格型号	主计量	数量	报价	含税单价	无税单价	无税金额	税额	价税合计
1	成品库	H05	12奇天		台	5.00	0.00	14125.00	12500.00	62500.00	8125.00	70625.00
2												
3												
4												
5												
6												
7												
8												
9												
10												
11												
合计						5.00				62500.00	8125.00	70625.00

单位名称 四方公司　本单位税号　本单位开户银行 工商银行朝阳路支行
制单人 江昆　复核人　银行账号 010-90903280

图4-44　已填制的销售专用发票

(6) 单击“现结”按钮，录入现结单中的结算方式和金额，如图4-45所示。

现结

客户名称：慧兴公司　币种：人民币　汇率：1
应收金额：70625.00
结算金额：60000.00
部门：销售部　业务员：

结算方式	原币金额	票据号	银行账号	项目大类编码	项目大类名称	项目编码	项目名称	订单号	发
8-网银转账	60000.00		567-567567						

确定　取消　帮助

图4-45　“现结”录入对话框

(7) 单击“确定”按钮。单击“复核”按钮，审核发票。

(8) 单击“销售管理”|“销售发货单”选项，打开“发货单”窗口。

(9) 查看根据销售发票生成的发货单，如图4-46所示。

	仓库名称	存货编码	存货名称	规格型号	主计量	数量	报价	含税单价	无税单价	无税金额	税额	价税合计
1	成品库	H05	12奇天		台	5.00	0.00	14125.00	12500.00	62500.00	8125.00	70625.00
2												
3												
4												
5												
6												
7												
8												
9												
10												
11												
12												
13												
合计						5.00				62500.00	8125.00	70625.00

图4-46 已审核的发货单

(10) 单击“退出”按钮。

❖ 提示：

该笔业务为销售直接发货模式，销售发票审核后，系统自动生成一张审核后的销售发货单，此处的销售发货单只能查看，不能更改。

(11) 2022年1月20日，由业务主管“YW01张思思”登录“用友U8”|“企业应用平台”系统。

(12) 单击“业务工作”|“财务会计”|“应收款管理”|“应收单据处理”|“应收单据审核”选项，打开“应收单查询条件”对话框，选择“单据名称”为“销售发票”，客户为“碧兴有限责任公司”，选中“包含已现结发票”复选框，如图4-47所示。

(13) 单击“确定”按钮，打开“应收单据列表”窗口。选择要审核的发票，如图4-48所示。

(14) 单击“审核”按钮。

(15) 单击“业务工作”|“财务会计”|“应收款管理”|“转账处理”|“预收冲应收”选项，打开“预收冲应收”对话框，输入客户为“碧兴有限责任公司”，分别过滤“预收款”和“应收款”，录入转账金额为“10 625”，如图4-49和图4-50所示。

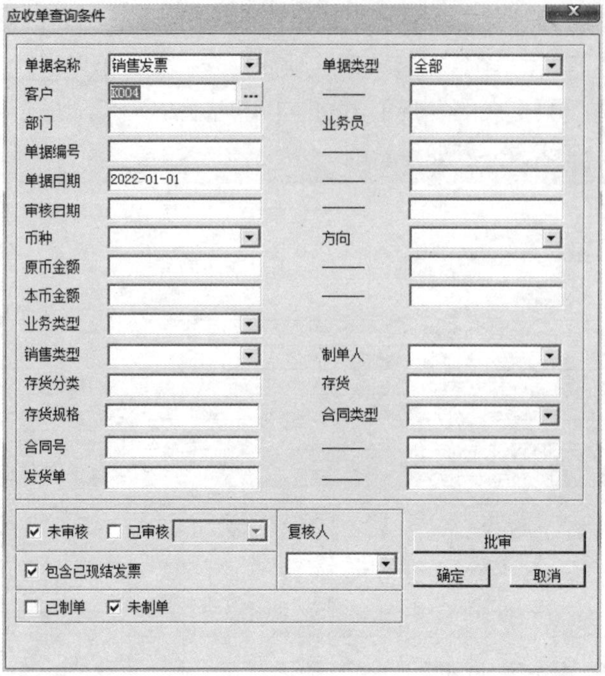

应收单查询条件
单据名称 销售发票
单据类型 全部
客户 K004
部门
业务员
单据编号
单据日期 2022-01-01
审核日期
币种
方向
原币金额
本币金额
业务类型
销售类型
制单人
存货分类
存货
存货规格
合同类型
合同号
发货单
未审核
已审核
复核人
包含已现结发票
已制单
未制单
批审
确定
取消

图4-47 “应收单查询条件”对话框

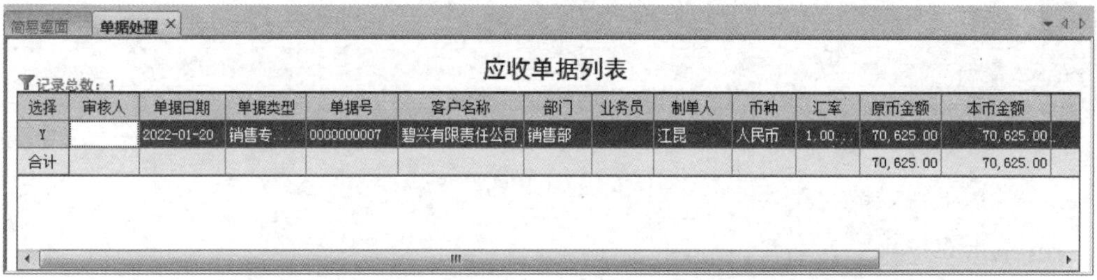

简易桌面
单据处理
应收单据列表
记录总数：1
选择 审核人 单据日期 单据类型 单据号 客户名称 部门 业务员 制单人 币种 汇率 原币金额 本币金额
Y 2022-01-20 销售专... 0000000007 碧兴有限责任公司 销售部 江昆 人民币 1.00... 70,625.00 70,625.00
合计 70,625.00 70,625.00

图4-48 “应收单据列表”窗口

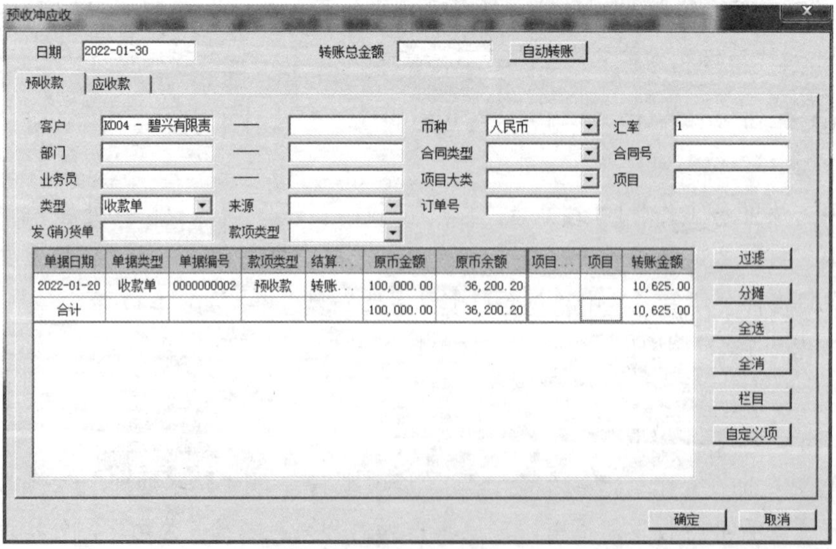

预收冲应收
日期 2022-01-30
转账总金额
自动转账
预收款
应收款
客户 K004 - 碧兴有限责
币种 人民币
汇率 1
部门
合同类型
合同号
业务员
项目大类
项目
类型 收款单
来源
订单号
发(销)货单
款项类型
单据日期 单据类型 单据编号 款项类型 结算... 原币金额 原币余额 项目... 项目 转账金额
2022-01-20 收款单 0000000002 预收款 转账... 100,000.00 36,200.20 10,625.00
合计 100,000.00 36,200.20 10,625.00
过滤
分摊
全选
全消
栏目
自定义项
确定
取消

图4-49 预收冲应收转账—预收款

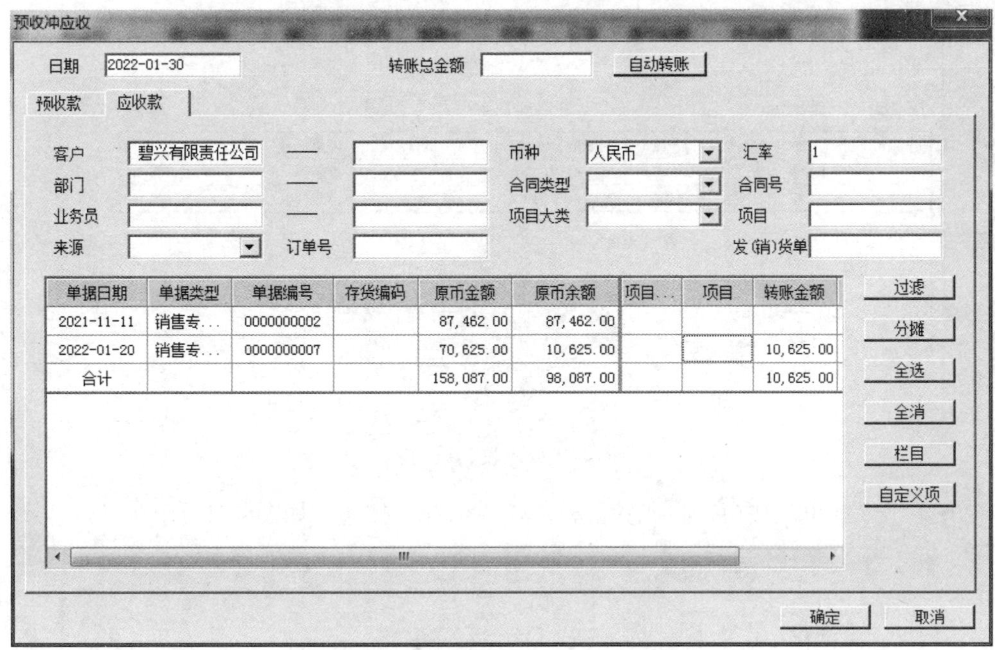

图4-50 预收冲应收转账—应收款

(16) 单击“确定”按钮，不生成凭证。

(17) 单击“业务工作”|“财务会计”|“应收款管理”|“制单处理”选项，打开“制单查询”对话框。

(18) 选中“预收冲应收制单”“现结制单”复选框，如图4-51所示。

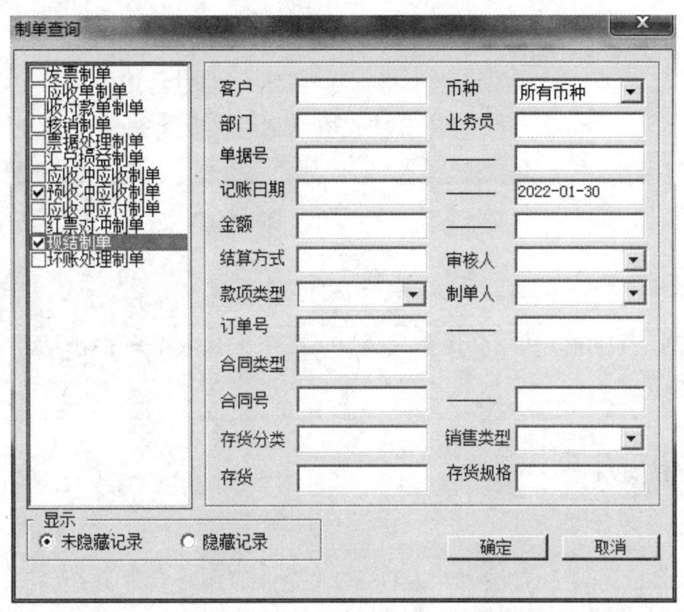

图4-51 “制单查询”对话框

(19) 单击“确定”按钮，出现“应收制单”窗口，依次单击“全选”“合并”按钮，如图4-52所示。

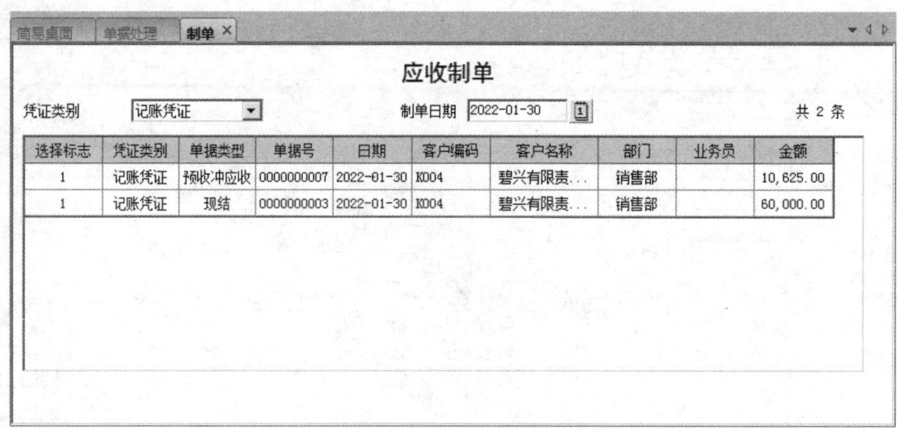

图4-52 应收制单列表

(20) 单击“制单”按钮，生成凭证，单击“保存”按钮，如图4-53所示。

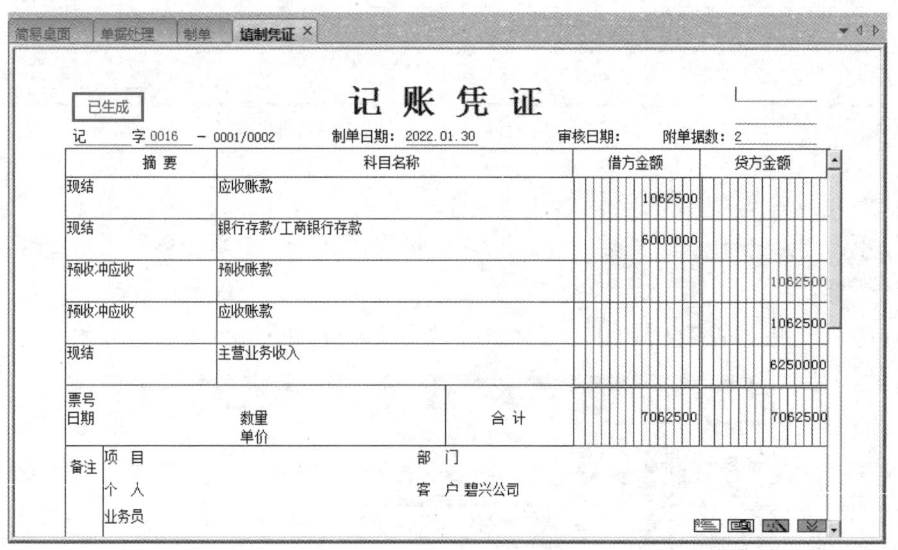

图4-53 应收制单生成凭证

❖ 提示：

本次收款金额为60 000元，应收金额为70 625元，收款金额小于结算金额，差额部分(10 625元)使用预收款。

4. 第4笔业务的处理

第4笔业务的处理

操作步骤：

(1) 由会计“KJ03 陈光”登录“用友U8”|“企业应用平台”系统。

(2) 单击“财务会计”|“应收款管理”|“转账”|“预收冲应收”选项，打开“预收冲应收”对话框。

(3) 单击“预收款”选项卡中的“客户”栏的参照按钮，选择“碧兴有限责任公司”。

(4) 单击“过滤”按钮，出现待结算的预收款的数据，在“转账金额”栏录入

“10 000”。如图4-54所示。

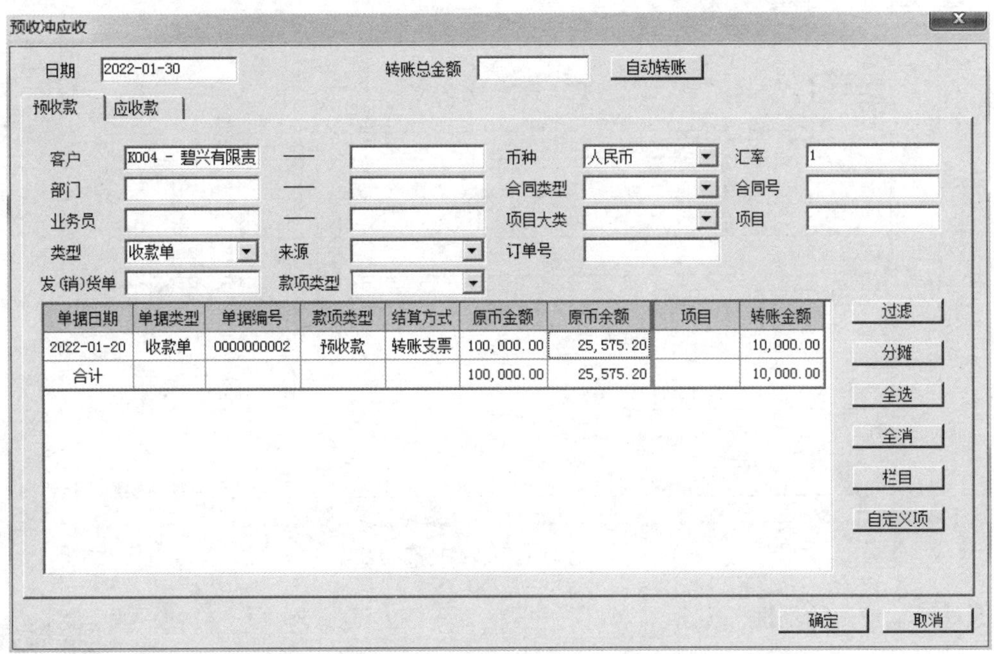

图4-54 已录入预收款的转账金额

(5) 打开“应收款”选项卡，单击“过滤”按钮，出现待结算的应收款的数据，在“转账金额”栏中录入“10 000”，如图4-55所示。

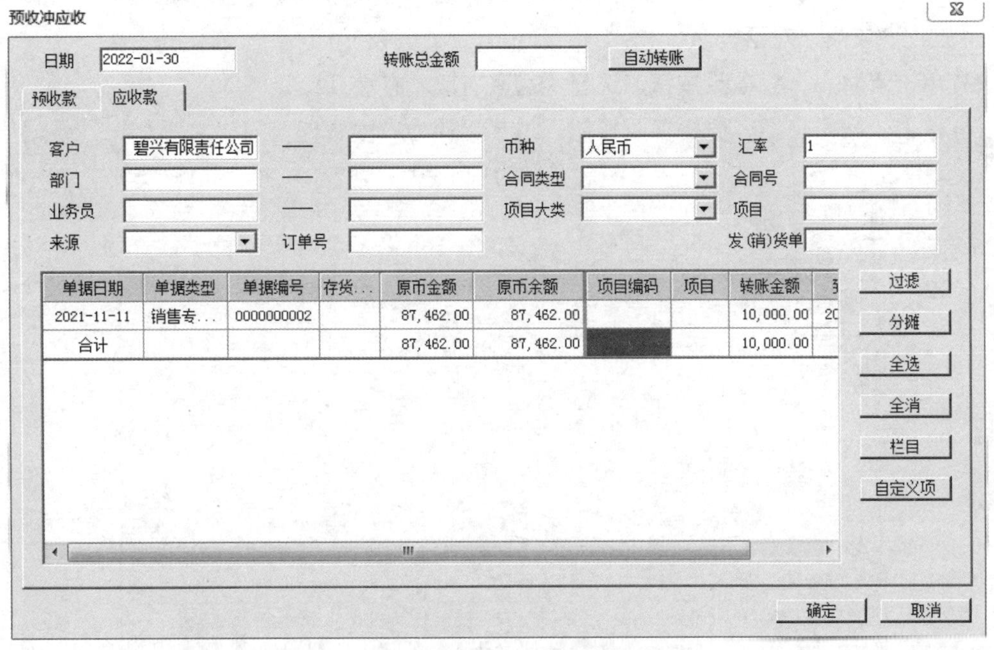

图4-55 已录入应收款的转账金额

(6) 单击“确定”按钮，完成转账的操作，生成凭证并保存，如图4-56所示。

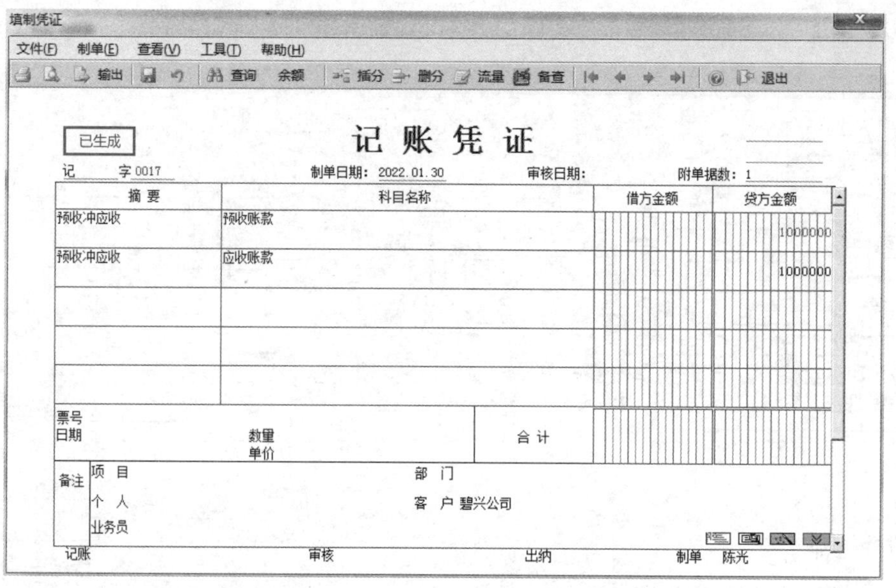

图4-56 预收冲应收转账生成凭证

5. 第5笔业务的处理

第5笔业务的处理

操作步骤：

(1) 2022年1月25日，由会计“KJ03 陈光”登录“用友U8”|“企业应用平台”系统。

(2) 单击“财务会计”|“应收款管理”|“转账”|“应收冲应收”选项，打开“应收冲应收”对话框。

(3) 单击“客户”栏参照按钮，选择“碧兴有限责任公司”。

(4) 单击“转入户”客户栏参照按钮，选择“伟力有限责任公司”。

(5) 单击“查询”按钮，出现待结算的应收款的数据，在“并账金额”栏中录入“77 462”，如图4-57所示。

简易桌面 应收冲应收

日期 <= 2022-01-30

单据类型：☑货款 ☑应收款 ☐预收款

转入：☑客户 K005 - 伟力有限责 ☐部门 ☐业务员 合同类型 ☐合同 项目大类 ☐项目

客户 K004 - 碧兴有限责 部门 业务员
币种 人民币 汇率 1
项目大类 项目 合同类型 合同号
来源 订单号 发(销)货单

自定义项

单据日期	单据类型	单据编号	方向	原币金额	原币余额	部门编号	项目编码	项目	并账金额
2021-11-11	销售专...	0000000002	借	87,462.00	77,462.00	5			77,462.00
借方合计				87,462.00	77,462.00				77,462.00
贷方合计				0.00	0.00				0.00

图4-57 录入应收款并账金额

(6) 单击“保存”按钮，完成应收冲应收转账(并账)的操作，同时生成凭证并保存，如图4-58所示。

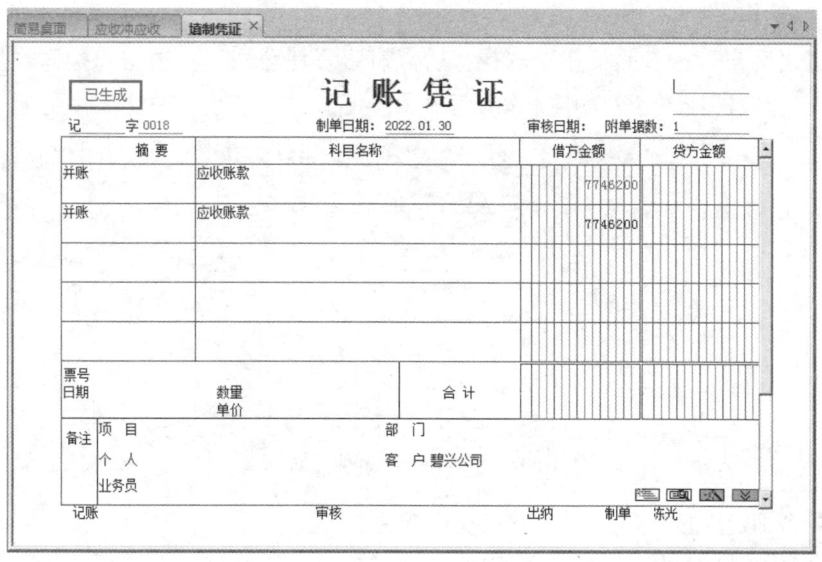

图4-58 并账生成凭证

6. 第6笔业务的处理

第6笔业务的处理

操作步骤：

(1) 2022年1月28日，由会计“KJ03 陈光”登录“用友U8”|“企业应用平台”系统。

(2) 单击“财务会计”|“应收款管理”|“单据查询”|“凭证查询”选项，打开“凭证查询”对话框。

(3) 选中错误并账的凭证，删除该凭证，弹出“确定要删除此凭证吗”提示信息，如图4-59所示。

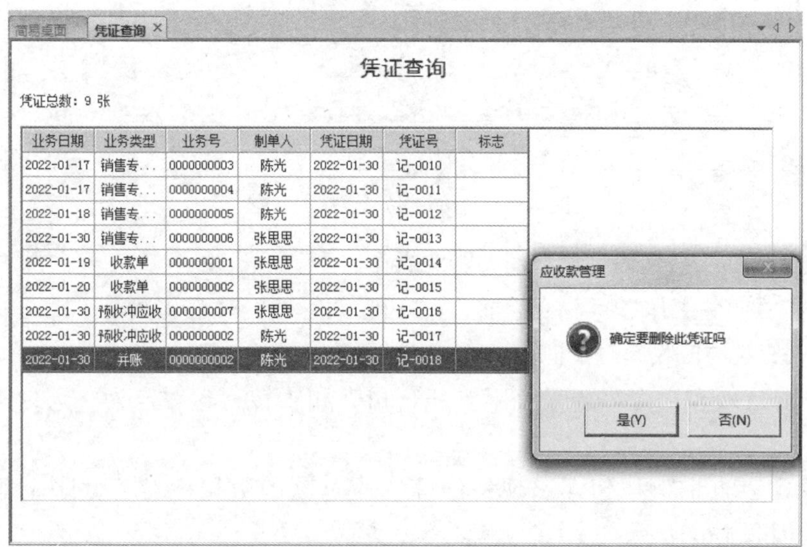

业务日期	业务类型	业务号	制单人	凭证日期	凭证号	标志
2022-01-17	销售专...	0000000003	陈光	2022-01-30	记-0010	
2022-01-17	销售专...	0000000004	陈光	2022-01-30	记-0011	
2022-01-18	销售专...	0000000005	陈光	2022-01-30	记-0012	
2022-01-30	销售专...	0000000006	张思思	2022-01-30	记-0013	
2022-01-19	收款单	0000000001	张思思	2022-01-30	记-0014	
2022-01-20	收款单	0000000002	张思思	2022-01-30	记-0015	
2022-01-30	预收冲应收	0000000007	张思思	2022-01-30	记-0016	
2022-01-30	预收冲应收	0000000002	陈光	2022-01-30	记-0017	
2022-01-30	并账	0000000002	陈光	2022-01-30	记-0018	

图4-59 删除凭证

(4) 单击“是”按钮，删除并账的凭证。

(5) 单击“财务会计”|“应收款管理”|“其他处理”|“取消操作”选项，打开“取消操作条件”对话框。

(6) 单击“客户”栏参照按钮，选择“碧兴有限责任公司”；单击“操作类型”栏下拉按钮，选择“应收冲应收”，如图4-60所示。

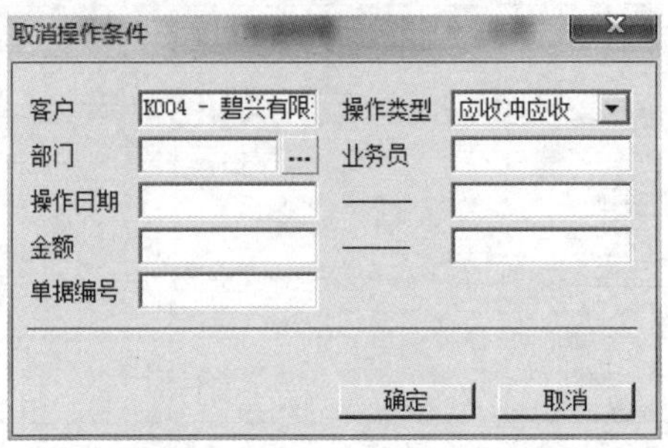

图4-60　“取消操作条件”对话框

(7) 单击“确定”按钮，打开“取消操作”窗口。

(8) 双击选中“选择标志”栏，如图4-61所示。

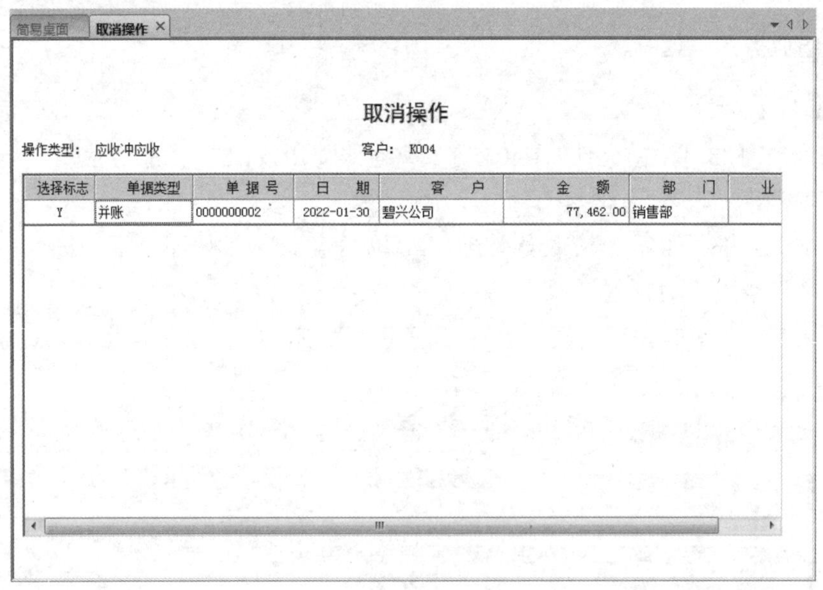

选择标志	单据类型	单据号	日期	客户	金额	部门	业
Y	并账	0000000002	2022-01-30	碧兴公司	77,462.00	销售部	

图4-61　选中要取消操作的数据

(9) 单击“确认”按钮，完成取消并账的操作。

(10) 单击“业务工作”|“财务会计”|“应收款管理”|“转账处理”|“应收冲应收”选项，打开“应收冲应收”对话框。

(11) 分别录入客户为“碧兴有限责任公司”和“转入”客户为“天地有限责任公司”。

(12) 单击“查询”按钮，出现待结算的应付款的数据，在“并账金额”栏录入“77 462”，如图4-62所示。

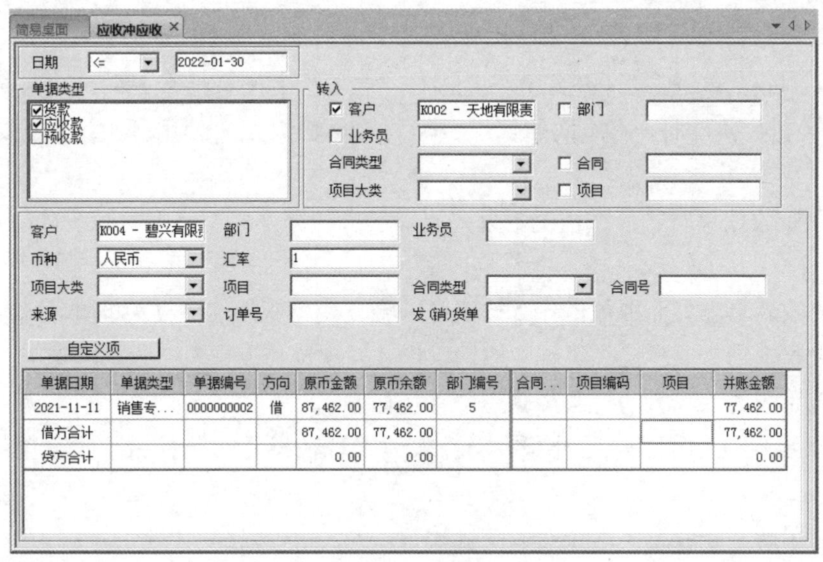

图4-62 录入应付款并账金额

(13) 单击“保存”按钮，完成并账的操作，同时生成凭证并保存，如图4-63所示。

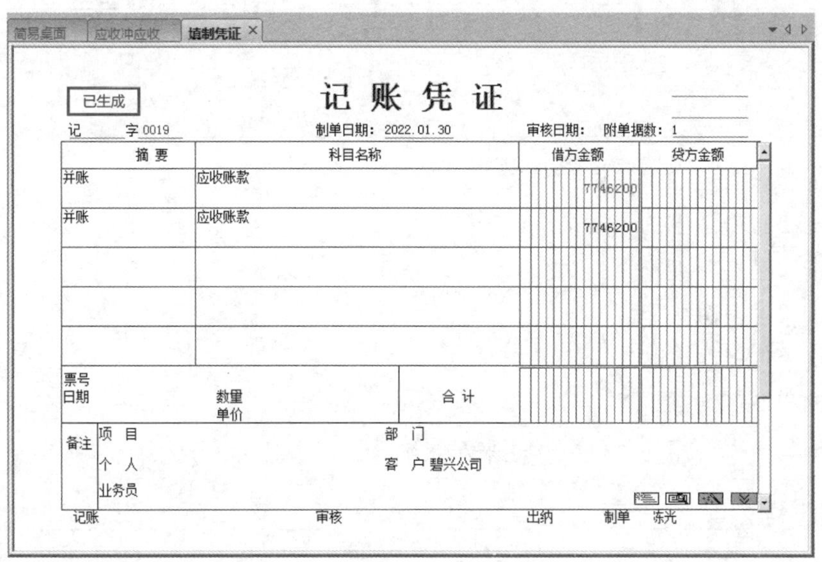

图4-63 应收冲应收生成凭证

(14) 将账套备份至“D:\222账套备份\任务11备份”文件夹中，以便完成接下来的任务。

❖ 提示：

如果采用现结的方式进行核算，则应在销售发票填制完成尚未审核时进行现结的操作。

拓展任务

(1) 在填制收款单时，“本次结算”金额与“金额”之间有什么关系？

(2) 在填制收款单时，“本次结算”金额与“金额”及“使用预收”金额之间有什么关系？

(3) 在填制收款单时，什么情况下只要选择了“结算方式”，则由系统自动生成“结算科目”？

(4) 在“收款单”界面中单击什么按钮可以将收款单变为红字收款单(即付款单)？

(5) 如果一笔销售业务已经进行了核销操作才发现销售发票有错误，应该怎么办？

(6) 销售系统的应收款的转账结算通常有几种方式？

(7) 如果已经进行了“应收冲预收”操作才发现在操作时选择错了收款单位，应该怎么办？

(8) 如何了解某企业还欠本企业多少货款？

(9) 了解企业在信息化的条件下应该如何管理应收账款。

任务12 查询销售、应收款账表

具体任务

- 查询碧兴公司的“销售明细表”。
- 查询“12奇达”的“发货统计表”。
- 查询“销售明细账”。
- 查询“业务总账”。
- 查询“业务明细账”。
- 查询“业务余额表”。
- 查询与碧兴公司的“供应商往来对账单”。

业务处理过程

查询销售、应收款账表。

查询销售、应收款账表

操作步骤：

(1) 2022年1月31日，由“YW01张思思”登录“用友U8”|“企业应用平台”系统。

(2) 单击“销售管理”|“报表”|“明细表”|“销售明细表”选项，打开“查询条件选择—销售明细表”对话框。

(3) 单击“客户”栏参照按钮，选择“碧兴有限责任公司”，如图4-64所示。

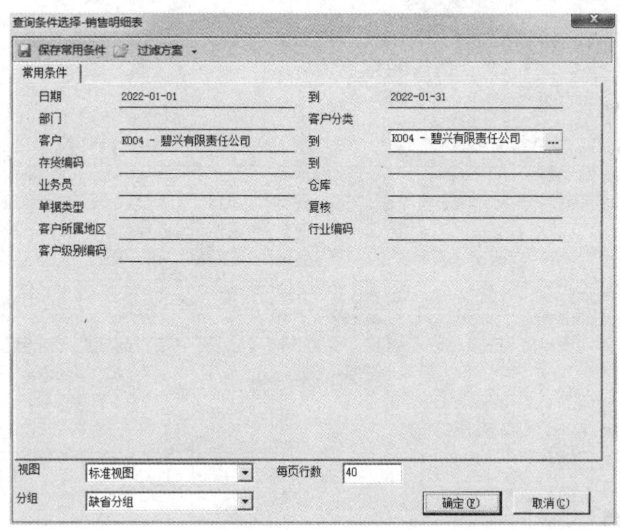

图4-64　“查询条件选择—销售明细表”对话框

(4) 单击“确定”按钮，打开“销售明细表”窗口，如图4-65所示。

销售明细表

部门名称	客户名称	业务员	日期	数量	本币税额	本币无税金额	本币价税合计	本币折扣额
销售部	碧兴有限责任公司		2022/1/17	3.00	7,339.80	56,460.00	63,799.80	
销售部	碧兴有限责任公司		2022/1/20	5.00	8,125.00	62,500.00	70,625.00	
	(小计)碧兴有限…			8.00	15,464.80	118,960.00	134,424.80	
总计				8.00	15,464.80	118,960.00	134,424.80	

图4-65　“销售明细表”窗口

(5) 继续查询“12奇达”的“发货统计表”，如图4-66所示。

发货统计表

日期：　2022-01-01　　2022-01-31

部门	客户	业	存货名称					发货数量	发货金额	发货税额	发货价税合计	发	开票数量	开票金额	开票税额	开票价税合计
销售部	碧兴有限责任公司		12奇达					3.00	56,460.00	7,339.80	63,799.80		3.00	56,460.00	7,339.80	63,799.80
销售部	(小计)碧兴有限…							3.00	56,460.00	7,339.80	63,799.80		3.00	56,460.00	7,339.80	63,799.80
销售部	伟力有限责任公司		12奇达					5.00	94,000.00	12,220.00	106,220.00		5.00	94,000.00	12,220.00	106,220.00
销售部	(小计)伟力有限…							5.00	94,000.00	12,220.00	106,220.00		5.00	94,000.00	12,220.00	106,220.00
(小计)…								8.00	150,460…	19,559.80	170,019.80		8.00	150,460.00	19,559.80	170,019.80
总计								8.00	150,460…	19,559.80	170,019.80		8.00	150,460.00	19,559.80	170,019.80

图4-66　“发货统计表”窗口

(6) 打开“销售明细账”窗口，如图4-67所示。

(7) 2022年1月31日，由会计“KJ03 陈光”登录“用友U8”|“企业应用平台”。

(8) 单击“财务会计”|“应收款管理”|“账表管理”|“业务账表”|“业务总账”选项，打开“应收总账表”窗口，如图4-68所示。

简易桌面 | 供应商档案 | 销售明细账

销售明细账

开票日期： 2022-01-01　　2022-01-31

结算日期：

年	月	日	销售类型	单据类型	单据号	数量	金额	无税单价	税额	价税合计	折扣	成本	成本
202	01	17	普通销售	销售专…	0000000003	17.00	248,800.00	14,635.29	32,344.00	281,144.00			
202	01	17	普通销售	销售专…	0000000004	3.00	56,460.00	18,820.00	7,339.80	63,799.80			
202	01	(小计)17				20.00	305,260.00	15,263.00	39,683.80	344,943.80			
202	01	18	普通销售	销售专…	0000000005	3.00	37,500.00	12,500.00	4,875.00	42,375.00			
202	01	(小计)18				3.00	37,500.00	12,500.00	4,875.00	42,375.00			
202	01	20	普通销售	销售专…	0000000006	-1.00	-12,500.00	12,500.00	-1,625.00	-14,125.00			
202	01	20	普通销售	销售专…	0000000007	5.00	62,500.00	12,500.00	8,125.00	70,625.00			
202	01	(小计)20				4.00	50,000.00	12,500.00	6,500.00	56,500.00			
202	01	31	普通销售	销售专…	0000000003							159,658.12	
202	01	31	普通销售	销售专…	0000000004							31,790.40	
202	01	31	普通销售	销售专…	0000000005							26,668.53	
202	01	31	普通销售	销售专…	0000000006							-8,889.51	
202	01	31	普通销售	销售专…	0000000007							44,447.55	
202	01	(小计)31										253,675.09	

数据　图表　　共10条　共1组，共1页

图4-67　“销售明细账”窗口

应收总账表

币种：

期间：2022 . 1 － 2022 . 1

期间	本期应收	本期收回	余额	月回收率%	年回收率%
	本币	本币	本币		
期初余额			172,890.00		
202201	383,818.80	381,144.00	175,564.80	99.30	99.30
总计	383,818.80	381,144.00	175,564.80		

图4-68　“应收总账表”窗口

(9) 单击“财务会计”|“应收款管理”|“账表管理”|“业务账表”|“业务明细账”选项，打开“应收明细账”窗口，如图4-69所示。

应收明细账

币种：　全部

期间：　1 － 1

年	月	日	凭证号	客户		摘要	订单号	发货单	出库单	单据类型	单据号	币种	本期应收	本期收回	余额	到期日
				编码	名称								本币	本币	本币	
2022	1	18	记-0012	K001	凯图股份有限公司	销售专...		0000000003	0000000003	销售专...	0000000005	人民币	42,375.00		42,375.00	2022-01-18
2022	1	30	记-0013	K001	凯图股份有限公司	销售专...		0000000004	0000000004	销售专...	0000000006	人民币	-14,125.00		28,250.00	2022-01-20
				(K001)...									28,250.00		28,250.00	
2022	1	30	记-0019	K002	天地有限责任公司	并账				并账	BZAR0000...	人民币	77,462.00		77,462.00	2021-11-11
				(K002)...									77,462.00		77,462.00	
				K004	碧兴有限责任公司	期初余额									87,462.00	
2022	1	17	记-0011	K004	碧兴有限责任公司	销售专...	0000000002	0000000002	0000000001	销售专...	0000000004	人民币	63,799.80		151,261.80	2022-01-17
2022	1	20	记-0015	K004	碧兴有限责任公司	收款单				收款单	0000000002	人民币		100,000.00	51,261.80	2022-01-20
2022	1	30	记-0016	K004	碧兴有限责任公司	现结		0000000006	0000000006	销售专...	0000000007	人民币	10,625.00		61,886.80	2022-01-20
2022	1	30	记-0019	K004	碧兴有限责任公司	并账				并账	BZAR0000...	人民币	-77,462.00		-15,575.20	2021-11-11
				(K004)...									-3,037.20	100,000.00	-15,575.20	
				K005	伟力有限责任公司	期初余额									85,428.00	
2022	1	17	记-0010	K005	伟力有限责任公司	销售专...	0000000001	0000000001	0000000002	销售专...	0000000003	人民币	281,144.00		366,572.00	2022-01-17
2022	1	19	记-0014	K005	伟力有限责任公司	收款单				收款单	0000000001	人民币		281,144.00	85,428.00	2022-01-19
				(K005)...									281,144.00	281,144.00	85,428.00	
合...													383,818.80	381,144.00	175,564.80	

图4-69　“应收明细账”窗口

(10) 单击“财务会计”|“应收款管理”|“账表管理”|“业务账表”|“业务余额表”选项，打开“应收余额表”窗口，如图4-70所示。

应收余额表

币种:

期间: 2022 . 1 − 2022 . 1

客户编码	客户名称	期初	本期应收	本期收回	余额	周转率	周转天数
		本币	本币	本币	本币	本币	本币
K001	凯图股份有限公司	0.00	28,250.00	0.00	28,250.00	2.00	15.00
(小计)…		0.00	28,250.00	0.00	28,250.00		
K002	天地有限责任公司	0.00	77,462.00	0.00	77,462.00	2.00	15.00
(小计)…		0.00	77,462.00	0.00	77,462.00		
K004	碧兴有限责任公司	87,462.00	-3,037.20	100,000.00	-15,575.20	-0.08	-375.00
(小计)…		87,462.00	-3,037.20	100,000.00	-15,575.20		
K005	伟力有限责任公司	85,428.00	281,144.00	281,144.00	85,428.00	3.29	9.12
(小计)…		85,428.00	281,144.00	281,144.00	85,428.00		
总计		172,890.00	383,818.80	381,144.00	175,564.80		

图4-70　“应收余额表”窗口

(11) 单击“财务会计”|“应收款管理”|“账表管理”|“业务账表”|“对账单”选项，打开碧兴公司的“应收对账单”窗口，如图4-71所示。

应收对账单

币种:　全部

期间:　1 − 1

年	月	日	客户编码	凭证号	客户名称	摘要	订单号	发货单	出库单	单据类型	单据号	币种	本期应收本币	本期收回本币	余额本币	到期日
			K004		碧兴有限责任公司	期初余额									87,462.00	
2022	1	17	K004	记-0011	碧兴有限责任公司	销售专用发票	0000000002	0000000002	0000000001	销售专...	0000000004	人民币	63,799.80		151,261.80	2022-01-17
2022	1	20	K004	记-0015	碧兴有限责任公司	收款单				收款单	0000000002	人民币		100,000.00	51,261.80	2022-01-20
2022	1	30	K004	记-0016	碧兴有限责任公司	现结		0000000006	0000000006	销售专...	0000000007	人民币	10,625.00		61,886.80	2022-01-20
2022	1	30	K004	记-0019	碧兴有限责任公司	并账				并账	BZAR000...	人民币	-77,462.00		-15,575.20	2021-11-11
			(K00...										-3,037.20	100,000.00	-15,575.20	
合...													-3,037.20	100,000.00	-15,575.20	

图4-71　碧兴公司的“应收对账单”窗口

(12) 将账套备份至“D:\222账套备份\任务12备份”文件夹中，以便完成接下来的任务。

拓展任务

(1) 在“销售单据列表”中可以查询到哪些单据？

(2) 在“销售明细表”中是否可以查到退货的情况？

(3) 在哪个功能中可以查询到“销售日报”？

(4) 如何根据发货单预估毛利？

(5) 在“进销存统计表”中可以查询到哪些信息？

(6) 销售发票能否根据销售订单生成？

(7) 在“销售明细表”中可以查询到哪些信息？

(8) 在“客户往来明细账”中可以查询到哪些信息？

(9) 了解应收账款的状况对企业信用的影响。

第5章 库存管理

功能概述

存货是指企业在生产经营过程中为销售或耗用而储存的各种资产，包括商品、产成品、半成品、在产品及各种材料、燃料、包装物、低值易耗品等。存货是企业的一项重要流动资产，其价值在企业流动资产中占有很大的比重。适量的存货是保证企业生产经营顺利进行的必要条件。

库存管理的主要任务是通过对企业存货进行管理，正确计算存货购入成本，促使企业努力降低存货成本；反映和监督存货的收发、领退和保管情况；反映和监督存货资金的占用情况，促进企业提高资金的使用效果。

库存管理系统主要提供对企业库存业务全流程的管理，为企业管理人员提供一个在新的市场竞争环境下，使资源合理应用，提高经济效益的库存管理方案，满足当前企业利用计算机进行库存管理的需求。企业可以根据本单位实际情况构建自己的库存管理平台。

库存管理系统的主要功能是有效管理库存商品，对存货进行入库及出库管理，并有效地进行库存控制，实时进行库存账表查询及统计分析，满足采购入库、销售出库、产成品入库、材料出库、其他出入库等业务需要，并且提供仓库货位管理、批次管理、保质期管理、不合格产品管理、现存量管理、条形码管理等业务的全面功能应用，适合于各种类型的工商业企业，如制造业、医药、食品、批发、零售、批零兼营等。库存管理系统的主要功能如下。

- 采购入库：处理采购入库、退货业务的审核操作。
- 销售出库：管理销售出库、退库业务，在启用销售管理系统的情况下，可以根据发票或发货单生成销售出库单。
- 其他入库：处理采购业务以外的各种业务，如盘盈入库、调拨入库、组装拆卸入库、形态转换入库等其他入库业务。
- 其他出库：处理销售出库以外的各种业务，如盘亏出库、调拨出库、组装拆卸出库、形态转换出库等其他出库业务。
- 产成品入库：处理工业企业的产成品入库、退回业务。
- 材料出库：处理工业企业的领料、退料业务，并可实现配比出库。
- 调拨：处理仓库间的实物移动和分销意义上的仓库分配、调拨业务。
- 盘点：可以按仓库、批次进行盘点，并根据盘点表自动生成盘盈入库单、盘亏出库单，调整库存账。

- 对账：进行库存系统内部对账、库存系统与核算系统对账、库存台账和货位卡片核对。
- 账表管理：可以根据企业的实际需要自定义账表的输出格式和输出内容，自行定义账表名称并保存。
- 账簿查询及分析：可以实时查询出入库流水账、库存入账、批次台账、存货结存表、批次结存表、收发存汇总表及批次汇总表等。

主要任务

学习库存管理系统中库存业务的处理流程，掌握出入库单据，如销售出库、产品入库、材料出库、采购入库、其他出入库业务等的工作原理、操作方法，以及库存账表的查询方法等。能够审核采购入库单、销售出库单；填制并审核材料出库单、产品入库单、其他出入库单等。

了解库存账表的查询方法，库存管理系统控制参数对日常业务处理的影响。

思政园地

在信息化环境下，通过库存管理系统，我们应能够及早掌握库存状况，以便对库存过剩、库存短缺状况出现时进行及时处理，能够对库存管理工作进行全方位的统筹与安排，使企业降低存货成本，履行节约，注重环保。在执行库存管理业务时，一定要细致、认真，保持高度的责任心，养成严谨的工作作风。

5.1 库存管理的业务流程

5.1.1 库存管理的核算流程

库存管理的核算流程主要包括库存初始设置、库存日常业务处理和库存期末处理，如图5-1所示。

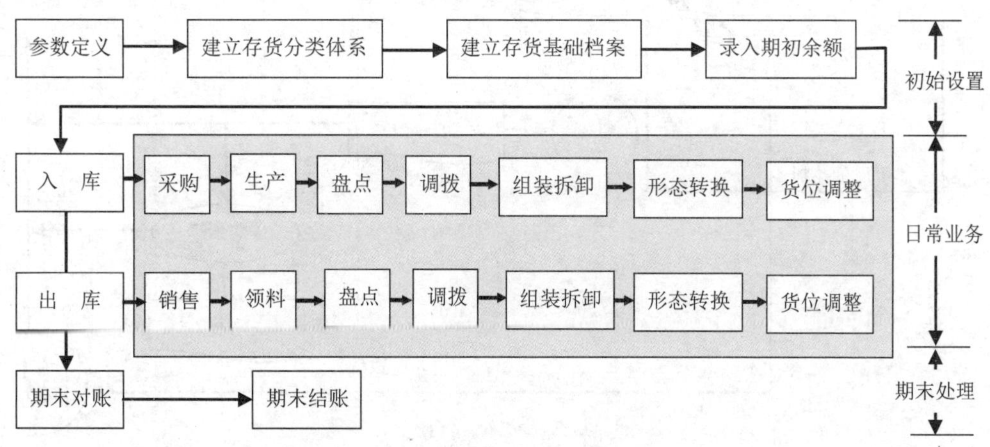

图5-1 库存管理的核算流程

库存管理初始设置包括库存系统参数的定义、库存分类体系及基础档案的建立、库存期初余额的录入。库存参数定义的意义十分重要，参数的定义决定整个库存管理系统的业务处理流程。存货分类体系和库存基础档案包括存货分类定义、存货档案录入、仓库定义、货位定义、收发类别定义等。期初启动库存需要录入存货的期初数据，期初数据的录入主要包括：期初存货的数量、金额，存货的仓库、货位，存货的入库时间，存货的批号等信息，存货的期初数据录入以后必须要与其他模块进行对账，以保证相同数据在不同模块的衔接性。

库存日常核算主要包括采购、销售、生产、领料、盘点、调拨、组装拆卸、形态转换、货位调整等入库和出库处理。每种出入库都对应一定的出入库单据，如采购入库单、销售出库单等。这些单据有些是在库存系统内部填写的，如盘点单、调拨单等；而有些是其他模块传递过来的，如采购入库单、生产入库单等。

库存期末处理包括期末对账、期末结账。

5.1.2 库存管理的业务流程及与其他系统的联系

库存业务大体来说可以分为出库和入库。库存业务流程及与其他系统的关系如图5-2所示。

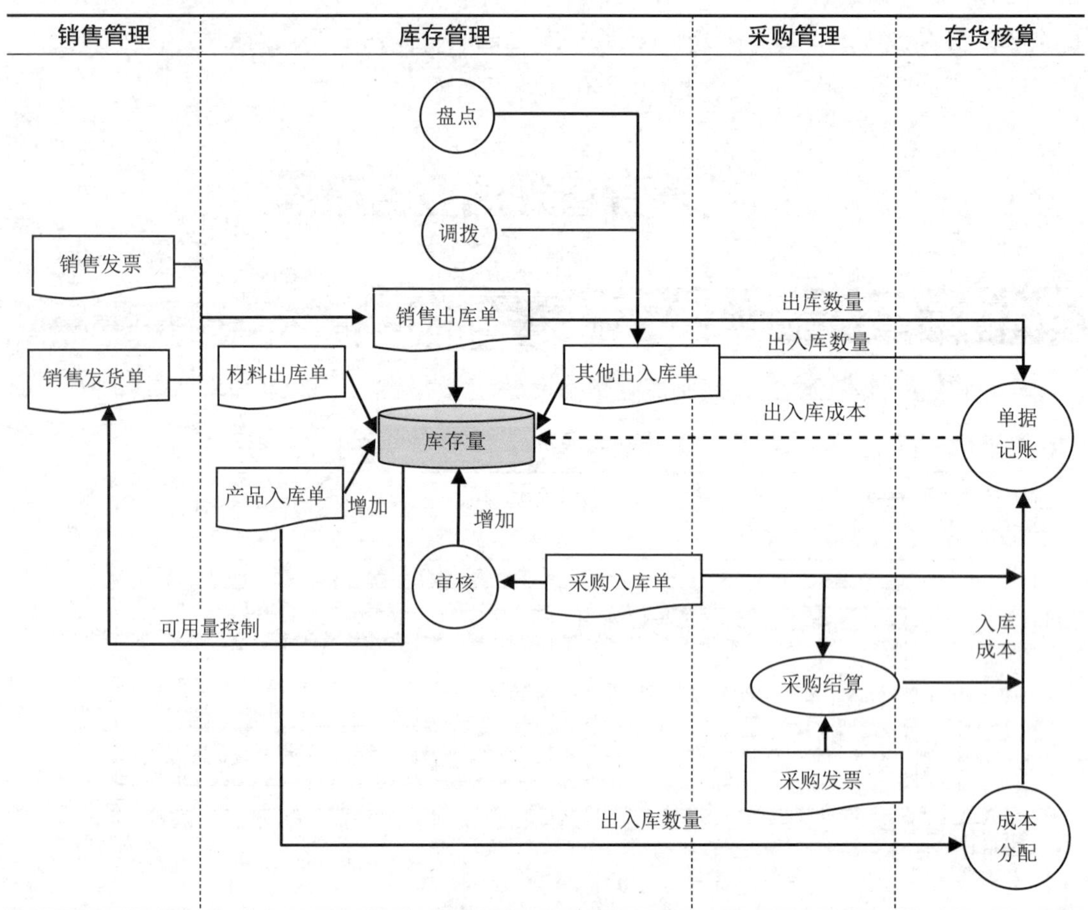

图5-2 库存业务流程及与其他系统的关系

库存管理系统是“用友ERP-U8企业管理软件”的组成部分之一，也是其基础部分，该系统与采购管理、销售管理、存货核算等系统有紧密的联系，可以协同工作。

- 对采购系统根据到货单、发票生成采购入库单并进行审核确认。
- 对销售系统根据发货单、发票生成销售出库单并进行审核确认。
- 为存货核算系统提供各种出入库单据。
- 为销售系统提供存货的详细存储信息，可提供各仓库、各存货、各批次的结存情况。

5.2 初始设置

在供应链基础设置完成后，可根据企业的实际需要，具体设置库存业务的业务范围，录入有关的期初数据并进行期初记账处理。

5.2.1 业务处理控制参数

为了满足通用软件能够适应不同业务的需要，在初始化时可以对库存业务处理进行限定，进行业务处理控制参数的设置。

1. 有无组装拆卸业务

某些企业的某些存货既可单独出售，又可与其他存货组装在一起销售。例如，计算机销售公司既可将显示器、主机、键盘等单独出售，又可按客户的要求将显示器、主机、键盘等组装成计算机销售，这时就需要对计算机进行组装；如果企业库存中只存有组装好的计算机，但客户只需要买显示器，此时又需将计算机进行拆卸，然后将显示器卖给客户。

如果没有设置组装拆卸业务，系统就不能执行“其他业务”下的“组装”“拆卸”业务，也不能查询“组装拆卸汇总表”。

2. 有无形态转换业务

由于自然条件或其他因素的影响，某些存货会由一种形态转换成另一种形态。例如，煤块由于风吹、雨淋，天长日久变成了煤渣，活鱼由于缺氧变成了死鱼等，从而引起存货规格和成本的变化。因此，库存管理员需根据存货的实际状况填制形态转换单或叫作规格调整单，报请主管部门批准后进行调账处理。

如果没有设置形态转换业务，则不能执行“其他业务”下的“形态转换”业务，也不能查询“形态转换汇总表”。

3. 有无批次管理

批次管理指对存货的收发存进行批次跟踪，可统计某一批次所有存货的收发存情况或某一存货所有批次的收发存情况。如果要求管理存货的保质期或对供货单位进行跟踪，即查询该存货每个供应商供应了多少货物、销售了多少、退货了多少、库中结存多少等信息，可通过批次管理实现，以便考核供应商的供货质量或商品的畅滞情况。

设置有批次管理时，可在“存货档案”中设置批次管理存货，可查询“批次台账”“批次存货汇总表”“存货批次汇总表”。

4. 有无成套件管理

有些存货既是单独的商品(可单独销售)，又是其他商品的组成件(可随同其他商品一起销售)。例如，“计算机主机+显示器”就是一个成套件，即计算机主机和显示器分别是独立的存货，既可单独销售，又可以“计算机主机+显示器”组成件成套销售。

设置有成套件管理时，可在“存货档案”中设置某存货为成套件；可设置“其他设置”中的“成套件”档案；“收发存汇总表”“业务类型汇总表”“收发类别汇总表”可按成套件展开统计。

5. 是否允许超可用量出库

当出库数量大于存货的结存数量时，仍然出库，就是超现存量出库，也就是通常所说的零出库。

6. 是否需要最高最低库存控制

该选项指单据录入时，如果存货当前现存量小于最低库存量或大于最高库存量，是否需要系统报警。若设置了最高最低库存报警，则业务中所有单据录入时，如果存货当前现存量小于最低库存量或大于最高库存量，系统将报警。

7. 是否允许超限额领料

该选项指限额领料单的累计出库数是否可以超过出库计划数。若允许则分单出库，对超过计划的材料不报警；若不允许报警则系统提示超过计划领料数，应修改出库数量。

8. 是否库存系统生成销售出库单

该选项主要影响库存系统与销售系统集成使用的情况。如果选择“库存系统生成销售出库单”，则销售发货单或销售发票在销售系统中审核时，不自动生成销售出库单到库存系统，而是在库存系统中根据销售发货单或销售发票生成销售出库单；如果不选择该选项，则销售发货单或销售发票在销售系统中审核时，自动生成销售出库单传到库存系统。

9. 库存可用量的计算方法

可用量的计算方法是库存出入库及销售发货时是否允许零出库的计算依据。系统根据现存量、预计入库量、预计出库量等参数，设置了可用量的计算公式。

预计可用量=现存量-冻结量+预计入库量-预计出库量

其中，预计入库量、预计出库量有多种选择，企业可以根据自己的实际情况选择。

❖ 提示：

- ✧ 现存量指仓库的实际库存量。
- ✧ 预计入库量指已开具的红字发货单或发票等待入库，但实物并未入库的一些情况的数量。
- ✧ 预计出库量指已开具发货单或发票等待出库，但实物并未出库的一些情况的数量。

5.2.2 录入库存期初数据

1. 录入期初数据

在完成库存管理系统的参数设置后，可以根据企业的实际情况录入有关的期初数据并进行期初记账。初次使用时应先输入全部存货的期初余额，以保证其数据的连贯性。如果是第一次使用库存管理系统，必须使用此功能输入各存货期初数据。如果系统中已有上年的数据，在进行上年结转后，上年各存货结存将自动结转到本年。

如果库存管理系统和存货核算系统同时使用，在第一次录入期初数据之前，应将库存的结存数与存货核算的结存数核对一致后，统一录入。通常库存管理系统中的期初数据是与存货核算系统共用的。

库存管理系统的期初数据录入一般包括存货编码或名称、计量单位、数量、单价、入库日期、供货单位和失效日期等内容。

2. 期初记账

由于库存与存货共用期初库存数据，当有关的库存期初数据录入完毕后，应执行按仓库的批量审核处理，这样才能登记库存台账的库存期初数据。在存货核算系统需要进行期初记账时，将录入的各仓库的期初数据记入库存明细账等账簿中，只有在期初数据记账后才能开始处理存货的日常业务。

如果第一次使用库存管理系统，没有期初数据可以不录入，但也必须在存货核算中进行期初记账。如果期初数据是由“结转上年”得来的，结转上年后已是期初记账后状态，则无须进行期初记账。

❖ 提示：

- ✧ 期初数据记账是针对所有仓库的期初数据进行记账的操作。因此在进行期初数据记账前，必须确认各仓库的所有期初数据录入完毕并且正确无误，再进行期初记账。
- ✧ 通常库存管理系统与存货核算系统的初始数据完全一致，既可以在库存管理系统中设置，也可以在存货核算系统中设置。存货核算系统全部共享库存管理系统的数据，无须重新设置。

5.3 入库业务

仓库收到采购、生产完成等验收入库的货物，由仓库保管员验收货物的数量、质量、规格型号，确认验收无误后入库，并登记库存台账，这个过程叫作入库。入库是仓库对所收到的货物的确认，反映为库存的现存量增加。入库业务示意图如图5-3所示。

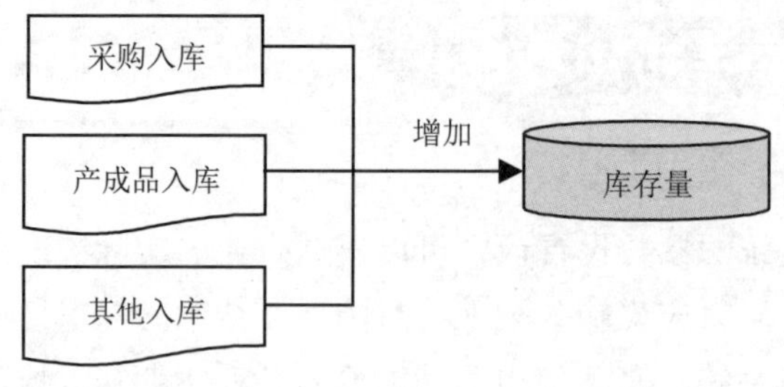

图5-3　入库业务示意图

入库主要包括采购入库、产成品入库、其他入库。采购入库是采购物料形成的入库。产成品入库指企业自行生产的产成品形成的入库。其他入库指除采购和生产入库外的入库业务，主要包括调拨入库、盘盈入库、组装拆卸入库、形态转换入库等业务。

5.3.1　采购入库单

对于工业企业，采购入库单一般指采购原材料验收入库时所填制的入库单据；对于商业企业，一般指商品进货入库时填制的入库单。无论是工业企业还是商业企业，采购入库单是企业入库单据的主要部分，因此，在本系统中，采购入库单也是日常业务的主要原始单据之一。

如果库存系统和采购系统集成使用，则采购入库单由库存管理员在库存系统中录入，并在库存管理系统中对采购入库单进行审核确认。仓库在办理完入库手续后，即可对采购入库的入库单进行审核确认。

采购入库单录入的时候可以只录入数量，在与采购发票的采购价格结算以后，确认采购成本。

采购入库单应在库存系统中填制并进行审核，最后还要传递到存货核算系统中进行单据记账等处理。采购入库业务中采购入库单的业务处理流程如图5-4所示。

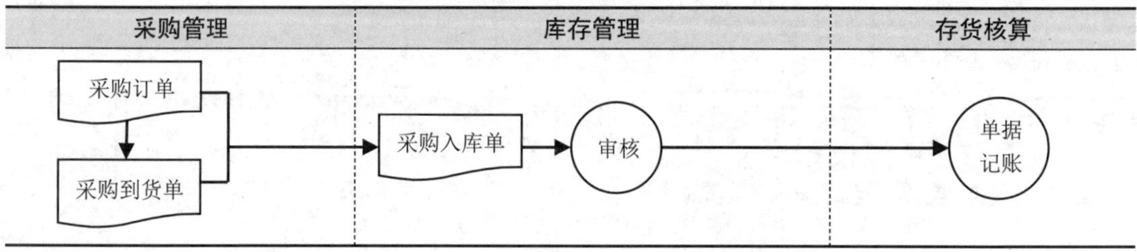

图5-4　采购入库单的业务处理流程

5.3.2　产成品入库单

对于工业企业，产成品入库单一般是指在产成品验收入库时，所填制的入库单据。产成品入库单是工业企业入库单据的主要部分。只有工业企业才有产成品入库单，商业企业没有此单据。

产成品入库单录入时可以只输入产成品入库的数量而没有金额。如果和存货核算系统集成使用，产品的金额需要经过成本计算得出，在得知产品总成本的基础上可以使用“产成品成本分配”的功能自动计算分配产品成本。

产成品入库单应在库存系统中填制并审核，然后传递到存货核算系统中进行成本计算及单据记账等处理。产成品入库业务中产成品入库单的业务处理流程如图5-5所示。

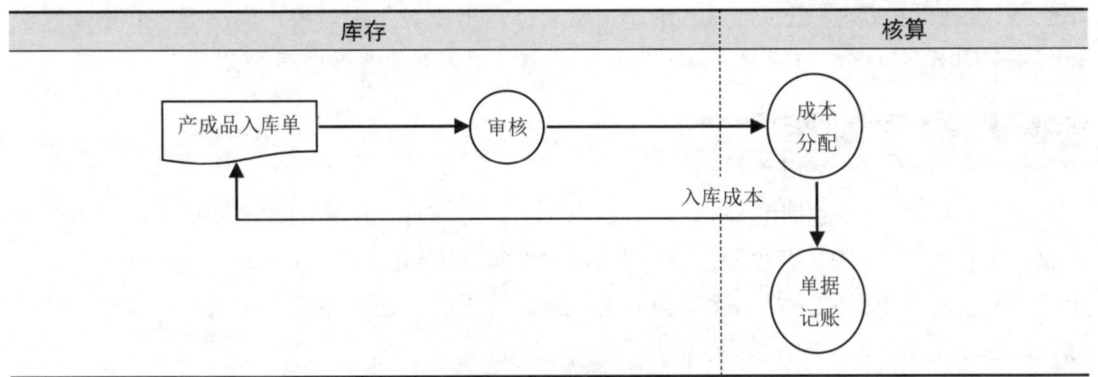

图5-5 产成品入库单的业务处理流程

5.3.3 其他入库单

其他入库单是指除采购入库、产成品入库之外的其他入库业务，主要包括调拨入库、盘盈入库、组装拆卸入库、形态转换入库等业务形成的入库单。其他入库单一般由系统根据其他业务单据自动生成，也可以手工填制。这里我们介绍手工填制的其他入库单，调拨、盘点等业务参见第5.5节的内容。

其他入库单应在库存系统中填制并审核，然后传递到存货核算系统进行单据记账等处理。其他入库单的业务处理流程如图5-6所示。

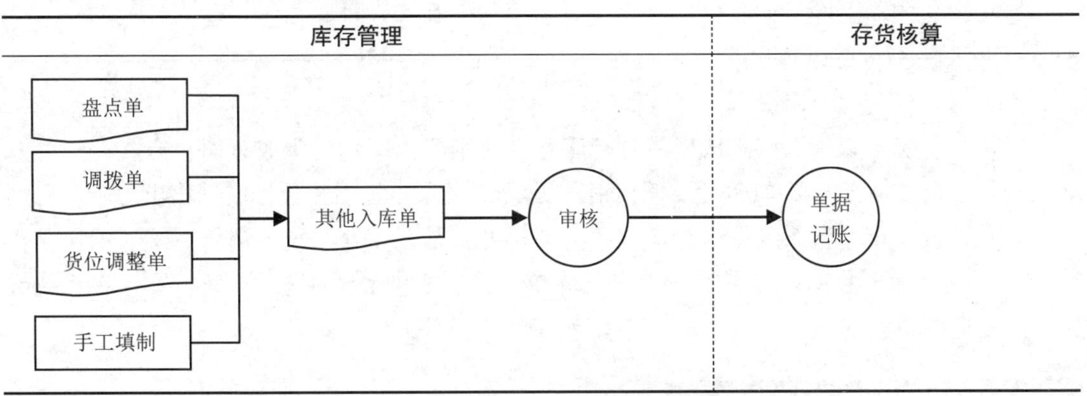

图5-6 其他入库单的业务处理流程

5.4 出库业务

仓库用于销售和生产领料等业务，由仓库保管员根据发货的数量、质量、规格型号，确认无误后办理出库手续，并登记库存台账，这个过程叫作出库。出库是对仓库发出的货物的确认，反映为库存的现存量减少。

出库主要包括销售出库、材料出库、其他出库。销售出库是销售产品形成的出库。材料出库指企业由于生产领用原材料形成的出库。其他出库指除销售和材料出库外的其他出库业务，主要包括调拨出库、盘亏出库、组装拆卸出库、形态转换出库等业务。出库时必须有相应的出库单据，出库单可以手工增加，也可以由其他业务自动生成。

5.4.1 销售出库单

对于工业企业，销售出库单一般指产成品销售出库时，所填制的出库单据；对于商业企业，一般指商品销售(包括受托代销商品)出库时填制的出库单。无论是工业企业还是商业企业，销售出库单都是企业出库单据的主要部分，因此，在本系统中，销售出库单也是进行日常业务处理和记账的主要原始单据之一。

如果库存管理系统和销售系统集成使用，则销售出库单是根据销售发货单(包括委托代销发货单)或发票自动生成，也可以手工填制；如果库存管理系统没有和销售系统集成使用，销售出库单就需由库存管理员在此录入。

销售出库单在填制完成后还需要进行审核，才能传递到存货核算系统进行单据记账等处理。销售出库业务中销售出库单的业务处理流程如图5-7所示。

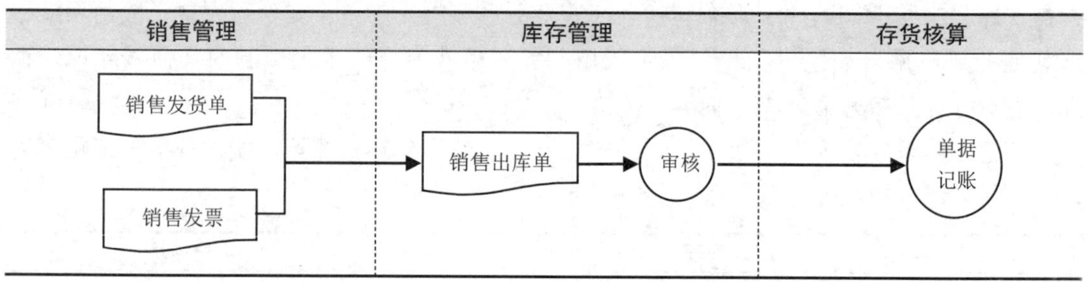

图5-7　销售出库单的业务处理流程

当库存系统与销售系统集成使用时，库存系统销售出库单的生成有两种方式：一种方式是销售系统的销售发货单(包括委托代销发货单)或发票审核后直接生成销售出库单，自动传到库存系统，在库存系统中进行审核；另一种方式是在库存系统由销售系统的销售发货单(包括委托代销发货单)或发票生成销售出库单。企业要采用哪种方式，可以在库存系统或销售系统选项中设置。

5.4.2 材料出库单

材料出库单是工业企业领用材料时所填制的出库单据。材料出库单是工业企业出库单据的主要部分，因此，在本系统中，其也是进行日常业务处理和记账的主要原始单据之一。只有工业企业才有材料出库单，商业企业没有此单据。

材料出库单在填写时可以只填制出库数量，在库存系统中审核并经过存货核算系统的单据记账或期末处理后，系统自动计算材料出库成本。

材料出库单应在库存系统中填制并审核，然后传递到存货核算系统进行单据记账等操作。材料出库单的业务处理流程如图5-8所示。

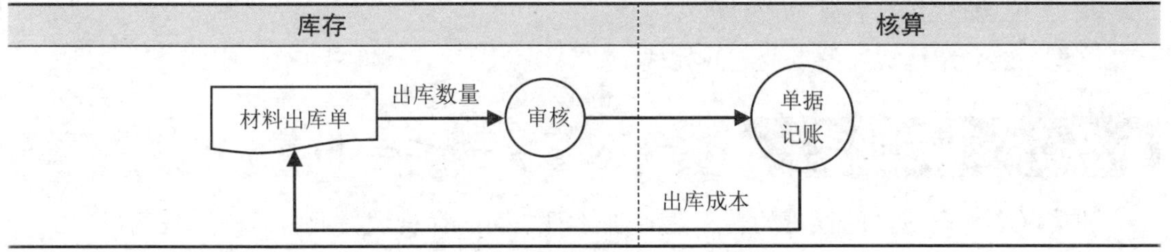

图5-8 材料出库单的业务处理流程

5.4.3 其他出库单

其他出库单是指除销售出库、材料出库外的其他出库业务，如调拨出库、盘亏出库、组装拆卸出库、形态转换出库等。其他出库业务可以由调拨、盘点、组装拆卸等业务自动生成，也可以手工填制，这里我们介绍手工填写的方法。其他出库单的业务处理流程如图5-9所示。

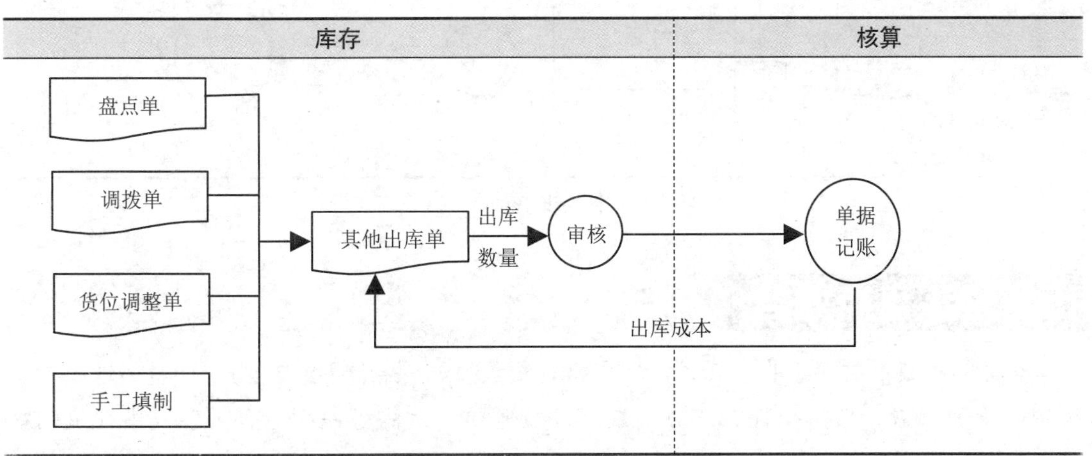

图5-9 其他出库单的业务处理流程

5.5 其他库存业务

其他库存业务指的是除采购、销售、生产、领料外的其他所有库存业务，这里主要包括盘点、调拨、组装、拆卸、形态转换、货位调整等。

- 盘点是库存管理的重要内容，是指企业对库存实物定期或不定期进行盘存，以检查库存的实际保存量，查明原因，追究责任，改善和提高库存管理水平。
- 调拨是指库存在仓库和部门之间的调拨业务。
- 组装指将多个散件组装成一个配套件的过程。
- 拆卸指将一个配套件拆卸成多个散件的过程。

❍ 形态转换是指由于自然条件或其他因素的影响，某些存货会由一种形态转换成另一种形态。

❍ 货位调整用于调整存货的货位。

这里主要介绍调拨和盘点业务的处理。

5.5.1 调拨业务

调拨单用于仓库之间存货的转库业务或部门之间的存货调拨业务。同一张调拨单上，如果转出部门和转入部门不同，则表示为部门之间的调拨业务；如果转出部门和转入部门相同，但转出仓库和转入仓库不同，则表示为仓库之间的转库业务。调拨业务的处理流程如图5-10所示。

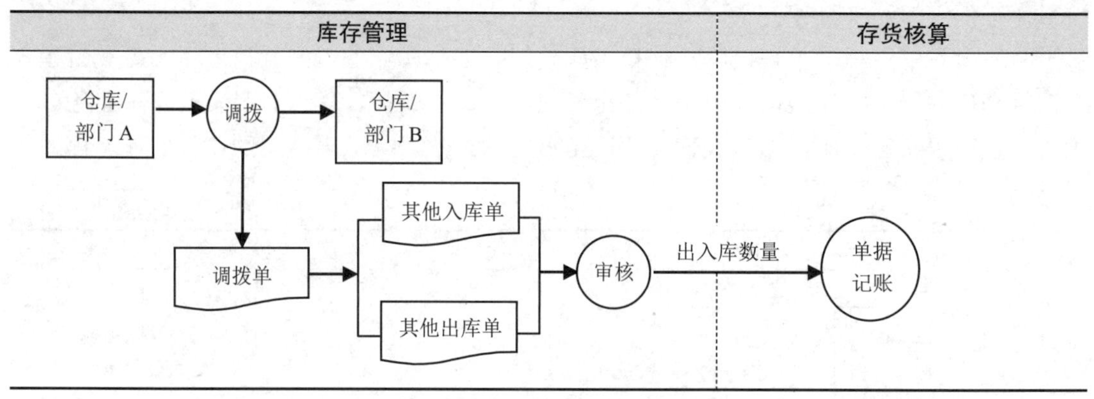

图5-10 调拨业务的处理流程

5.5.2 盘点业务

企业的存货品种多、收发频繁，在日常存货收发、保管过程中，由于计量错误、检验疏忽、管理不善、自然损耗、核算错误，以及偷窃、贪污等原因，有时会发生存货的盘盈、盘亏和毁损现象，从而造成存货账实不相符。为了保护企业流动资产的安全和完整，做到账实相符，企业必须对存货进行定期或不定期的清查：确定企业各种存货的实际库存量，并与账面记录相核对，查明存货盘盈、盘亏和毁损的数量及造成的原因，并据以编制存货盘点报告表，按规定程序，报有关部门审批。

存货盘盈、盘亏和毁损，在查明原因、分清责任、按规定程序报经有关部门批准后，应进行相应的账务处理，调整存货账的实存数，使存货的账面记录与库存实物核对相符。

存货盘点报告表是证明企业存货盘盈、盘亏和毁损，据以调整存货实存数的书面凭证，经企业领导批准后，即可作为原始凭证入账。但是，存货的盘盈、盘亏和毁损必须按规定程序报经有关部门批准后才能进行处理。未批准前，只能先到账，即根据存货盘点报告表所列盈亏数，先结转“待处理财产损溢”；批准后，再根据盈亏的不同原因和不同处理结果，做进一步的账务处理。

本功能提供两种盘点方法：按仓库盘点和按批次盘点。此外还可对各仓库或批次中的全部或部分存货进行盘点，盘盈、盘亏的结果可自动生成出入库单。盘点的业务处理流程如图5-11所示。

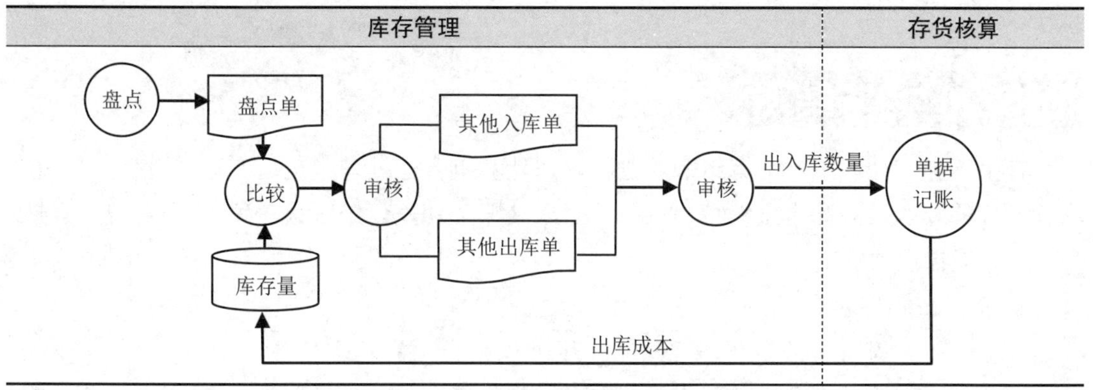

图5-11 盘点的业务处理流程

5.6 月末业务

月末业务主要包括账表查询和分析及月末结账。

5.6.1 账表查询

日常核算的结果必须通过查询才能得出存货管理的有效信息。存货的查询和分析是存货管理的重要内容，管理人员需要通过查询和分析功能及时了解每笔存货的收发存情况，以及存货的相关业务指标，为加强存货管理、提高存货周转率、降低库存资金占用、提高企业的经济效益提供依据。这里我们以典型的库存账簿为例，说明库存查询的操作和意义。

1. 出入库流水账

出入库流水账可查询任意时间段或任意情况下的存货出入库情况。输出的内容包括仓库、存货、入库数量、入库件数、入库单价、入库金额、出库数量、出库件数、出库单价、出库金额、收发类别、部门、业务员等所有单据上的项目。

2. 库存台账

本功能用于查询各仓库、各存货、各月份的收发存明细情况。库存台账是按存货(或存货+自由项)设置账页的，即一个存货一个账页，账页中输出的内容包括日期、单据号、摘要(摘要包括仓库、收发类别、业务类型、部门、业务员、制单人、审核人等信息)、换算率、入库件数、入库数量、出库件数、出库数量、结存件数、结存数量等。

3. 收发存汇总表

本功能用于反映各仓库、各存货、各种收发类别的收入、发出及结存情况。收发存汇总表是按仓库进行分页查询的，一页显示一个仓库的收发存汇总表。所有仓库的收发存汇总表通过汇总功能查询。收发存汇总表输出的内容包括仓库、存货、自由项、期初结存数量(件数)、各种入库类别的入库数量(件数)、各种出库类别的出库数量(件数)、期末结存数量(件数)。

5.6.2 月末结账

在手工会计处理中，都有结账的过程，在计算机会计处理中也应有这一过程，以符合会计制度的要求，因此本系统特提供了“月末结账”功能。结账只能每月进行一次。结账后本月不能再填制单据。

月末结账操作步骤如下。

(1) 单击“月末结账”，进入此功能，打开“结账”窗口。

(2) 单击“结账”按钮，系统开始进行合法性检查。

(3) 如果检查通过，系统立即进行结账操作，结账后结账月份的“已经结账”显示为“是”；如果检查未通过，系统会提示用户不能结账的原因。

任务导入

四方股份有限公司2022年1月开始使用“用友ERP-U8企业管理软件”进行库存业务的处理。其具体的分工为，由“YW01”进行库存系统初始化，由“YW04 周凡”完成所有库存业务的处理。

任务13　库存系统初始化

具体任务

- 设置库存系统的参数。
- 录入库存系统期初余额。
- 对库存系统期初余额进行记账处理。

案例

(1) 由业务主管“YW01 张思思”在2022年1月1日启动222账套的“用友U8”|“企业应用平台”系统。设置库存系统控制参数“通用设置”为“产成品入库审核时改现存量”及“库存生成销售出库单”，其他参数采用系统默认设置。

(2) 2022年1月1日，库存的期初数据如表5-1所示(注意，如果前面在做采购及销售业务时已经录入，这里就不需要录入了)。

表5-1 库存的期初数据

存货编号	存货名称	计量单位	数量	单价	金额	合计	仓库
H01	CHK	千克	38	6 615	251 370	347 022	原料库
H02	FDS	台	28	3 210	89 880		
H03	HYH	千克	481	12	5 772		
H04	12奇达	台	23	10 736	246 928	469 638	成品库
H05	12奇天	台	25	8 908.4	222 710		

业务处理过程

1. 设置库存系统的参数

设置库存系统的参数

操作步骤：

(1) 由业务主管“YW01 张思思”注册222账套登录“用友U8”|“企业应用平台”系统。

(2) 单击“供应链”|“库存管理”|“初始设置”|“选项”选项，打开“库存选项设置”对话框。

(3) 单击选中“产成品入库审核改现存量”(“修改现存量时点”项下)及“库存生成销售出库单”(“业务效验”项下)两个复选框，其他选项默认，如图5-12所示。

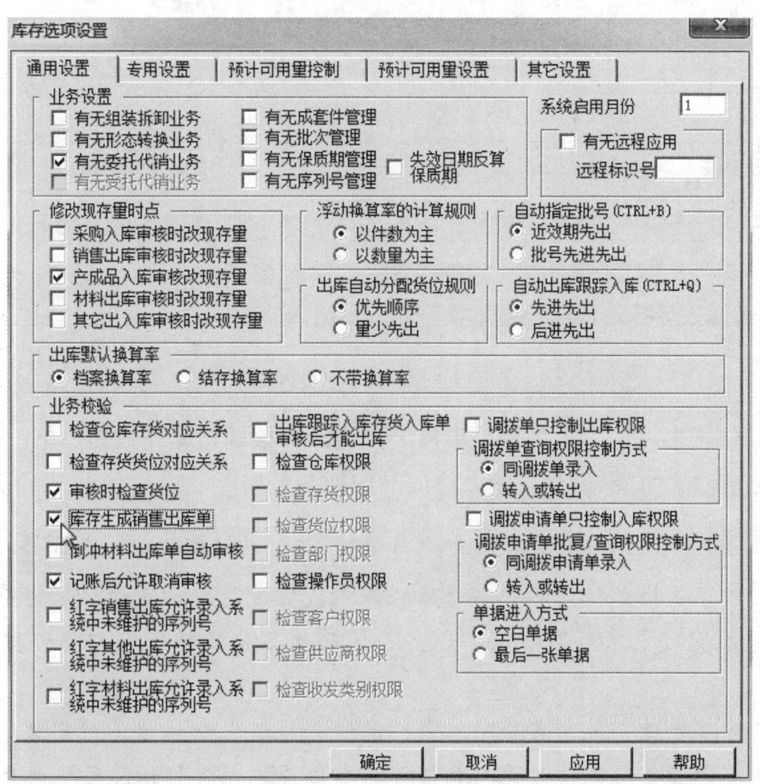

图5-12 库存系统参数

(4) 单击“应用”按钮。

(5) 单击“确定”按钮。

2. 录入库存系统期初余额并审核

录入库存期初余额并审核

操作步骤：

(1) 由业务主管“YW01 张思思”在“用友U8”|“企业应用平台”窗口中，单击“供应链”|“库存管理”|“初始设置”|“期初结存”选项，打开“库存期初”界面。

(2) 单击“仓库”栏下拉按钮，选择仓库为“原料库”，输入原材料的期初数据，如图5-13所示。

简易桌面 | 库存期初数据录入

库存期初　　仓库 (1)原料库

表体排序

	仓库	仓库编码	存货编码	存货名称	规格型号	主计量单位	数量	单价	金额
1	原料库	1	H01	CHK		千克	38.00	6615.00	251370.00
2	原料库	1	H02	FDS		台	28.00	3210.00	89880.00
3	原料库	1	H03	HYH		千克	481.00	12.00	5772.00
4									
5									
6									
7									
8									
9									
10									
11									
12									
13									
14									
15									
16									
17									
18									
19									
20									
合计							547.00		347022.00

图5-13　原料库的期初余额

(3) 单击“保存”按钮，再单击“审核”按钮，审核期初库存数据。单击“仓库”栏下拉按钮，选择仓库为“成品库”，输入产成品的期初数据。

❖ 提示：

- ✧ 期初数据审核是针对每一个仓库的期初数据进行期初库存台账的登记操作。因此，在录入完库存期初数据后，必须确认各仓库的所有期初数据全部审核完毕。
- ✧ 通常库存管理系统与存货核算系统的初始数据完全一致，因此既可以在库存管理系统中设置，也可以在存货核算系统中设置。存货核算系统共享库存管理系统的全部数据，无须重新设置。

(4) 将账套备份至“D:\222账套备份\任务13备份”文件夹中，以便完成接下来的任务。

拓展任务

(1) 存货的期初余额是否只能在库存管理系统中录入？

(2) 存货的期初余额是按存货的种类录入还是按仓库的种类录入？

(3) 在同一个仓库中的存货可以有不同的计价方法吗？

(4) 在库存系统中进行了期初余额的记账，可以在存货核算系统中取消期初的记账吗？

(5) 可以在同一个界面中查询到多个仓库的期初余额资料吗？

(6) 在库存系统的“系统参数设置”中，是否选中“是否库存系统生成销售出库单”对销售出库单的操作有何影响？

任务14 库存系统日常业务

具体任务

- 审核采购入库单。
- 审核“销售出库单”。
- 填制并审核产成品入库单。
- 对接受捐赠的原材料进行入库处理。
- 对捐赠产品进行出库处理。
- 对存货的盘点进行处理。

案例

(1) 本期的产品入库情况如下。

- 2022年1月15日，产品库完工入库“12奇达”12台。
- 2022年1月19日，产品库完工入库“12奇天”16台。

以上均已办理入库手续，没有发现质量问题。

(2) 2022年1月19日，企业接受上级集团企业捐赠的CHK 10千克，在原料库入库，检验后没有质量和数量问题，入库成本为6500元/千克。

(3) 2022年1月29日，企业向其他企业捐赠“12奇达”2台，从成品库发出，已经办理出库手续。

(4) 仓库对1月份采购的原材料办理入库手续，没有发现数量和质量问题，对采购系统生成的采购入库单进行审核。

(5) 生成“销售出库单”并审核。

(6) 2022年1月31日，企业组织对库存存货进行盘点，盘点结果如表5-2所示。

(7)了解库存管理人员要“廉洁自律、参与管理”的重要意义。

表5-2 企业组织对库存存货的盘点结果

仓库	存货编号	存货名称	计量单位	账面数量	盘点数量
原料库	H01	CHK	千克	30	30
	H02	FDS	台	10	10
	H03	HYH	千克	2 979	2 970

业务处理过程

1. 填制并审核产成品入库单

填制并审核产成品入库单

操作步骤：

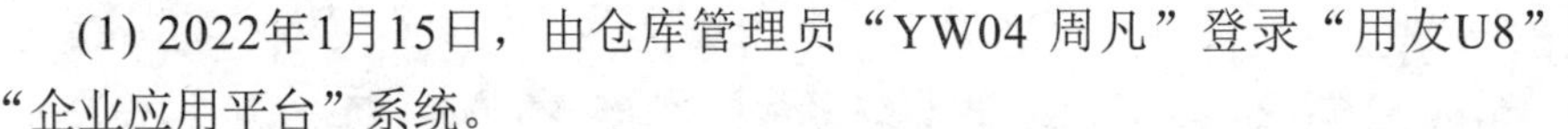
(1) 2022年1月15日，由仓库管理员“YW04 周凡”登录“用友U8”|“企业应用平台”系统。

(2) 单击“供应链”|“库存管理”|“入库业务”|“产成品入库单”选项，打开“产成品入库单”界面。

(3) 单击“增加”按钮。选择仓库为“成品库”，入库类别为“产成品入库”；在单据表体中输入产品名称为“12奇达”，数量为“12”，金额等其他项目暂时为空。

(4) 单击“保存”按钮，如图5-14所示。

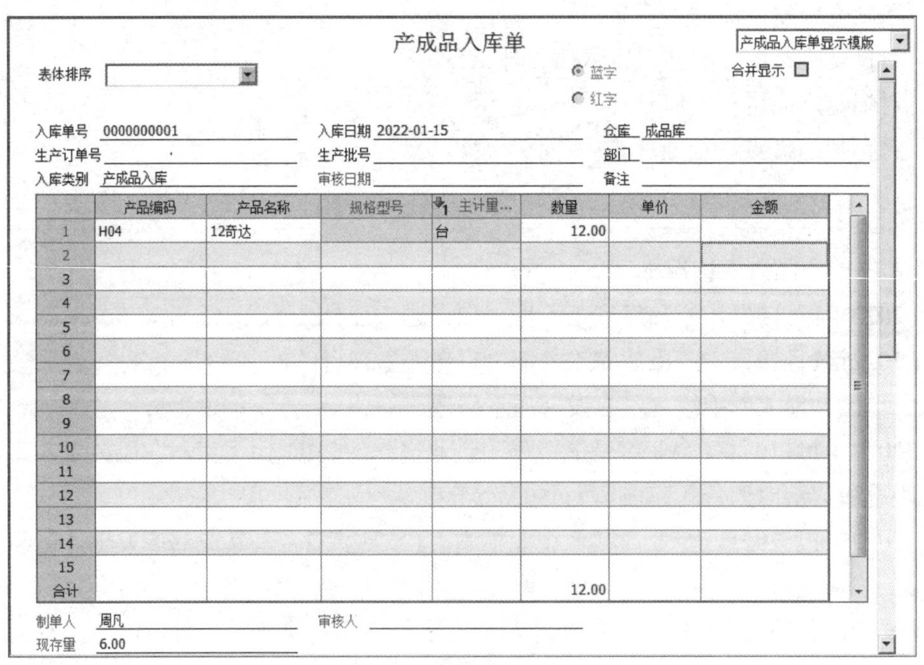

图5-14 保存后的产成品入库单

(5) 单击“审核”按钮，对该入库单进行审核。

(6) 根据上述步骤，继续处理第2笔产品入库业务。

(7) 由“YW01 张思思”对两张产成品入库单进行审核。审核后的第2张产成品入库单，如图5-15所示。

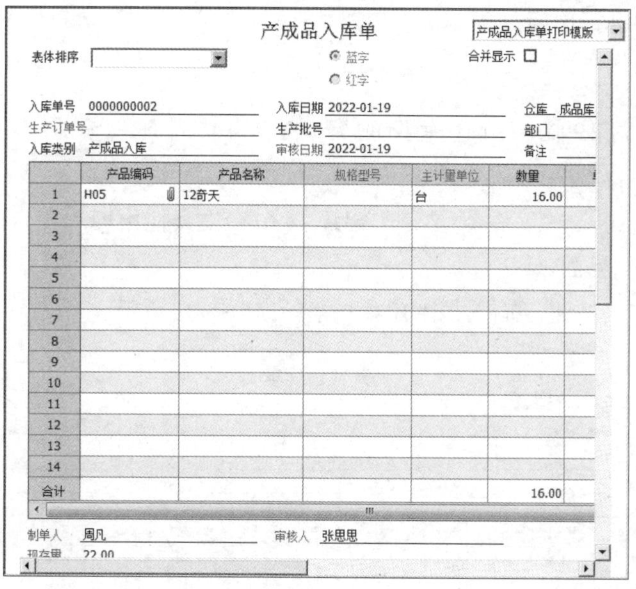

图5-15 审核后的产成品入库单

2. 对接受捐赠的原材料进行入库处理

对捐赠原材料进行入库处理

操作步骤：

(1) 2022年1月19日，由仓库管理员“YW04 周凡”登录“用友U8”|“企业应用平台”系统。

(2) 单击“供应链”|“库存管理”|“入库业务”|“其他入库单”选项，打开“其他入库单”界面。

(3) 单击“增加”按钮，录入其他入库单的相关单据内容。

(4) 单击“保存”按钮。

(5) 由“YW01 张思思”对该入库单进行审核，如图5-16所示。

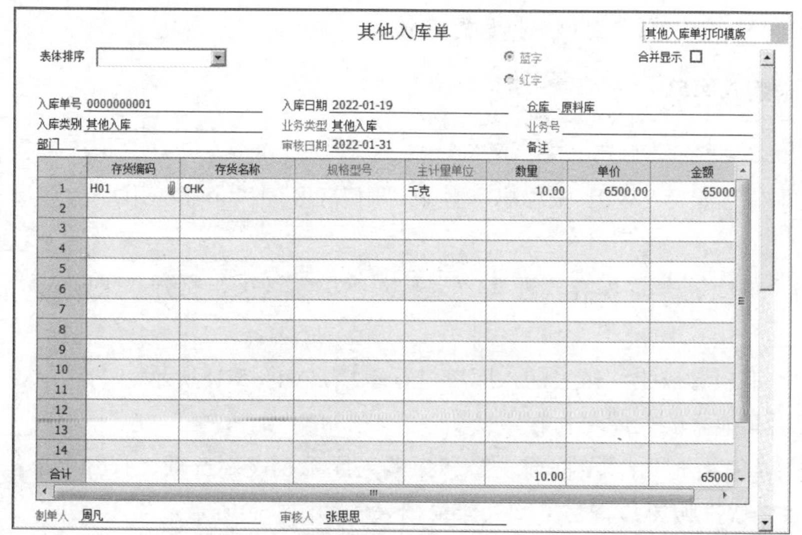

图5-16 其他入库单

3. 对捐赠产品进行出库处理

对捐赠产品进行出库处理

操作步骤：

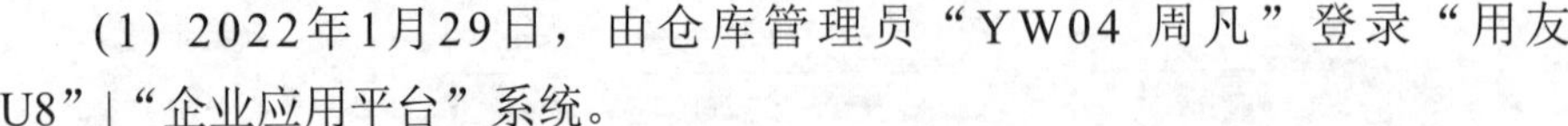

(1) 2022年1月29日，由仓库管理员“YW04 周凡”登录“用友U8”|“企业应用平台”系统。

(2) 单击“供应链”|“库存管理”|“出库业务”|“其他出库单”选项，打开“其他出库单”界面。

(3) 单击“增加”按钮，输入捐赠出库内容，如图5-17所示。

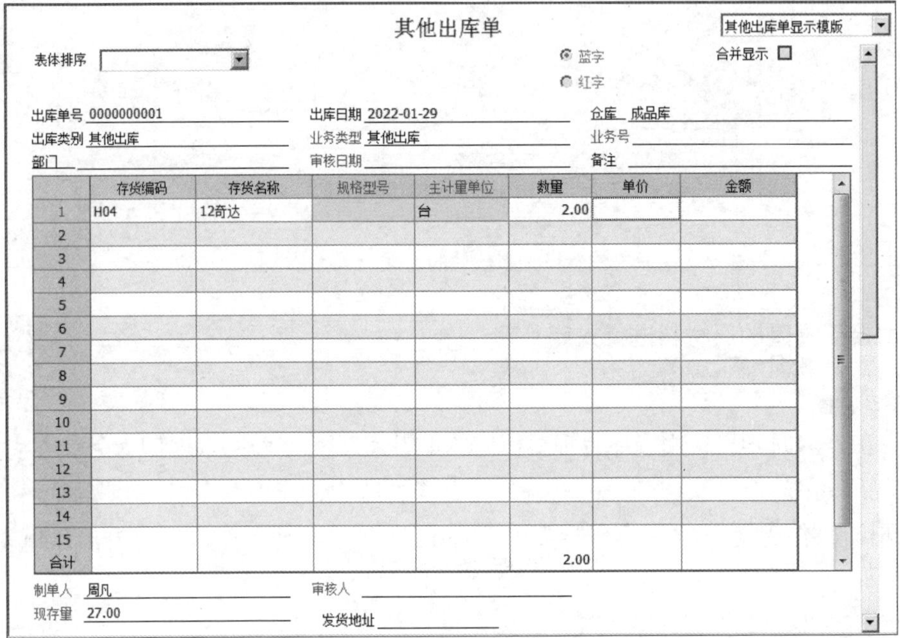

图5-17 其他出库单

(4) 单击“保存”按钮。

(5) 由“YW01 张思思”对该单据进行审核。

4. 审核采购入库单

审核采购入库单

操作步骤：

(1) 由仓库管理员“YW01 张思思”登录“用友U8”|“企业应用平台”系统。

(2) 单击“供应链”|“库存管理”|“采购入库单”选项，打开“采购入库单”界面。

(3) 单击“审核”按钮，对采购入库单进行审核，如图5-18所示。

(4) 继续对其他采购入库单执行审核。

(5) 单击“库存管理”|“单据列表”|“采购入库单列表”选项，打开“单据过滤条件”界面，单击“确认”按钮，查看采购入库单列表，如图5-19所示。

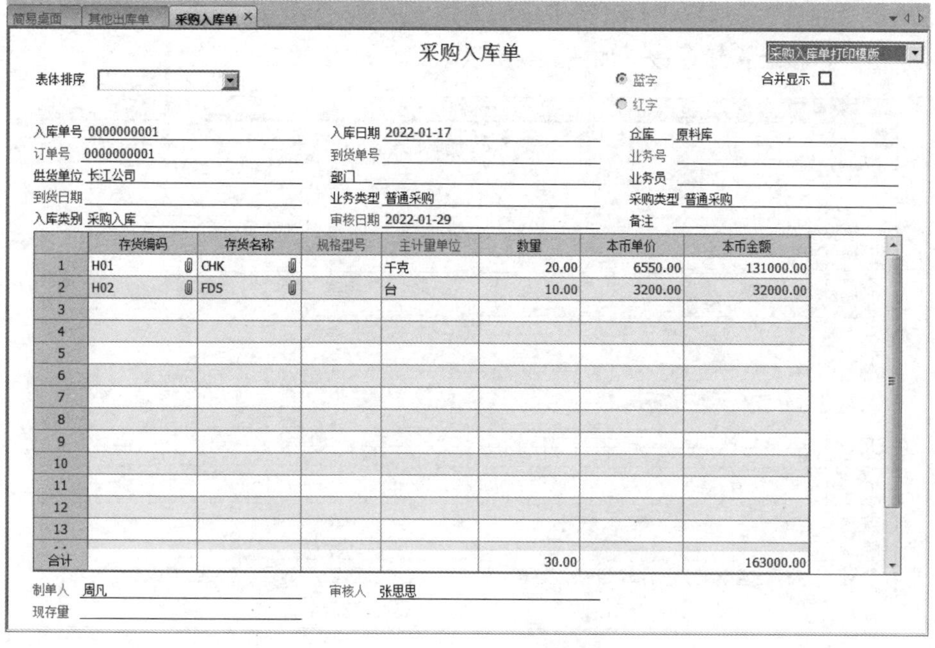

采购入库单

表体排序 　　　　蓝字　红字　　合并显示

入库单号 0000000001　入库日期 2022-01-17　仓库 原料库

订单号 0000000001　到货单号　业务号

供货单位 长江公司　部门　业务员

到货日期　业务类型 普通采购　采购类型 普通采购

入库类别 采购入库　审核日期 2022-01-29　备注

	存货编码	存货名称	规格型号	主计量单位	数量	本币单价	本币金额
1	H01	CHK		千克	20.00	6550.00	131000.00
2	H02	FDS		台	10.00	3200.00	32000.00
3							
4							
5							
6							
7							
8							
9							
10							
11							
12							
13							
合计					30.00		163000.00

制单人 周凡　审核人 张思思

现存量

图5-18　已审核的采购入库单

采购入库单列表

记录总数：4

选择	记账人	仓库	入库日期	入库单号	入库...	入库类别	供应商	制单人	审核人	存货编码	存货名称	主计量单位	数量	本币无税单价	本币无税金额
		原料库	2022-01-17	0000000001	11	采购入库	长江公司	周凡	张思思	H01	CHK	千克	20.00	6,550.00	131,000.00
		原料库	2022-01-17	0000000001	11	采购入库	长江公司	周凡	张思思	H02	FDS	台	10.00	3,200.00	32,000.00
		原料库	2022-01-17	0000000002	11	采购入库	美图公司	周凡	张思思	H03	HYH	千克	1,498.00	11.07	16,590.00
		原料库	2022-01-30	0000000003	11	采购入库	科丰公司	张帆	张思思	H03	HYH	千克	1,000.00	12.00	12,000.00
小计													2,528.00		191,590.00
合计													2,528.00		191,590.00

第：1/1页　页大小 30　转到页 1　确认　首页　上页　下页　末页

图5-19　采购入库单列表

❖ 提示：

✧ 若想撤销对当前单据的审核，可单击工具条上的“弃审”按钮。

✧ 库存系统中的审核含义比较广泛，通常可将实物的出入库作为单据审核的标志，即出入库单上的所有存货均办理了实物出库或入库手续后，对出入库单进行审核。

5. 审核销售出库单

审核销售出库单

操作步骤：

(1) 由仓库管理员“YW01 张思思”登录“用友U8”|“企业应用平台”系统。

(2) 单击“供应链”|“库存管理”|“出库业务”|“销售出库单”选项，打开“销售出库单”界面。

(3) 单击“翻页”按钮，打开待审核的销售出库单。

(4) 单击“审核”按钮审核，如图5-20所示。

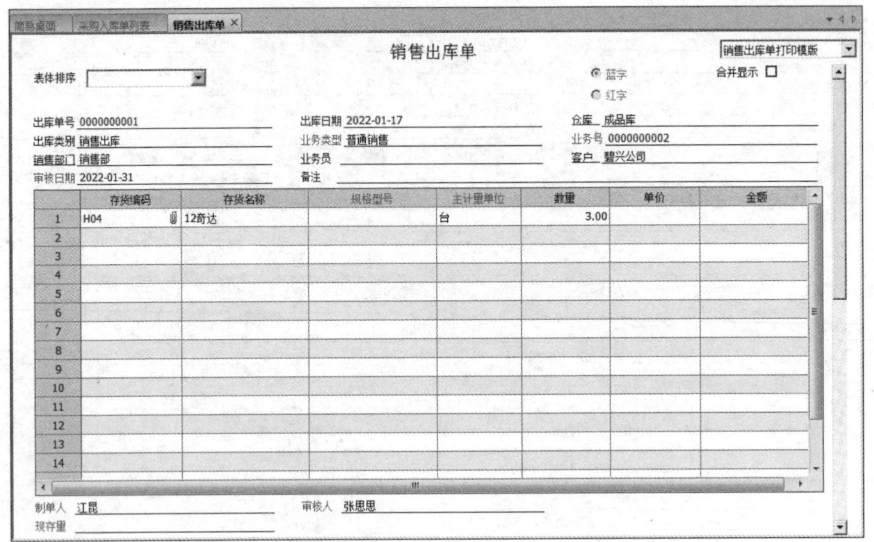

图5-20　已审核的销售出库单

(5) 继续审核其他销售出库单。

6. 对存货的盘点进行处理

操作步骤：

(1) 2022年1月31日，由仓库管理员“YW04 周凡”登录“用友U8”|“企业应用平台”系统。

对存货的盘点进行处理

(2) 单击“供应链”|“库存管理”|“盘点业务”选项，打开“盘点单”界面。

(3) 单击“增加”按钮，选择仓库为“原料库”，选择入库类别为“其他入库”，选择出库类别为“其他出库”。

(4) 单击“盘库”按钮，系统弹出“盘点将删除未保存的所有记录，是否继续？”提示框。

(5) 单击“是”按钮，系统自动显示该存货的当前账面数和默认的盘点数量，如图5-21所示。

❖ 提示：

一般企业在进行实物盘点之前，首先要将盘点的存货列在盘点表上，然后拿着盘点表去进行实物盘点。因此在进行实物盘点之前，需将空的盘点表打印出来。盘点时，将盘点的结果(即盘点数量及原因)记入盘点表中。这时利用“打表”功能，系统会将当前盘点表中除了账面数、盘点数和原因外的其他内容打印出来。

(6) 盘点结束后，根据盘点结果修改各存货的实际盘点数，系统自动计算盘盈盘亏数量，如图5-22所示。

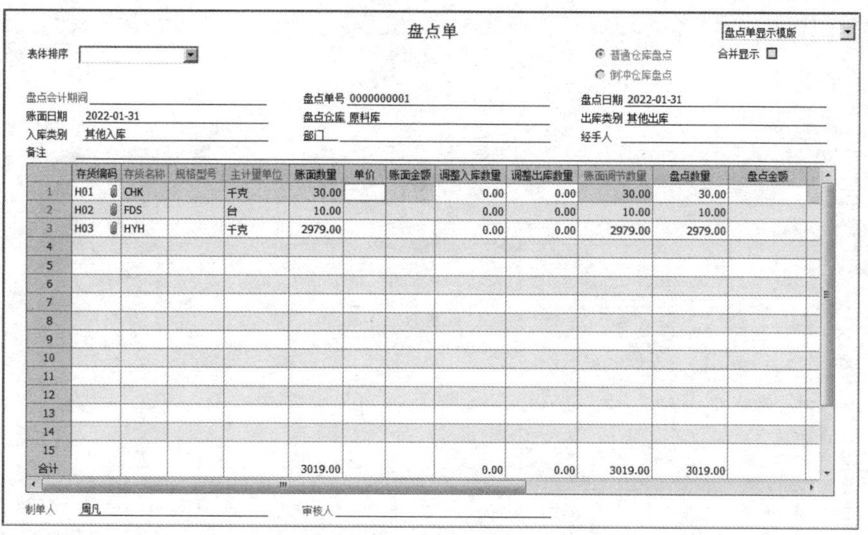

盘点单

盘点单显示模版

表体排序

◉ 普通仓库盘点　合并显示 □
○ 倒冲仓库盘点

盘点会计期间　　盘点单号 0000000001　　盘点日期 2022-01-31
账面日期 2022-01-31　　盘点仓库 原料库　　出库类别 其他出库
入库类别 其他入库　　部门　　经手人
备注

	存货编码	存货名称	规格型号	主计量单位	账面数量	单价	账面金额	调整入库数量	调整出库数量	账面调节数量	盘点数量	盘点金额
1	H01	CHK		千克	30.00			0.00	0.00	30.00	30.00	
2	H02	FDS		台	10.00			0.00	0.00	10.00	10.00	
3	H03	HYH		千克	2979.00			0.00	0.00	2979.00	2979.00	
4												
5												
6												
7												
8												
9												
10												
11												
12												
13												
14												
15												
合计					3019.00			0.00	0.00	3019.00	3019.00	

制单人 周凡　　审核人

图5-21　对仓库进行盘点

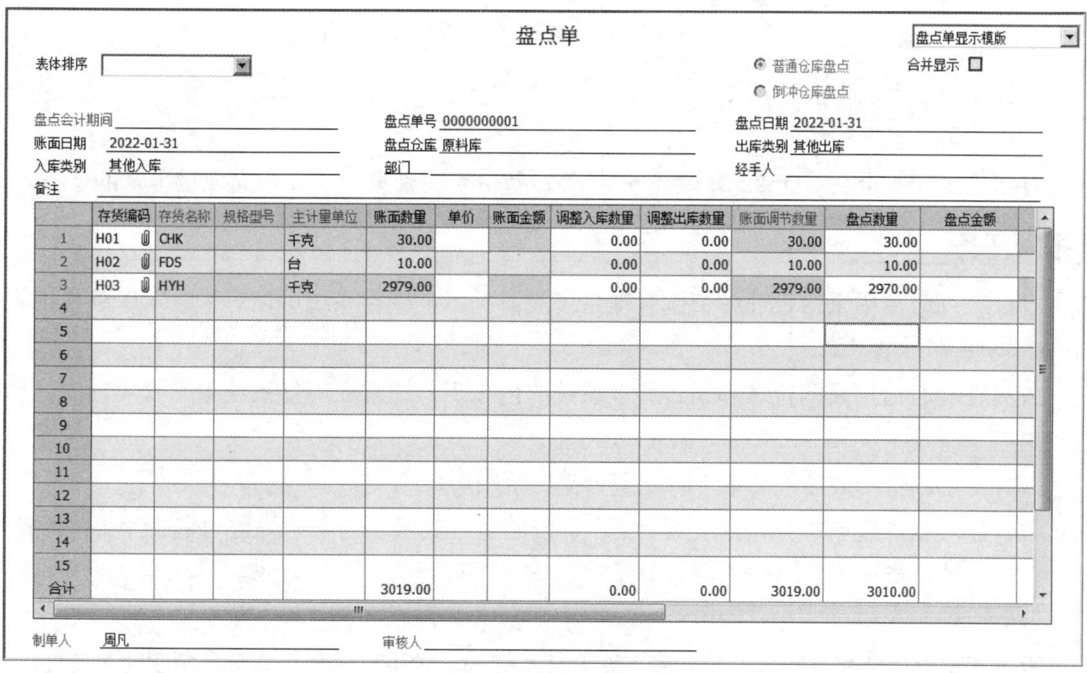

盘点单

盘点单显示模版

表体排序

◉ 普通仓库盘点　合并显示 □
○ 倒冲仓库盘点

盘点会计期间　　盘点单号 0000000001　　盘点日期 2022-01-31
账面日期 2022-01-31　　盘点仓库 原料库　　出库类别 其他出库
入库类别 其他入库　　部门　　经手人
备注

	存货编码	存货名称	规格型号	主计量单位	账面数量	单价	账面金额	调整入库数量	调整出库数量	账面调节数量	盘点数量	盘点金额
1	H01	CHK		千克	30.00			0.00	0.00	30.00	30.00	
2	H02	FDS		台	10.00			0.00	0.00	10.00	10.00	
3	H03	HYH		千克	2979.00			0.00	0.00	2979.00	2970.00	
4												
5												
6												
7												
8												
9												
10												
11												
12												
13												
14												
15												
合计					3019.00			0.00	0.00	3019.00	3010.00	

制单人 周凡　　审核人

图5-22　实际盘点结果

(7) 单击“保存”按钮。

(8) 单击“审核”按钮。审核后，系统将自动生成其他出入库单。

(9) 单击“退出”按钮。

7. 审核其他出库单

(1) 单击“供应链”|“库存管理”|“出库业务”|“其他出库单”选项，进入“其他出库单”界面。依次单击“上张”“下张”按钮，找到盘亏的出库单，如图5-23所示。

审核其他出库单

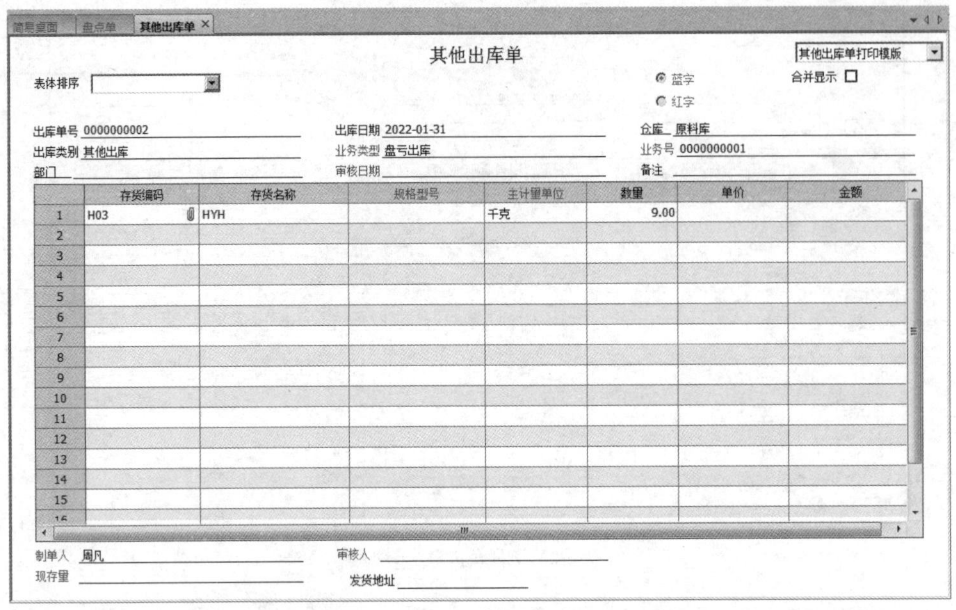

图5-23　根据盘点结果自动生成的其他出库单

(2) 单击“审核”按钮。

(3) 单击“退出”按钮。

(4) 将账套备份至“D:\222账套备份\任务14备份”文件夹中，以便完成接下来的任务。

拓展任务

(1) 在同时启用采购管理和销售管理系统的情况下，库存系统可以对采购入库单和销售出库单进行什么操作？

(2) 在同时启用采购管理和销售管理系统的情况下，通常在库存系统中可以填制的单据有哪些？

(3) 在填制“产成品入库单”时，是否需要填制单价？

(4) 在填制“盘点单”时，录入了某一存货的盘亏数量，则系统将自动生成什么单据？

(5) 在什么情况下需填制“调拨单”？

(6) “限额领料单”有何作用？

(7) 了解仓库要建立物资验收入库、安全技术管理、领用出库和定期盘点制度的重要性。

任务15　查询库存账表

具体任务

- 查询“出入库流水账”。
- 查询原料库的“库存台账”。
- 查询“本期收发存汇总表”。
- 查询原料库、库存商品的“结存量”。

业务处理过程

查询库存账表业务处理。

查询库存账表业务处理

操作步骤：

(1) 2022年1月31日，由“YW01 张思思”登录“用友U8”|“企业应用平台”系统。

(2) 单击“供应链”|“库存管理”|“报表”|“库存账”|“出入库流水账”选项，打开“出入库流水账”界面，查询结果如图5-24所示。

出入库流水账

日期	单据类型	仓库	收发类别	部门	供货单位	客户	制单人	审核人	审核日期	存货	存货名称	主计量单	入库数量	入库单价	入库金额	出库数量
2022-01-15	产成品入…	成品库	产成品…				周凡	张思…	2022-01-19	HD4	12奇达	台	12.00			
2022-01-17	销售出库单	成品库	销售出库	销售部		碧兴有…	江昆	张思…	2022-01-31	HD4	12奇达	台				3.00
2022-01-17	销售出库单	成品库	销售出库	销售部		伟力有…	江昆	张思…	2022-01-31	HD4	12奇达	台				5.00
2022-01-17	销售出库单	成品库	销售出库	销售部		伟力有…	江昆	张思…	2022-01-31	HD5	12奇天	台				12.00
2022-01-17	采购入库单	原料库	采购入库		长江股…		周凡	张思…	2022-01-29	HD1	CHK	千克	20.00	6,550.00	131,000.00	
2022-01-17	采购入库单	原料库	采购入库		长江股…		周凡	张思…	2022-01-29	HD2	FDS	台	10.00	3,200.00	32,000.00	
2022-01-17	采购入库单	原料库	采购入库		美图有…		周凡	张思…	2022-01-29	HD3	HYH	千克	1,498.00	11.07	16,590.00	
2022-01-18	销售出库单	成品库	销售出库	销售部		凯图股…	江昆	张思…	2022-01-31	HD5	12奇天	台				3.00
2022-01-19	产成品入…	成品库	产成品…				周凡	张思…	2022-01-19	HD5	12奇天	台	16.00			
2022-01-19	其他入库单	原料库	其他入库				周凡	张思…	2022-01-31	HD1	CHK	千克	10.00	6,500.00	65,000.00	
2022-01-20	销售出库单	成品库	销售出库	销售部		凯图股…	江昆	张思…	2022-01-31	HD5	12奇天	台				-1.00
2022-01-20	销售出库单	成品库	销售出库	销售部		碧兴有…	江昆	张思…	2022-01-31	HD5	12奇天	台				5.00
2022-01-29	其他出库单	成品库	其他出库				周凡	张思…	2022-01-29	HD4	12奇达	台				2.00
2022-01-30	采购入库单	原料库	采购入库	采购部	科丰有…		张帆	张思…	2022-01-30	HD3	HYH	千克	1,000.00	12.00	12,000.00	
2022-01-31	其他出库单	原料库	其他出库				周凡	周凡	2022-01-31	HD3	HYH	千克				9.00
总计													2,566.00		256,590.00	38.00

图5-24　出入库流水账汇总

(3) 单击“退出”按钮。

(4) 查询原料库的“库存台账”的结果，如图5-25所示。

库存台账

存货分类 原材料　编码 HD1　名称 CHK　代码
规格　单位 千克　库存单位　安全库存
最高库存　最低库存　代管供应商

单据日期	审核日期	单据号	摘要 仓库	摘要 单据类型	收入数量	发出数量	结存数量
			期初结存				38.00
2022-01-17	2022-01-29	0000000001	原料库	采购入库单	20.00		58.00
2022-01-19	2022-01-19	0000000001	原料库	其他入库单	10.00		68.00
			本月合计		30.00	0.00	68.00
			本年累计		30.00	0.00	68.00
			合计		30.00	0.00	68.00

当前页：1 总页数：5

图5-25　库存台账

(5) 单击“供应链”|“库存管理”|“报表”|“统计表”|“收发存汇总表”选项，查询结果如图5-26所示。

(6) 单击“供应链”|“库存管理”|“报表”|“库存账”|“现存量查询”选项，选择“原料库”选项，查询结果如图5-27所示。

(7) 将账套备份至“D:\222账套备份\任务15备份”文件夹中，以便完成接下来的任务。

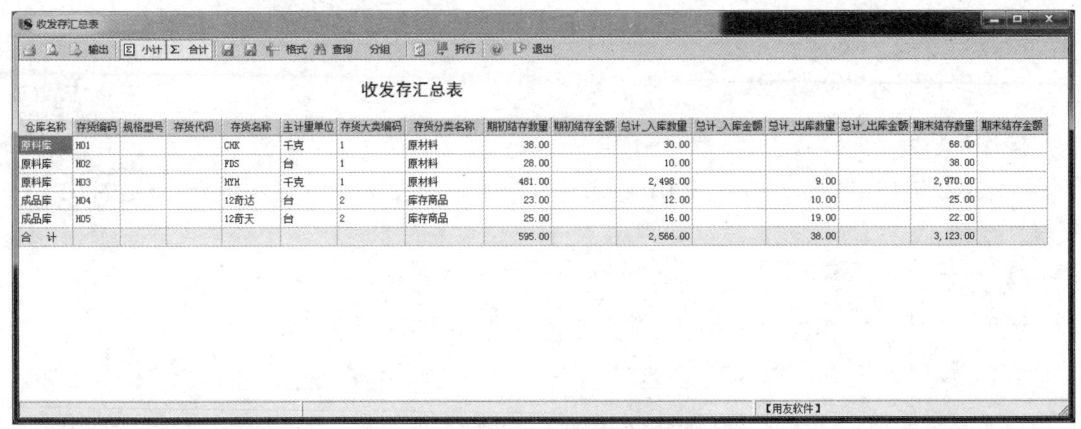

收发存汇总表

仓库名称	存货编码	规格型号	存货代码	存货名称	主计量单位	存货大类编码	存货分类名称	期初结存数量	期初结存金额	总计_入库数量	总计_入库金额	总计_出库数量	总计_出库金额	期末结存数量	期末结存金额
原料库	H01			CHK	千克	1	原材料	38.00		30.00				68.00	
原料库	H02			FDS	台	1	原材料	28.00		10.00				38.00	
原料库	H03			HYH	千克	1	原材料	481.00		2,498.00		9.00		2,970.00	
成品库	H04			12奇达	台	2	库存商品	23.00		12.00		10.00		25.00	
成品库	H05			12奇天	台	2	库存商品	25.00		16.00		19.00		22.00	
合　计								595.00		2,566.00		38.00		3,123.00	

图5-26　收发存汇总表

现存量查询

仓库编码	存货编码	现存数量	其中冻结数量	到货/在检数量	预计入库数量合计	待发货数量	调拨待发数量	预计出库数量	不合格品数量	可用数量
1	H01	30.00								30.00
1	H02	10.00								10.00
1	H03	2,970.00								2,970.00
2	H04	25.00								25.00
2	H05	22.00								22.00
总计		3,057.00								3,057.00

数据　图表　　共5条 共5组，共1页

图5-27　库存商品的现存量查询

❖ 提示：

- ✧ 结账前用户应检查本会计月工作是否已全部完成，只有在当前会计月所有工作全部完成的前提下，才能进行月末结账，否则会遗漏某些业务。
- ✧ 结账只能由有结账权的人进行。
- ✧ 库存系统和采购系统及销售系统集成使用，必须在采购系统和销售系统结账后，库存系统才能进行结账。
- ✧ 只能对当前会计月进行结账，即只能对最后一个结账月份的下一个会计月进行结账。
- ✧ 月末结账之前用户一定要进行数据备份，否则数据一旦发生错误，将造成无法挽回的后果。
- ✧ 月末结账后将不能再做当前会计月的业务，只能做下个会计月的日常业务。
- ✧ 当某月账结错时，可单击“取消结账”按钮取消结账状态，然后进行该月业务处理，再结账。
- ✧ 如果库存系统和存货核算系统集成使用，必须是存货核算系统当月未结账或取消结账后，库存系统才能取消结账。

拓展任务

(1) 如果想查询一定时期内全部的采购入库和销售出库情况，应在哪个功能中进行？

(2) 在“库存台账”中可以查询到哪些信息？

(3) 如果想查询某一仓库、某一种存货的收发存情况，应在哪里查询？

(4) 如果想查询某一仓库、某一种存货的“现存量”，应在哪里查询？

(5) 在“存货分布表”中可以查询到哪些信息？

(6) 在“代管账”中可以查询到哪些信息？

(7) 了解在信息化条件下，库存管理对企业管理的重要意义。

第6章 存货核算

功能概述

存货是指企业在生产经营过程中为销售或耗用而储存的各种资产，包括商品、产成品、半成品、在产品，以及各种材料、燃料、包装物、低值易耗品等。

存货是保证企业生产经营过程顺利进行的必要条件。为了保障生产经营过程连续不断地进行，企业要不断地购入、耗用或销售存货。存货是企业的一项重要的流动资产，其价值在企业流动资产中占有很大的比重。

在企业中，存货成本直接影响利润水平，尤其在市场经济条件下，存货品种日益更新，存货价格变化较快，企业领导层更为关心存货的资金占用及周转情况，因而使得存货核算的工作量越来越大。随着计算机技术不断发展，利用计算机技术来加强对存货的核算和管理，不仅能减轻财务人员繁重的手工劳动，提高核算的精度，而且能提高核算的及时性、可靠性和准确性。

存货的核算是企业会计核算的一项重要内容。进行存货核算，应正确计算存货购入成本，促使企业努力降低存货成本；反映和监督存货的收发、领退和保管情况；反映和监督存货资金的占用情况，促进企业提高资金的使用效果。

存货核算是从资金角度管理存货的出入库业务，核算企业的入库成本、出库成本、结余成本；反映和监督存货的收发、领退和保管情况；反映和监督存货资金的占用情况。其主要内容包括以下几个方面。

1. 存货出入库成本的核算

存货核算系统可以对普通采购业务、暂估入库业务、普通销售业务及其他业务等各种出入库业务进行成本核算。

存货核算系统提供了按仓库、部门、存货3种成本核算方法，并提供了先进先出、后进先出、移动平均、全月平均、个别计价、计划价/售价6种计价方法。在实际应用时，企业可根据实际需要选择不同的核算方法和计价方法。

2. 暂估入库业务处理

暂估入库是指外购入库的存货发票未到，在无法确定其准确入库成本时，财务人员暂时按估计价格入账，待发票到达后，再红字予以冲回或调整其入库成本的业务。系统提供了月初回冲、单到回冲、单到补差3种常用暂估处理方式。系统将根据选择的暂估处理方式自动进行暂估入库业务的处理。

3. 出入库成本的调整

在出入库单据录入发生错误时，一般需要修改出入库单据，但当遇到只需要调整金额而不需要调整数量的情况时，可以通过系统提供的入库调整单和出库调整单进行出入库成本的调整。

4. 完整的账表、强大的查询功能

系统提供按仓库、存货或收发类别等多种口径统计，具有强大、丰富的综合统计查询功能，可灵活输出各类报表。企业可按照指定存货和指定仓库得出存货明细账、总账、差异明细账等。存货核算系统针对企业存货的收发存业务进行核算，掌握存货的耗用情况，及时准确地把各类存货成本归集到各成本项目和成本对象上，为企业的成本核算提供基础数据；并可动态地反映存货资金的增减变动情况，提供存货资金周转和占用的分析，在保证生产经营的前提下，降低库存量、减少资金积压、加速资金周转。

主要任务

学习存货核算系统业务的处理流程，掌握财务业务一体化的工作原理。了解存货核算与采购业务、销售业务及库存业务的关系，存货入库成本及出库成本的计算方法。能够进行存货核算的初始设置，对单据进行记账处理；能够对与存货相关的业务进行账务处理，能够对暂估入库业务进行处理。

了解存货账表的查询方法，存货管理系统控制参数对日常业务处理的影响。

思政园地

在企业运营过程中，我们应了解企业在财务业务一体化模式下是如何实现内部控制的。内部控制可以保证企业经营的有效性和效率，保证财务报告的可靠性，使企业员工遵守法律法规。作为企业员工，我们一定要重视制度建设，明确岗位职责，做事有章可循。

6.1 存货核算系统的业务流程

存货核算系统的业务流程，主要是说明存货核算业务应该主要完成哪些业务处理和会计核算的过程，以及存货核算系统与其他业务系统及总账的关系。

6.1.1 存货核算系统的工作流程

存货核算系统的工作流程主要包括初始设置、日常业务处理、凭证处理、期末处理和账表分析几个方面。存货核算系统的主要工作内容及业务处理流程如图6-1所示。

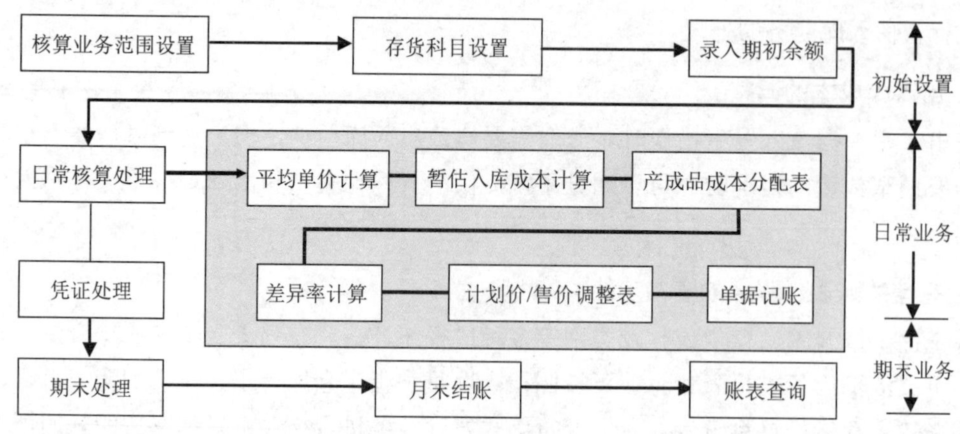

图6-1　存货核算系统的主要工作内容及业务处理流程

1. 初始设置

初始设置包括核算业务范围设置、存货科目设置、录入期初余额等。企业可以根据自己的需要建立系统应用环境，将存货核算系统变成适合本单位实际需要的专用系统。

2. 日常业务处理

日常业务包括单据记账、差异率计算、平均单价计算、暂估入库成本计算、产成品成本分配表、计划价/售价调整表等。

3. 凭证处理

凭证处理可以选择单据自动生成凭证，可单张单据生成凭证，也可多张单据生成凭证；可对生成的凭证进行修改。

4. 期末处理

期末处理包括按不同计价方式计算出库成本和月底结账。

5. 账表分析

存货系统提供的财务和业务账表主要有存货明细账(总账)、差异明细账、差价明细账、出入库流水账、入库汇总表、出库汇总表、差异分摊表、收发存汇总表、暂估材料/商品明细表等。

6.1.2　存货核算系统与其他系统的集成

存货核算系统是连接财务管理系统和供应链管理系统的纽带，与企业的采购业务、销售业务、成本管理、总账系统均有着直接而又密切的关系，它接受供应链各子系统传递过来的单据，并进行记账处理，核算各种存货成本，并生成凭证传递给总账系统。存货核算系统与其他系统的关系如图6-2所示。

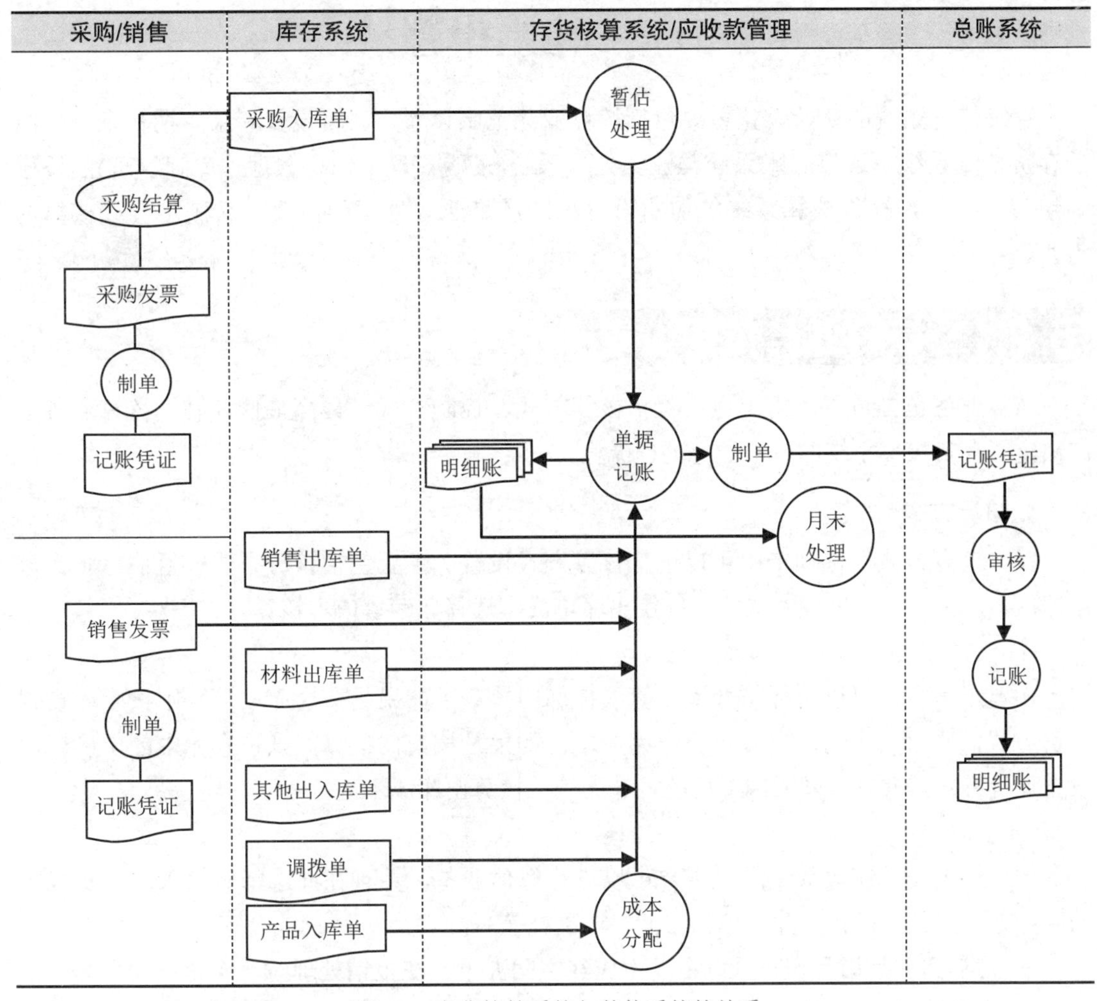

图6-2 存货核算系统与其他系统的关系

1. 与库存系统集成使用

本系统对库存系统生成的各种单据进行记账核算，对采购暂估入库单进行暂估报销处理。采购入库时，如果当时没有入库成本，库存系统可以对所购存货暂估入库；报销时，存货核算系统可以根据用户所选暂估处理方式进行不同的处理。对各种出入库单据，存货核算系统只能修改其单价及金额。对于库存系统生成的转库单、盘点单、组装拆卸单、形态转换单，由本系统填入其存货单价、成本，库存系统将其保存并生成其他出入库单，对这类出入库单，存货核算系统不可修改，只能记账。

2. 与总账系统集成使用

对存货科目、对方科目、受控科目进行设置。在本会计月进行月末结账之前，可对本会计月的记账单据生成凭证并传递到总账系统。

6.2 初始设置

存货核算系统的初始设置主要包括核算业务范围设置、科目设置和录入期初余额。由于存货核算系统是连接总账系统与业务处理系统(采购管理、销售管理、库存管理)的桥梁和纽带，因此，存货核算系统的初始设置应既满足业务处理的需要，又满足会计核算的需要。

6.2.1 核算业务范围设置

核算业务范围设置的内容主要包括核算方式、控制方式、最高最低控制。核算业务范围决定了存货核算系统的日常业务处理流程。

1. 核算方式

在“核算方式”选项卡中可以进行核算方式设置，主要包括核算方式、暂估方式、零出库成本选择、入库单成本选择、红字出库单成本选择、销售成本核算方式等。

(1) 核算方式

初建账套时，可以选择按仓库核算或按部门核算，如果是按仓库核算，则按仓库设置计价方式，并且每个仓库单独核算出库成本；如果是按部门核算，则按仓库中的所属部门设置计价方式，并且相同所属部门的各仓库统一核算出库成本。

(2) 暂估方式

如果与采购系统集成使用，用户可以进行暂估业务，并且在此选择暂估入库存货成本的回冲方式，包括月初回冲、单到回冲、单到补差3种。

- 月初回冲是指月初时系统自动生成红字回冲单，在报销处理时，系统自动根据报销金额生成采购报销入库单。
- 单到回冲是指报销处理时，系统自动生成红字回冲单，并生成采购报销入库单。
- 单到补差是指报销处理时，系统自动生成一笔调整单，调整金额为实际金额与暂估金额的差额。

❖ 提示：

与库存系统集成使用时，如果明细账中有暂估业务未报销或本期未进行期末处理，此时，暂估方式将不允许修改。当明细账中没有未报销的暂估业务且各仓库已经进行了期末处理时，系统允许修改暂估方式。

(3) 零出库成本选择

“零出库成本选择”是指用先进先出或后进先出方式核算的出库单据记明细账时，如果出现账中为零成本或负成本，造成出库成本不可计算时，出库成本可采用的取值方式，具体如下。

- 上次出库成本：取明细账中此存货的上一次出库单价，作为本次出库单据的出库单价，计算出库成本。

- 参考成本：取存货目录中此存货的参考成本，即参考单价，作为本次出库单据的出库单价，计算出库成本。
- 结存成本：取明细账中此存货的结存单价作为本次出库单据的出库单价，计算出库成本。
- 上次入库成本：取明细账中此存货的上一次入库单价作为本次出库单据的出库单价，计算出库成本。
- 手工输入：提示用户输入单价作为本次出库单据的出库单价，计算出库成本。

(4) 入库单成本选择

“入库单成本选择”是指对入库单据记明细账时，如果没有填写入库成本即入库成本为空，则入库成本的取值方式参见零出库成本。

(5) 红字出库单成本选择

“红字出库单成本选择”是指对使用移动平均法核算、先进先出或后进先出方式核算的红字出库单据记明细账时，出库成本的取值方式参见零出库成本。

(6) 销售成本核算方式

当销售系统启用后，可以选择用销售发票或销售出库单记账，默认为“销售出库单”。

2. 控制方式

(1) 启用会计月份

对新建的账套，用户应输入启用会计月份，如果用户想从6月份开始输入日常单据，则应设定启用会计月份为6月。设定启用会计月份后，启用会计月份以前的单据只能输入期初余额中，而不能输入日常单据中。

(2) 账面为负结存时入库单记账自动生成出库调整

选择此项，当入库记账时，如果账面为负结存，按入库的数量比例调整结存成本，并自动生成出库调整单，此调整单的属性为销售调整。

(3) 差异率计算包括本期暂估

差异率计算包括本期暂估，即本期暂估入库的存货也分摊差异。

(4) 期末处理登记差异账

期末生成差异结转单时，选取此项则登记差异账，不选则不登记差异账，期末无差异结转。

(5) 进项税额转出科目

在此可以手工输入或参照输入进项税额转出科目。结算制单时，如果在结算时发生非合理损耗及进项税额转出，在根据结算单制单时，系统可以自动带出该科目。

3. 最高最低控制

如果计价方法选择了全月平均或移动平均，则在存货核算系统中可以选择是否需要对单价进行最高最低单价的控制。选择进行最高最低控制，如果自动计算出的全月平均单价或移动平均单价不在最高最低单价的范围之内，则系统将根据所设置的最高最低单价默认值进行成本计算。最高最低单价由系统根据入库单的单价进行维护，或者手工录入。可取数范围包括上次出库成本、参考成本、结存成本、上次入库成本、手工输入、最大最小单价、出库单价。

6.2.2 科目设置

科目设置用于设置本系统中生成凭证所需要的存货相关会计科目，设置科目后，系统在制单时会自动将设置的会计科目带入相应的记账凭证中。在制单之前应先在此模块中将相关科目设置正确、完整，否则无法正确生成科目完整的记账凭证。

1. 存货科目设置

存货科目设置功能用于设置本系统中生成凭证所需要的各种存货科目及差异科目。存货核算系统如果与总账系统集成使用，应设置存货科目及差异科目，以便系统自动生成凭证。存货科目设置后，系统以后根据各单据生成与存货相关的凭证时，会自动取该设置的科目作为存货借或贷方的会计科目。

存货科目的设置一般是按仓库、存货分类或存货来设置的。常见的存货科目主要有“库存商品”“原材料”“材料成本差异”“委托代销发出商品”“包装物”“低值易耗品”等，例如，可以将原料库的存货科目设置为“原材料”。

2. 存货对方科目设置

“存货对方科目”主要用于设置生成凭证时，与存货科目借、贷方相对应的会计科目，制单之前应将存货对方科目事先设置正确、完整，否则无法生成科目完整的凭证。

在会计实务中，与存货对应的会计科目一般会因收发类别、存货类别、部门、成本对象、存货的不同而不同，因此在设置存货对方科目时，往往将上述内容作为标准来设置对方科目。例如，可以将收发类别为“采购入库”的存货对方科目设置为“在途物资”，这样最后在生成收发类别为“采购入库”的记账凭证时，系统可以根据设置的存货对方科目生成诸如“借：原材料/贷：在途物资”这样的凭证。

3. 非合理损耗科目设置

在企业的采购业务中，由于运输、装卸等原因，采购的货物会发生短缺毁损，因此，应根据不同的情况，做出相应的账务处理。属于定额内合理损耗的，应视同提高入库货物的单位成本，不另做账务处理；运输部门或供货单位造成的短缺毁损，属于定额外非合理损耗的，应根据不同情况分别进行账务处理。因此，应在此事先设置好本企业可能发生的非合理损耗类型及对应的入账科目，以便采购结算时根据具体的业务选择相应的非合理损耗类型，并由存货核算系统根据结算时记录的非合理损耗类型自动生成凭证。这里我们假设本期不设置非合理损耗科目。

6.2.3 录入期初余额

1. 期初余额录入

账簿都应有期初数据，以保证其数据的连贯性，初次使用时，应先输入全部末级存货的期初余额。如果是第一次使用，必须输入各存货的期初数据。如果系统中已有上年的数据，在使用“结转上年”后，系统将自动结转上年各存货结存。

2. 期初差异

按计划价或售价核算出库成本的存货都应有期初差异账或差价账，初次使用时，应先输入此存货的期初差异余额或期初差价余额。

如果用户选择按部门核算，存货的差异应按核算部门输入；如果用户选择按仓库核算，存货的差异应按核算仓库输入。

3. 期初记账

期初记账指将用户录入的各仓库、各存货的所有期初数据(包括期初余额、期初差异等数据)记入库存台账、批次台账、存货明细账、存货差异账和总账等。期初数据录入完毕后，必须进行期初记账，用户才能进行日常业务处理、账簿查询、统计分析等操作。

6.3 日常业务

存货核算系统的日常业务主要包括相关单据的记账、暂估成本处理、单据制单等工作。存货核算系统能够处理采购入库单、产成品入库单、其他入库单、销售出库单、材料出库单、其他出库单、入库调整单、出库调整单等业务单据。

在单独使用本系统的情况下，可以对上述各业务单据执行增加、删除、修改、审核、记账、制单等操作。如果与库存管理系统或采购、销售系统集成使用，相关出入库单据在库存系统或采购、销售系统中录入，不可在本系统中录入。

6.3.1 产成品成本分配

产成品成本分配是指对已入库未记明细账的产成品进行成本分配；可随时对产成品入库单提供批量分配成本，也可从“成本核算系统”取得成本，填入入库单。成本分配时，先求出平均单价，再将详细信息中此存货的每笔记录的数量乘以此单价，算出每笔记录的金额，填到对应的产成品入库单中。

6.3.2 单据记账

单据记账对于存货核算系统来说意义非常重大，是系统计算、记录、确认出入库单据成本的关键。一方面，通过单据记账系统将用户所输入的出入库单据登记存货明细账、差异明细账/差价明细账、受托代销商品明细账、受托代销商品差价账；另一方面，单据记账和存货的计价关系密切，其中先进先出、后进先出、移动平均、个别计价4种计价方式的存货在单据记账时进行出库成本核算。前面所录入的出入库单记账时取该出入库单上记载的成本进行成本核算；如果单据上无成本资料，则依据初始设置的计价方式自动取价，核算出入库成本。因此，单据记账是存货系统进行存货成本核算的重要步骤。存货记账后，即可更新存货收发存的数量和金额。

需要注意的是，全月平均、计划价/售价法计价的存货在期末处理时才能进行出库成本的计算并进行会计核算。

单据记账包括正常单据记账和特殊单据记账。特殊单据记账主要是针对调拨业务。其他业务一般通过正常单据记账功能来执行记账。

1. 正常单据记账

单据记账在存货核算系统中意义重大。记账后的单据可以据此生成相关记账凭证；可以查询相关的存货账簿。

单据记账时，入库成本也根据前面设置的“入库单成本选择”方法进行核算。系统根据前面设置的核算方式，选择按仓库或部门所设置的存货计价方法进行出库成本核算。

- 当以实际价核算的入库单没有成本时，系统将根据在“选项”中入库单成本的设置方式进行处理。如果选择了参照手工输入，系统将不允许记账，显示颜色为蓝色；如果选择的是其他方式，如上次入库成本，系统将参照上次入库成本进行记账。
- 当以先进先出或后进先出法核算的红字出库单没有成本时，系统将根据在“选项”中红字出库单成本的设置方式进行处理。如果选择的是参照手工输入，系统将不允许记账，显示颜色为蓝色；如果选择其他方式，如上次入库成本，系统将参照上次入库成本进行记账。
- 当以全月平均、移动平均或计划价/售价法核算的红字出库单没有成本时，单据记账处理方式同蓝字出库单。
- 调拨单在单据记账时，先记其他出库单：如果是全月平均核算，在“选项”设置中选择按上月出库成本，则取上月平均单价带入其他出库单据中，并计算金额；如果是计划价核算，在“选项”设置中选择用上月差异率结转差异，则从总账中取上月差异率或期初差异率计算出结转差异，并计算实际金额，然后记其他入库单，单价取出库单价，金额取出库金额。
- 单据记账时，查询条件中其他出入库单不包括调拨单生成的其他出入库单。
- 对于出库单，如果用户在单价和金额中输入了零，系统将认为是零成本出库，如配送件等，将不再计算此存货的出库成本。
- 当以先进先出或后进先出方式核算时，如果出库单记账时为零出库，系统自动按用户设置的零成本出库方式，计算出库成本；如果用户选择手工输入，则需要用户自己输入出库单价，否则，将不能记账。
- 当以移动平均方式核算时，如果出库单记账时移动单价为零或负数，则需要用户自己输入出库单价，否则，将不能记账。
- 以计划价方式核算时，如果计划单价、计划金额为空或为零，将不能记账。

2. 特殊单据记账

特殊单据记账主要是针对调拨业务而言。存货核算系统与库存管理系统集成使用时，在库存管理系统中填制调拨单，调拨单审核后，系统会生成相应的其他入库单和出库单，在核算系统中需要对调拨单进行特殊记账。

特别提示，如果调拨单在特殊单据记账功能中已经记账，则由其生成其他出入库单，不允许再进行正常单据记账。

这里本期没有调拨业务，所以不需要执行特殊单据记账。

3. 恢复单据记账

单据记账后可以恢复记账。恢复记账用于将用户已登记明细账的单据恢复到未记账状态。执行恢复记账时应该注意以下几种情况。

- 当有出入库调整单、计划价/售价调整记录时，恢复记账后的出入库调整单、计划价/售价调整记录将被删除，如果需要调整，用户应重新输入。
- 当与采购系统集成使用、有暂估回冲处理时，恢复后单据成为暂估状态，用户应重新进行暂估回冲处理。
- 对于本月已生成凭证的单据，不能恢复记账，并且其之前的单据也不能恢复记账。如果想恢复记账，应先删除所生成的凭证。
- 当有计划价/售价调整记录时，所调整的存货如果在两个以上且以计划价/售价核算的仓库/部门中，应把这些仓库/部门全部选择，才可进行恢复。

6.3.3 暂估成本处理

采购暂估业务可以理解为无发票到货的采购入库业务。对存货已到，但发票等结算凭证尚未收到的外购业务，可以先办理入库手续，货款以暂估价格(合同价格或计划价格)计价。下月或结算凭证到达后，通过红字予以冲销并按结算凭证所列示的货款和运杂费重新计价入账或按结算凭证补差。冲销暂估入库的方法主要有月初回冲、单到回冲、单到补差3种，企业可结合本单位的具体情况进行选择。暂估入库方式在初始化时一次性设置，确定以后，本期不能再修改。

1. 月初回冲

月初回冲是指每月初将上个月的暂估入库单进行冲销，系统会自动生成对应的红字回冲单，当收到采购发票并进行结算后系统会根据发票中所列示的金额，生成相对应的蓝字回冲单。

对于以前月份暂估、本月报销的非受托代销采购业务，当选择月初回冲方式时，处理方法如下：月初对上月未报销的暂估单自动在明细账中生成红字回冲单，当报销处理时，在明细账中生成蓝字报销单，蓝字报销单的入库金额为已报销金额。

月末时，对本月未报销的红字入库单进行期末处理后，自动生成蓝字暂估单，暂估单的金额与原金额相同，用户不能修改。

自动生成的蓝字暂估单，系统直接记入明细账，用户不能修改。月初回冲方式的业务处理流程如图6-3所示。

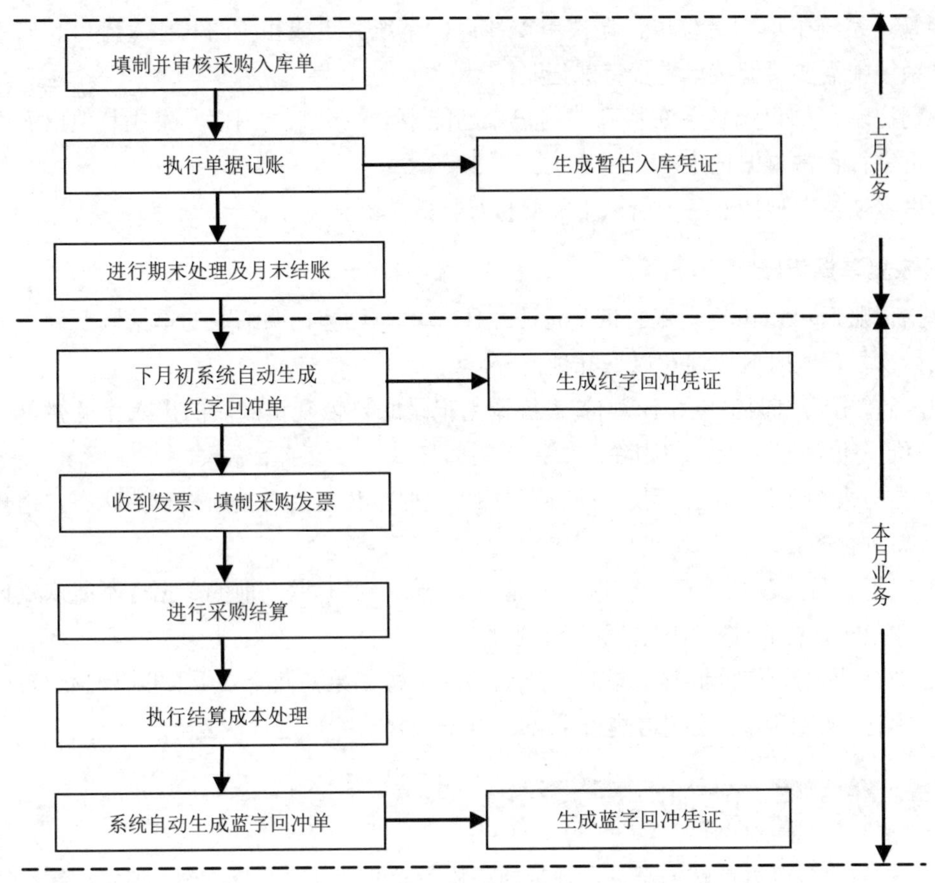

图6-3　月初回冲方式的业务处理流程

2. 单到回冲

单到回冲是指在收到发票并结算时对暂估入库单进行冲销，系统会自动生成对应的红字回冲单，并根据发票中的有关信息生成蓝字回冲单。

对于以前月份暂估、本月报销的非受托代销采购业务，当选择单到回冲方式时，处理方法如下：查找明细账中对应的单据记录，依据其生成红字回冲单、蓝字报销单，蓝字报销单的入库金额为已报销金额。

自动生成的红字回冲单和蓝字报销单，系统直接记入明细账，用户不能修改。

红字回冲单的金额为原入库单据的暂估金额，方向与原暂估金额相反。

蓝字报销单的金额为原入库单据的报销金额。

单到回冲方式的业务处理流程如图6-4所示。

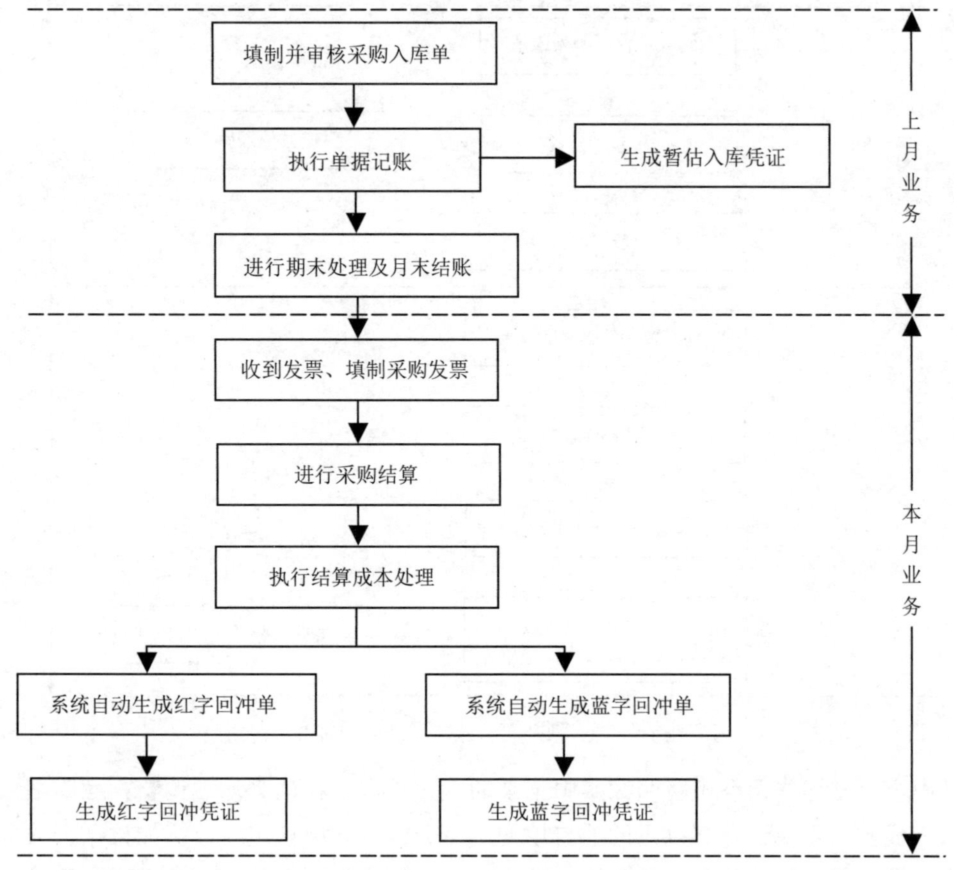

图6-4 单到回冲方式的业务处理流程

3. 单到补差

单到补差是指在收到发票并结算时，如果发票金额与暂估金额不等，将它们之间的差额进行调整。

对于以前月份暂估、本月报销的非受托代销采购业务，当选择单到补差方式时，处理方法如下：查找对应的单据记录，自动生成调整单，由用户确认记账；如果用户选择取消，则生成的调整单不记账，返回未报销处理状态。

生成的调整单中的金额，用户不能修改，只能确认或取消。

如果报销金额与暂估金额的差额为零，则不生成调整单；如果差额不为零，则产生调整单，一张采购入库单生成一张调整单，用户确认后，记入明细账。单到补差方式的业务处理流程如图6-5所示。

如果本月暂估的入库单已记账，报销后在本模块中对其进行暂估处理；对于本月暂估并报销的非受托代销采购业务，直接修改明细账中对应记录的入库成本，并按不同的计价方式做相应的调整。

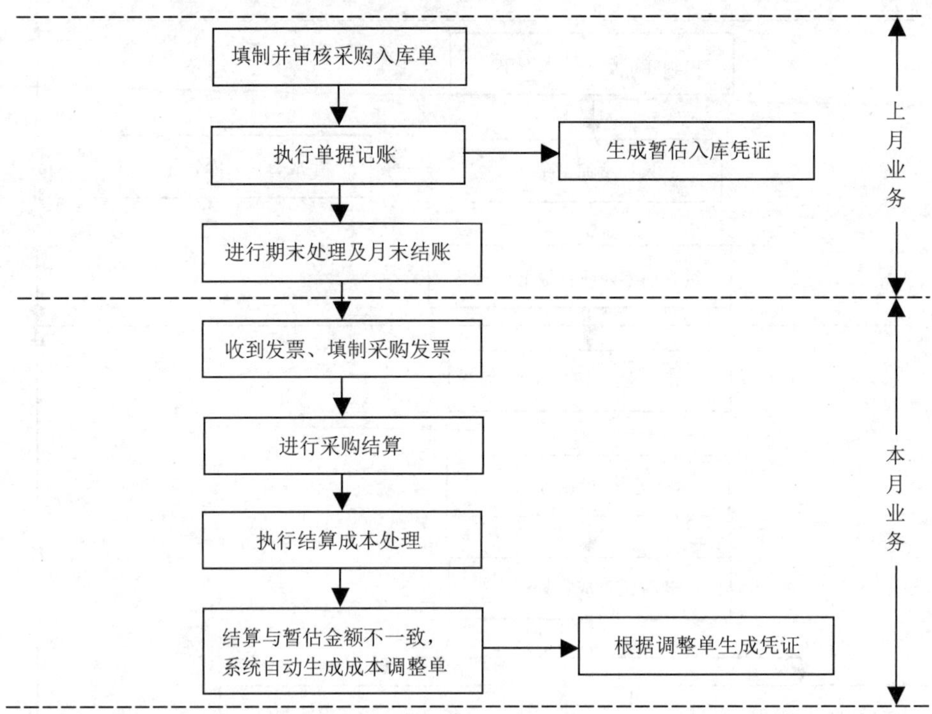

图6-5　单到补差方式的业务处理流程

其中全月平均法调整相应明细账中记录的入库成本。移动平均法调整相应明细账中记录的入库成本，重新计算其以下的非自填的出库金额，并回填出库单；如果结余数量为零或单价为负，则出库单价取上一条记录的单价。计划单价法调整相应差异账中记录的借方差异或贷方差异，与原差异借方之和大于0，记借方；小于0，记贷方。售价法调整相应差价账中记录的贷方差异。先进先出法、后进先出法调整相应明细账中记录的入库成本，同时调整计价辅助数据；如果有出库时，调整对应的出库记录的出库成本，出库成本调整成对应的入库成本。个别计价法调整相应明细账中记录的入库成本；如果有出库时，调整对应的出库记录的出库成本，出库成本调整成对应的入库成本。

6.3.4　平均单价计算

先进先出、后进先出、移动平均、个别计价4种计价方式的存货在单据记账时就可以进行出库成本核算，记账后能随时了解到存货的出库成本；而全月一次平均法往往只有在月底全部存货业务结束后，才能得出全月的平均成本，在平时是无法得知存货的确切平均成本的。

核算系统提供了随时了解全月平均单价的功能，平均单价包括以下两部分：计算本月全月平均单价；查询以前月份全月平均单价。只有按全月平均法计价的仓库才能进入本功能。

平均单价计算方法如下。

$$\text{平均单价}=\frac{\text{月初金额}+\text{本月入库金额}-\text{本月出库调整金额}}{\text{月初数量}+\text{本月入库数量}-\text{本月出库调整数量}}$$

- 月初金额：现会计月份的期初金额。
- 月初数量：现会计月份的期初数量。
- 本月入库金额：现会计月份的入库发生金额。
- 本月入库数量：现会计月份的入库发生数量。
- 本月出库调整金额：现会计月份的出库发生金额，包括出库单中用户自填的金额和出库调整单的金额。
- 本月出库调整数量：现会计月份出库单中用户自填金额的数量。

这里所计算的本月平均单价，不是本会计月的最终结果，只用于随时了解本月平均单价的情况，只有进行期末处理后所计算的平均单价才用于计算最终的出库成本。

如果输入已期末处理的月份，系统将自动显示所选月份的平均单价表；如果输入的月份是未期末处理的本会计月，系统将计算本月已发生业务的平均单价。

6.3.5 月末处理

当日常业务全部完成后，应计算按全月平均方式核算的存货的全月平均单价及其本会计月的出库成本，以及按计划价/售价方式核算的存货的差异率/差价率及其本会计月的分摊差异/差价，并对已完成日常业务的仓库/部门做处理标志。核算系统的这些操作称为“月末处理”。

当所选仓库/部门为计划价/售价核算时，系统自动计算此仓库/部门中各存货的差异率/差价率，并形成差异/差价结转单，此单据不可修改。

当所选仓库/部门为全月平均方式核算时，系统自动计算此仓库/部门中各存货的全月平均单价，并计算本会计月的出库成本(不包括已填成本的出库)，生成期末成本处理表并可对此表进行打印。如果出库成本不符合要求，可取消期末处理，然后对出库成本进行调整后，再进行处理。当执行完期末处理时，系统将对明细账回填出库成本。

当所选仓库/部门为上述两种核算方式以外的其他计价方式时，系统将自动标识此仓库/部门的期末处理标志。

期末成本计算每月只能执行一次，因此要特别小心，一定要仔细检查是否已把全部日常业务做完了。如果是在结账日之前执行，则当月的出入库单将不能在本会计期间录入。

6.4 凭证处理

凭证处理用于对本会计月已记账单据生成凭证，系统在完成单据记账并进行出入库核算后，就可以生成记账凭证了。凭证生成以后可以进行修改、查询等操作。存货核算管理系统生成的记账凭证会自动传递到总账系统，实现财务和业务的一体化管理。

存货系统的凭证是根据前面核算的原始单据直接生成的。在生成凭证时，首先应该选择相应的原始单据，如采购入库单、销售出库单等，然后在系统内进行制单处理，系统会根据单据上记载的信息及前面设置的存货科目，自动将会计科目和相应的金额登记到记账凭证上。需要注意的是，如果前面进行初始设置时，存货科目设置没有定义或定义不完整，则生成的记账凭证的科目栏也是不完整的。

核算系统的制单包括购销单据制单和往来单据制单。

6.4.1 购销单据制单

购销单据制单主要是采购入库单、材料出库单、产成品入库单、销售出库单、其他出入库单、出入库调整单、价格调整单、差异结转单、红字回冲单、蓝字回冲单等单据的制单。制单时，系统根据初始化时设置的存货科目和存货对应科目自动生成相应的记账凭证。凭证生成后可以修改，保存后自动传递给总账。

1. 采购入库单制单

采购入库单制单是根据审核并完成单据记账处理后的采购入库单生成记账凭证的工作。企业采购进来的存货完成入库后，应根据采购入库结算的入库成本结转采购存货的入库成本。采购入库制单时，系统根据初始设置，借方取预置的存货科目，贷方取预置的对方科目中收发类别对应的科目。采购入库制单会生成诸如下面的凭证。

借：原材料、库存商品等——存货科目

　　贷：在途物资等——对应科目

存货科目记载的金额是根据采购入库单和采购发票执行采购结算后确定的采购成本。

2. 材料出库单制单

材料出库单制单是根据审核并完成单据记账处理后的材料出库单生成记账凭证的工作。企业应根据选择的成本核算的方法，定期根据材料出库单结转材料出库的成本。材料出库制单时，系统根据初始设置，贷方取预置的存货科目，借方取预置的对方科目中收发类别为“材料领用出库”对应的科目。材料出库制单会生成诸如下面的凭证。

借：生产成本等——对应科目

　　贷：原材料等——存货科目

在先进先出、后进先出、移动平均、个别计价的仓库中，材料的金额是根据材料出库单经过单据记账后系统自动计算出的。在全月平均、计划价/售价法计价下，是在期末处理之后由系统计算出来的。

3. 产成品入库单制单

产成品入库单制单是根据审核并完成单据记账处理后的产成品入库单生成记账凭证的工作。产成品成本可以通过产成品成本分配计入产成品入库单。产成品入库单制单时，系统根据初始设置，借方取预置的存货科目，贷方取预置的对方科目中收发类别为“产成品入库”对应的科目。产成品入库单制单会生成诸如下面的凭证。

借：库存商品等——存货科目

　　贷：生产成本等——对应科目

库存商品的金额是根据产成品入库单记载或产成品分配后的金额，经过单据记账或期末处理操作后由系统自动计算得出的。

4. 销售出库单制单

销售出库单制单是根据审核并完成单据记账处理后的销售出库单生成记账凭证的工作。企业应根据选择的成本核算的方法，定期根据销售出库单结转销售出库的销售成本。销售出库制单时，系统根据初始设置，贷方取预置的存货科目，借方取预置的对方科目中收发类别对应的科目。销售出库制单会生成诸如下面的凭证。

借：主营业务成本等——对应科目

　　贷：库存商品等——存货科目

使用先进先出、后进先出、移动平均、个别计价的仓库，其库存商品的金额是根据销售出库单经过单据记账后系统自动计算出的；而使用全月平均、计划价/售价法计价，是在期末处理之后由系统计算出来的。

5. 其他入库单制单

其他入库单制单是根据审核并完成单据记账处理后的其他入库单生成记账凭证的工作。其他入库单制单包括调拨入库、盘盈入库、组装、拆卸、形态转换等业务的制单处理。

进行其他入库制单时，系统根据初始设置，借方取预置的存货科目，贷方取预置的对方科目。其他入库制单会生成类似下面的凭证。

借：库存商品等——存货科目

　　贷：待处理资产损溢等——对方科目

6. 其他出库单制单

其他出库单制单是根据审核并完成单据记账处理后的其他出库单生成记账凭证的工作。其他出库单制单包括调拨出库业务、盘亏出库业务、组装、拆卸、形态转换等业务的制单处理。

进行其他出库单制单时，系统根据初始设置，贷方取预置的存货科目，借方取预置的对方科目。其他入库制单会生成类似下面的凭证。

借：待处理资产损溢等——对方科目

　　贷：库存商品等——存货科目

6.4.2 凭证列表

凭证生成后可以利用凭证查询列表来查询已生成的凭证。凭证列表的功能主要有打印、预览、输出、过滤、删除等。双击某行的凭证查询列表可以将该张凭证显示出来，在总账系统审核前，对凭证进行修改、删除等操作，也可以对生成的凭证进行打印输出。

6.5 月末业务

存货核算系统的月末业务主要包括期末处理、账表查询和月底结账。其中，期末处理参见日常业务的内容。

6.5.1 账表查询

在账表查询功能中可以查询存货明细账、总账、出入库流水账、入库汇总表、出库汇总表、差异分摊表、存货结存表、收发存汇总表、暂估材料/商品余额表等账表。

明细账用于查询本会计年度各月份已记账的各存货的明细账。

总账用于输出存货的总分类账，本账簿以借、贷、余的形式反映各存货各月份的收、发、余金额。

出入库流水账用于查询当年任意日期范围内存货的出入库情况，提供一个简捷方便的对账、查账的出入库流水，可分已记账、未记账、全部单据的流水账。

入库汇总表用于对某期间的入库存货进行统计汇总。

出库汇总表用于对某期间的出库存货进行统计汇总。

存货结存表用于查询各仓库产成品各存货的结存状况。

收发存汇总表用于对某期间已记账存货的收发存数量金额进行统计汇总，该表中横向反映的是存货的收发类别。

暂估材料/商品余额表统计明细账用于查询暂估入库存货的数量和入库成本明细，分析不同期间的暂估单据入库及报销情况。

6.5.2 月末结账

月末结账工作是对本月账簿做结账标志，如果与采购系统集成使用且暂估处理方式选择“月初回冲”，则同时生成下月红字回冲单等。月末结账后将不能再进行当前会计月的工作，只能做下个会计月的日常工作。

任务导入

四方股份有限公司2022年1月开始使用用友ERP-U8企业管理软件进行存货核算。其具体的分工为：由“KJ01 王强”进行存货核算系统初始化；由“KJ03 陈光”完成所有存货核算的业务处理。

任务16　存货核算系统初始化

具体任务

- 设置存货科目。
- 设置存货对方科目。
- 录入存货期初数据，对账正确并记账。

案例

1. 设置存货科目(见表6-1)

表6-1 设置存货科目

仓库名称	科目编码	存货科目
原料库	1403	原材料
成品库	1405	库存商品

2. 设置存货对方科目(见表6-2)

表6-2 设置存货对方科目

收发类别编码	类别名称	对方科目编码	存货对方科目
11	采购入库	1402	在途物资
12	产成品入库	5001	生产成本
22	材料领料出库	5001	生产成本
13	退料入库	1403	原材料
15	盘盈入库	1901	待处理财产损溢
25	盘亏出库	1901	待处理财产损溢
21	销售出库	6401	主营业务成本

3. 录入存货核算期初余额(见表6-3)

表6-3 录入存货核算期初余额

存货编号	存货名称	计量单位	数量	单价	金额	合计	仓库
H01	CHK	千克	38	6 615	251 370	347 022	原料库
H02	FDS	台	28	3 210	89 880		
H03	HYH	千克	481	12	5 772		
H04	12奇达	台	23	10 736	246 928	469 638	成品库
H05	12奇天	台	25	8 908.4	222 710		

业务处理过程

1. 设置存货科目

设置存货科目

操作步骤：

(1) 由业务主管“KJ01 王强”登录222账套的“用友U8”|“企业应用平台”系统。单击“供应链”|“存货核算”|“初始设置”|“科目设置”|“存货科目”选项，打开“存货科目”界面。

(2) 单击“增加”按钮。选择仓库为“原料库”，输入存货科目编码为“1403，原材料”。

(3) 单击“增加”按钮。选择仓库为“成品库”，输入存货科目编码为“1405，库存商品”，如图6-6所示。

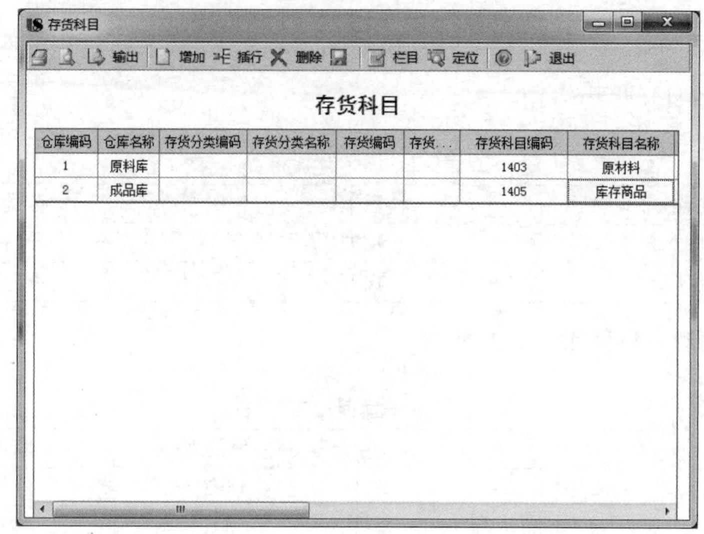

存货科目

仓库编码	仓库名称	存货分类编码	存货分类名称	存货编码	存货...	存货科目编码	存货科目名称
1	原料库					1403	原材料
2	成品库					1405	库存商品

图6-6　设置后的存货科目

(4) 单击“保存”按钮。

(5) 设置完毕，单击“退出”按钮。

❖ 提示：

仓库和存货分类不可以同时为空。

2. 设置存货对方科目

设置存货对方科目

操作步骤：

(1) 由业务主管“KJ01 王强”登录222账套的“用友U8”|“企业应用平台”系统。单击“供应链”|“存货核算”|“初始设置”|“科目设置”|“对方科目”选项，打开“对方科目”设置窗口。

(2) 单击“增加”按钮，根据案例资料设置存货对方科目，如图6-7所示。

(3) 单击“保存”按钮。设置完毕后，单击“退出”按钮。

对方科目

收发类别编码	收发类别名称	存货分类编码	存货分类名称	存货编码	存货名称	部门编码	部门名称	项目大类编码	项目大类名称	项目编码	项目名称	对方科目编码	对方科目名称
11	采购入库											1402	在途物资
12	产成品入库											5001	生产成本
22	材料领料出库											5001	生产成本
13	退料入库											1403	原材料
15	盘盈入库											1901	待处理财产损溢
25	盘亏出库											1901	待处理财产损溢
21	销售出库											6401	主营业务成本

图6-7　设置存货对方科目

❖ 提示：

✧ 对方科目不能为空，且必须是末级科目。对方科目可根据收发类别、存货类别、部门、成本对象和存货来设置。

✧ 使用采购结算单生成凭证时，需要进行税金科目、运费科目、结算科目、应付科目等的科目设置，可分别在“供应商往来科目”中进行设置。

3. 录入存货核算期初余额

录入存货核算期初余额

操作步骤：

(1) 由业务主管“YW01 张思思”在“用友U8”|“企业应用平台”窗口中，单击“业务工作”|“供应链”|“存货核算”|“初始设置”|“期初数据”|“期初余额”选项，打开“期初余额”界面。

(2) 单击“仓库”栏的下拉按钮，选择仓库为“原料库”，单击“恢复”按钮，单击“取数”按钮，取得原料库期初数据，如图6-8所示。

期初余额

输出 增加 删除 选择 取数 汇总 对账 定位 格式 记账 升序 降序

期初余额

年度 2022 仓库 1 原料库 计价方式：先进先出法 存货分排列方式

存货编码	存货名称	规格型号	计量单位	数量	单价	金额	计划价	计划金额	存货科...	存货科目
H01	CHK		千克	38.00	6,615.00	251,370.00			1403	原材料
H02	FDS		台	28.00	3,210.00	89,880.00			1403	原材料
H03	HYH		千克	481.00	12.00	5,772.00			1403	原材料
合计：				547.00		347,022.00				

图6-8 原料库存货期初余额

❖ 提示：

成品库已经在进行销售业务处理之前进行了取数操作，此处不需要再取数。

(3) 单击“对账”按钮，选择要对账的仓库，如图6-9所示。

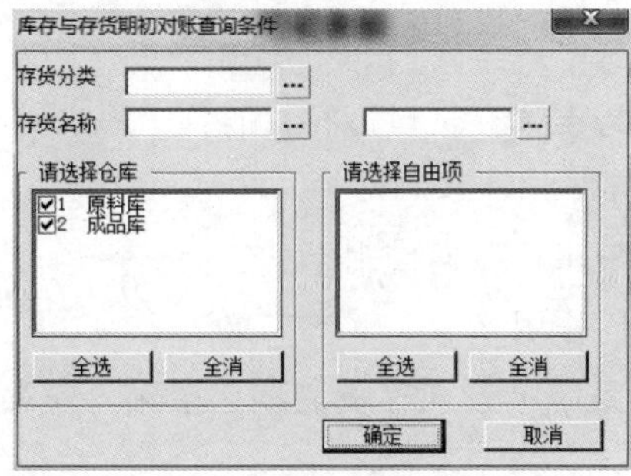

图6-9 库存与存货期初对账

(4) 单击“确定”按钮，对账成功。

(5) 单击“记账”按钮，执行存货核算记账。

(6) 将账套备份至“D:\222账套备份\备份任务16”文件夹中，以便完成接下来的任务。

❖ 提示：

✧ 存货的期初数据由存货核算系统和库存管理系统共享，库存管理系统输入期初数据后，存货核算系统不需要重复输入，可以通过“取数”直接取得库存的数据，然后对账无误后在存货核算系统执行记账。

✧ 如果库存系统和存货核算系统同时使用，则录入期初数据之前，应将库存的结存数与存货核算的结存数核对一致后，统一录入。

✧ 在使用存货核算系统时，为了保证存货核算系统和库存管理系统的一致性，不论按部门核算还是按仓库核算，都按仓库输入期初余额。

✧ 在使用存货核算系统时，如果按部门核算，当仓库的所属部门未填入时，系统将不允许输入期初数据。

✧ 在使用存货核算系统时，如果采用先进先出法等方式核算出库成本，可在期初余额的录入中按存货的不同入库时间分次录入各批存货的结存数量和结存金额；每录入一条记录就表示一笔入库业务中存货的现存情况；系统将自动记录其计价辅助数据，计价辅助数据的顺序按入库日期先后排列，若是相同入库日期或未输入入库日期，则按输入的先后顺序排列。

✧ 期初数据录入完毕，必须进行期初记账，才能开始日常业务。没有期初数据的用户，可以不录入期初数据，但必须执行期初记账操作，否则无法开始日常业务。如果期初数据是运行“结转上年”功能得来的，结转上年后已是期初记账后状态，则无须执行此功能。

✧ 如果同时启用了库存管理系统和存货核算系统，在期初记账前应设置库存管理系统和存货核算系统的启用日期，否则没有启用日期，即使期初记账也无法使用。另外，两个系统的启用日期必须保持一致。

✧ 期初数据记账是针对所有仓库的期初数据进行记账操作。因此，在进行期初数据记账前，必须确认各仓库的所有期初数据全部录入完毕并且正确无误后，再进行期初记账。

拓展任务

(1) 设置存货的收发类别与设置存货对方科目有何关系？

(2) 设置存货科目有何作用？

(3) 设置客户和供应商往来科目有何作用？

(4) 设置结算方式科目有何作用？

(5) 是否可以在库存管理系统中录入存货的期初余额，在存货核算系统中进行存货期初数据记账的操作？

(6) 设置“非合理损耗”科目有何作用?

(7) 从管理的角度认识存货核算系统控制参数对日常业务处理的影响。

任务17 核算系统日常业务

具体任务

- 分配完工产品成本，并查看产成品入库单。
- 进行正常单据记账。
- 对采购系统、销售系统和库存系统进行结账。
- 对仓库进行期末处理。
- 对产成品库进行平均单价计算。
- 生成所有的采购入库记账凭证、材料出库记账凭证、产成品入库记账凭证、销售出库记账凭证、其他入库记账凭证和其他出库的记账凭证。

案例

(1) 2022年1月15日，产成品库完工入库“12奇达”产品12台，经过计算合计发生总成本为123 960元；2022年1月19日，产成品库完工入库“12奇天”产品16台，经过计算合计发生总成本为141 760元，完工产成品总成本为265 720元。

(2) 2022年1月31日，由会计对本期的出入库业务单据执行单据记账。

(3) 2022年1月31日，本期购销存业务全部结束，由业务主管“YW01 张思思”对采购系统、销售系统、库存系统进行结账，并对仓库进行期末处理。

(4) 为了随时了解产成品库的平均单价，2022年1月31日，由会计对产成品库进行平均单价计算。

(5) 2022年1月31日，生成所有的采购入库业务的记账凭证。

(6) 2022年1月31日，生成所有的产成品入库业务的记账凭证。

(7) 2022年1月31日，生成所有的销售出库业务的记账凭证。

(8) 2022年1月31日，生成所有的其他出库业务的记账凭证。

业务处理过程

1. 分配完工产品成本

分配完工产品成本

操作步骤:

(1) 2022年1月31日，由业务会计“KJ03 陈光”登录“用友U8”|“企业应用平台”系统。

(2) 单击“供应链”|“存货核算”|“业务核算”|“产成品成本分配”选项，打开“产成品成本分配表”对话框，如图6-10所示。

(3) 单击“查询”按钮，弹出“产成品成本分配表查询”对话框。

(4) 单击选中仓库为“成品库”，选中“只处理当月的单据”复选框，如图6-11所示。

(5) 单击“确定”按钮，系统自动将本期入库的产成品的数量列示出来。

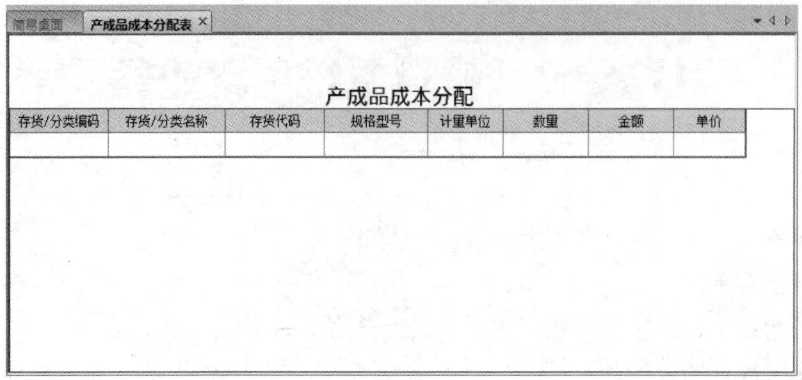

图6-10 “产成品成本分配表”对话框

产成品成本分配表查询

请选择仓库条件

☐1 原料库
☑2 成品库

全部选择
全部清空

存货分类
☐汇总 存货
☐汇总 部门
☐汇总 生产批号
☐汇总 生产订单号
订单行号
工序行号
单据日期

☐对已有成本的产成品入库单重新分配(包括无成本的单据)
☐包括红字入库单
高级选项>>
☑只处理当月的单据
确定
取消

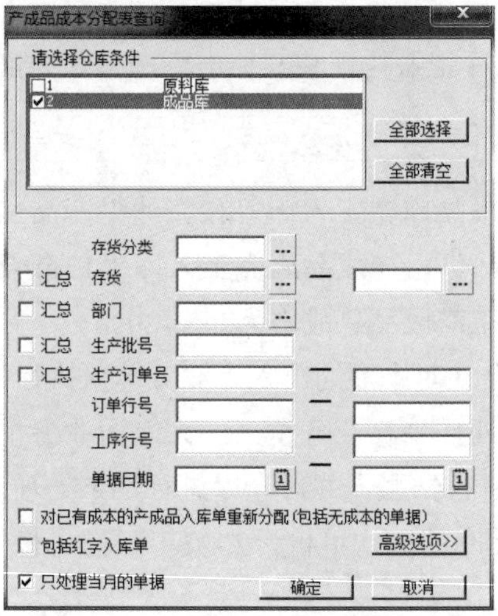

图6-11 产成品成本分配表查询条件输入

(6) 在“产成品成本分配表”对话框中，输入“12奇达”金额为“123 960”，“12奇天”金额为“141 760”，如图6-12所示。

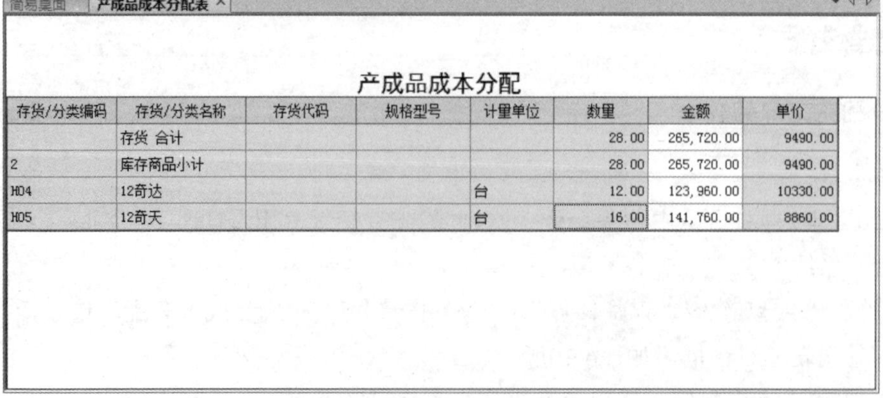

简易桌面 产成品成本分配表

产成品成本分配

存货/分类编码	存货/分类名称	存货代码	规格型号	计量单位	数量	金额	单价
	存货 合计				28.00	265,720.00	9490.00
2	库存商品小计				28.00	265,720.00	9490.00
H04	12奇达			台	12.00	123,960.00	10330.00
H05	12奇天			台	16.00	141,760.00	8860.00

图6-12 输入产成品成本分配金额

❖ 提示：

这里单击“明细”按钮，可以查询产成品入库的具体情况，如入库单号、入库时间和入库数量等信息。

(7) 单击“分配”按钮，系统弹出“分配操作顺利完成！”提示框，如图6-13所示。

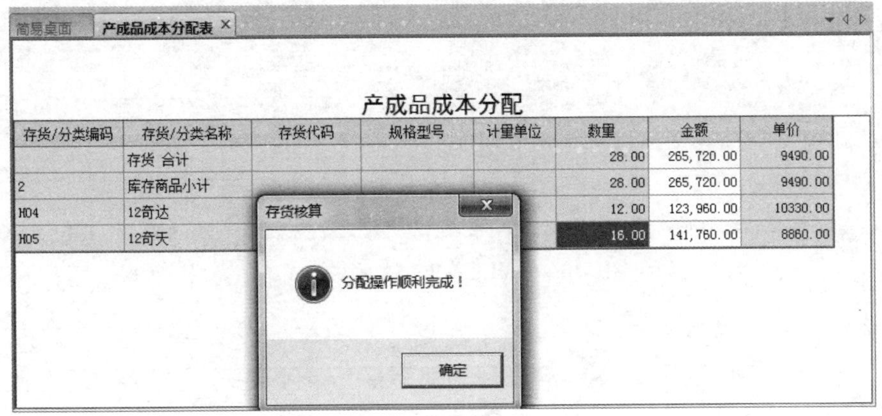

图6-13 系统提示

(8) 单击“确定”按钮，产成品成本分配完毕，单击“退出”按钮。

❖ 提示：

产成品成本分配后可以由业务主管“YW01张思思”在“库存管理”|“入库单”|“产成品入库单”选项中，打开“产成品入库单”界面，查看产成品入库成本的情况。

2. 进行正常单据记账

进行正常单据记账

操作步骤：

(1) 2022年1月31日，由业务会计“KJ03 陈光”登录“用友U8”|“企业应用平台”系统。

(2) 单击“供应链”|“存货核算”|“业务核算”|“正常单据记账”选项，打开“查询条件选择”对话框。

(3) 进入“正常单据记账列表”窗口，系统列出所有未记账的出入库单据，如图6-14所示。

(4) 单击“全选”按钮，选中全部业务单据。

(5) 单击“记账”按钮，系统对选中的业务单据自动执行记账处理，如图6-15所示。

(6) 记账完毕，单击“退出”按钮。

正常单据记账列表

记录总数：15

选择	日期	单据号	存货编码	存货名称	单据类型	仓库名称	收发类别	数量	单价	金额
	2022-01-15	0000000001	H04	12奇达	产成品入库单	成品库	产成品入库	12.00	10,330.00	123,960.00
	2022-01-17	0000000001	H01	CHK	采购入库单	原料库	采购入库	20.00	6,550.00	131,000.00
	2022-01-17	0000000001	H02	FDS	采购入库单	原料库	采购入库	10.00	3,200.00	32,000.00
	2022-01-17	0000000002	H03	HYH	采购入库单	原料库	采购入库	1,498.00	11.07	16,590.00
	2022-01-17	0000000003	H04	12奇达	专用发票	成品库	销售出库	5.00		
	2022-01-17	0000000003	H05	12奇天	专用发票	成品库	销售出库	12.00		
	2022-01-17	0000000004	H04	12奇达	专用发票	成品库	销售出库	3.00		
	2022-01-18	0000000005	H05	12奇天	专用发票	成品库	销售出库	3.00		
	2022-01-19	0000000002	H05	12奇天	产成品入库单	成品库	产成品入库	16.00	8,860.00	141,760.00
	2022-01-19	0000000001	H01	CHK	其他入库单	原料库	其他入库	10.00	6,500.00	65,000.00
	2022-01-20	0000000007	H05	12奇天	专用发票	成品库	销售出库	5.00		
	2022-01-20	0000000006	H05	12奇天	专用发票	成品库	销售出库	-1.00		
	2022-01-29	0000000001	H04	12奇达	其他出库单	成品库	其他出库	2.00		
	2022-01-30	0000000003	H03	HYH	采购入库单	原料库	采购入库	1,000.00	12.00	12,000.00
	2022-01-31	0000000002	H03	HYH	其他出库单	原料库	其他出库	9.00		
小计								2,604.00		522,310.00

图6-14 “正常单据记账列表”窗口

正常单据记账列表

记录总数：15

选择	日期	单据号	存货编码	存货名称	单据类型	仓库名称	收发类别	数量	单价	金额
Y	2022-01-15	0000000001	H04	12奇达	产成品入库单	成品库	产成品入库	12.00	10,330.00	123,960.00
Y	2022-01-17	0000000001	H01	CHK	采购入库单	原料库	采购入库	20.00	6,550.00	131,000.00
Y	2022-01-17	0000000001	H02	FDS	采购入库单	原料库	采购入库	10.00	3,200.00	32,000.00
Y	2022-01-17	0000000002	H03	HYH	采购入库单	原料库	采购入库	1,498.00	11.07	16,590.00
Y	2022-01-17	0000000003	H04	12奇达	专用发票	成品库	销售出库	5.00		
Y	2022-01-17	0000000003	H05	12奇天	专用发票	成品库	销售出库	12.00		
Y	2022-01-17	0000000004	H04	12奇达	专用发票	成品库	销售出库	3.00		
Y	2022-01-18	0000000005	H05	12奇天	专用发票		销售出库	3.00		
Y	2022-01-19	0000000002	H05	12奇天	产成品入		品入库	16.00	8,860.00	141,760.00
Y	2022-01-19	0000000001	H01	CHK	其他入库		入库	10.00	6,500.00	65,000.00
Y	2022-01-20	0000000007	H05	12奇天	专用发		出库	5.00		
Y	2022-01-20	0000000006	H05	12奇天	专用发		出库	-1.00		
Y	2022-01-29	0000000001	H04	12奇达	其他出库		出库	2.00		
Y	2022-01-30	0000000003	H03	HYH	采购入库		入库	1,000.00	12.00	12,000.00
Y	2022-01-31	0000000002	H03	HYH	其他出库		出库	9.00		
小计								2,604.00		522,310.00

存货核算

记账成功。

确定

图6-15 单据记账

❖ 提示：

✧ 记账窗口显示的是所有未经记账的单据，记账后，记过账的业务单据在记账界面不再显示，但在“取消记账”窗口中可以查询所有已记账的单据。

✧ 记账完毕之后，可以查询与存货相关的各种账簿。

✧ 记账后，只能查询单据，不可修改，如果要修改必须先取消记账，然后再修改。

✧ 记账后，对于计价方法为先进先出、后进先出、移动平均、个别计价的仓库，系统将根据相关资料自动计算出库成本。

3. 将采购、销售和库存系统进行结账

将采购、销售和库存系统进行结账

操作步骤：

(1) 2022年1月31日，由业务主管“YW01张思思”将采购系统进行结账，如图6-16所示。

结账

会计月份	起始日期	结束日期	是否结账
1	2022-01-01	2022-01-31	是
2	2022-02-01	2022-02-28	否
3	2022-03-01	2022-03-31	否
4	2022-04-01	2022-04-30	否
5	2022-05-01	2022-05-31	否
6	2022-06-01	2022-06-30	否
7	2022-07-01	2022-07-31	否
8	2022-08-01	2022-08-31	否
9	2022-09-01	2022-09-30	否
10	2022-10-01	2022-10-31	否
11	2022-11-01	2022-11-30	否
12	2022-12-01	2022-12-31	否

结账　取消结账　帮助　退出

为保证采购系统的暂估余额表和存货核算系统的暂估余额表数据一致，建议在月末结账前将未填单价、金额的采购入库单填上单价、金额

图6-16　采购系统结账

(2) 将销售系统进行结账，如图6-17所示。

结账

会计月份	起始日期	结束日期	是否结账
1	2022-01-01	2022-01-31	是
2	2022-02-01	2022-02-28	否
3	2022-03-01	2022-03-31	否
4	2022-04-01	2022-04-30	否
5	2022-05-01	2022-05-31	否
6	2022-06-01	2022-06-30	否
7	2022-07-01	2022-07-31	否
8	2022-08-01	2022-08-31	否
9	2022-09-01	2022-09-30	否
10	2022-10-01	2022-10-31	否
11	2022-11-01	2022-11-30	否
12	2022-12-01	2022-12-31	否

结账　取消结账　帮助　退出

如果《应收款管理》按照单据日期记账，《销售管理》本月有未复核的发票，月末结账后，这些未复核的发票在《应收款管理》就不能按照单据日期记账了，除非在《应收款管理》改成按业务日期记账。

图6-17　销售系统结账

(3) 将库存系统进行结账，如图6-18所示。

4. 对核算系统进行期末处理

操作步骤：

(1) 由“KJ03陈光”登录“用友U8”|“企业应用平台”系统。

(2) 单击“供应链”|“存货核算”|“业务核算”|“期末处理”选项，打开“期末处理”对话框。

对核算系统进行期末处理

会计月份	起始日期	结束日期	是否结账
1	2022-01-01	2022-01-31	是
2	2022-02-01	2022-02-28	否
3	2022-03-01	2022-03-31	否
4	2022-04-01	2022-04-30	否
5	2022-05-01	2022-05-31	否
6	2022-06-01	2022-06-30	否
7	2022-07-01	2022-07-31	否
8	2022-08-01	2022-08-31	否
9	2022-09-01	2022-09-30	否
10	2022-10-01	2022-10-31	否
11	2022-11-01	2022-11-30	否
12	2022-12-01	2022-12-31	否

图6-18　库存系统结账

(3) 选择进行期末处理的仓库为“原料库”和“成品库”，如图6-19所示。

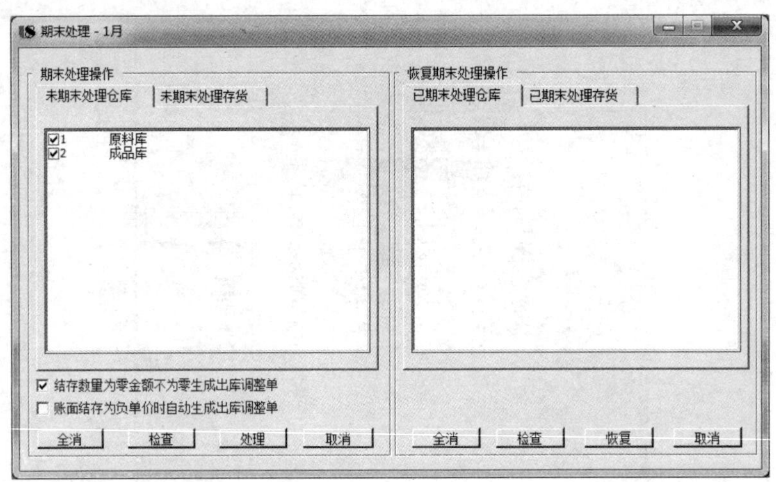

图6-19　“期末处理”对话框

(4) 单击“处理”按钮，系统弹出“仓库平均单价计算表”窗口，如图6-20所示。

月平均单价计算表

输出　显示　确定　栏目

仓库平均单价计算表

记录总数：2

部门编码	部门…	仓库编码	仓库名称	存货编码	存货名称	存货代码	存货…	存货单位	期初数量	期初金额	入库数量	入库金额	有金额出库数量	有金额出库成本	平均单价	原单价
		2	成品库	H04	12奇达			台	23.00	246,928.00	12.00	123,960.00	0.00	0.00	10,596.80	10,596.80
		2	成品库	H05	12奇天			台	25.00	222,710.00	16.00	141,760.00	0.00	0.00	8,889.51	8,889.51
小计																

图6-20　“仓库平均单价计算表”窗口

(5) 查看无误，单击“确定”按钮，系统弹出提示框，如图6-21所示。

(6) 单击“确定”按钮，期末处理完毕。

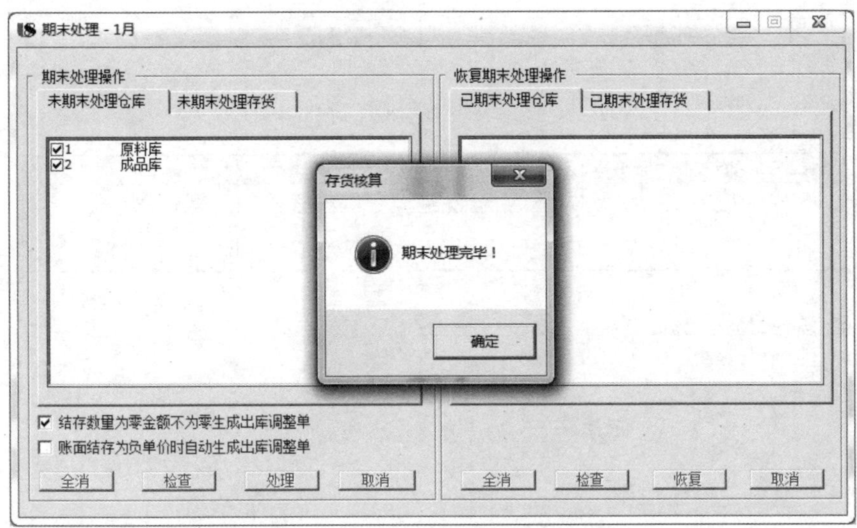

图6-21 系统提示信息

❖ 提示：

✧ 由于本系统可以处理压单不记账的情况，因此，进行期末处理之前，应仔细检查是否本月业务还有未记账的单据，若有，则应做完本会计月的全部日常业务后，再做期末处理工作。

✧ 本月的单据如果用户不想记账，可以放在下个会计月记账，算作下个会计月的单据。

✧ 本月已进行期末处理的仓库/部门不能再进行期末处理。

5. 平均价计算

平均价计算

操作步骤：

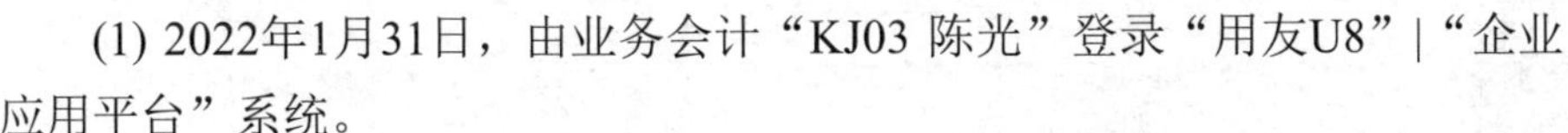

(1) 2022年1月31日，由业务会计“KJ03 陈光”登录“用友U8”|“企业应用平台”系统。

(2) 单击“供应链”|“存货核算”|“业务核算”|“平均单价计算”选项，打开“平均单价计算”对话框。

(3) 选择月份为“1月份”，仓库为“成品库”，如图6-22所示。

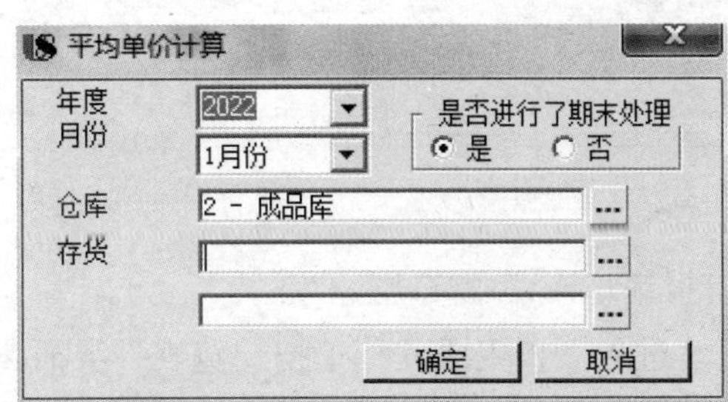

图6-22 “平均单价计算”对话框

(4) 单击“确定”按钮，进入“月平均单价查询表”窗口，如图6-23所示。

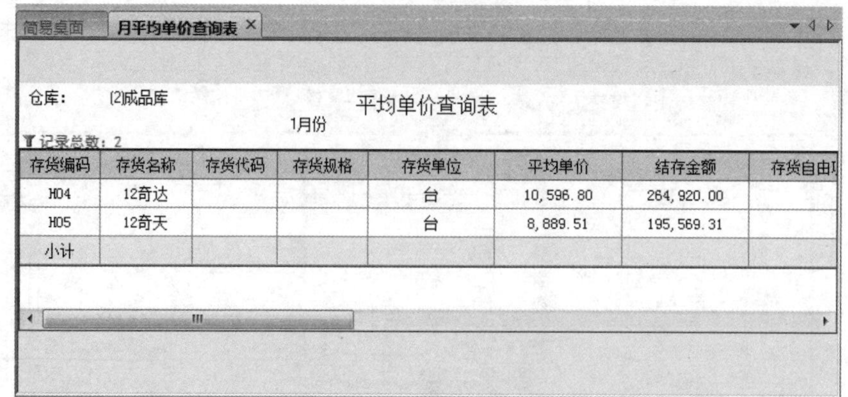

图6-23 “月平均单价查询表”窗口

(5) 单击“退出”按钮退出。

6. 采购入库单制单

采购入库单制单

操作步骤：

(1) 2022年1月31日，由业务会计“KJ03 陈光”登录“用友U8”|“企业应用平台”系统。

(2) 单击“供应链”|“存货核算”|“财务核算”|“生成凭证”选项，打开“生成凭证”界面。

(3) 单击“选择”按钮，弹出“查询条件”对话框，如图6-24所示。

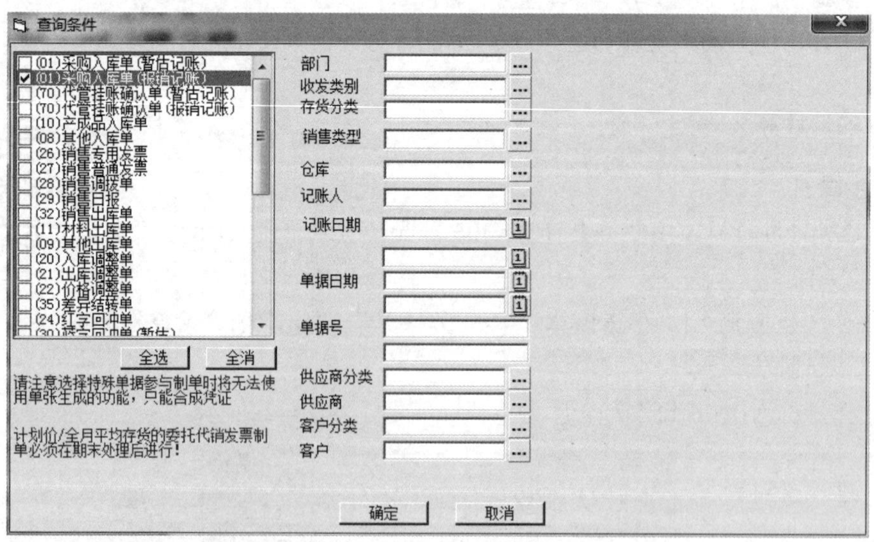

图6-24 生成采购入库凭证“查询条件”对话框

(4) 选中“采购入库单(报销记账)”复选框。

(5) 单击“确定”按钮，进入“未生成凭证单据一览表”界面。

(6) 单击“全选”按钮，如图6-25所示。

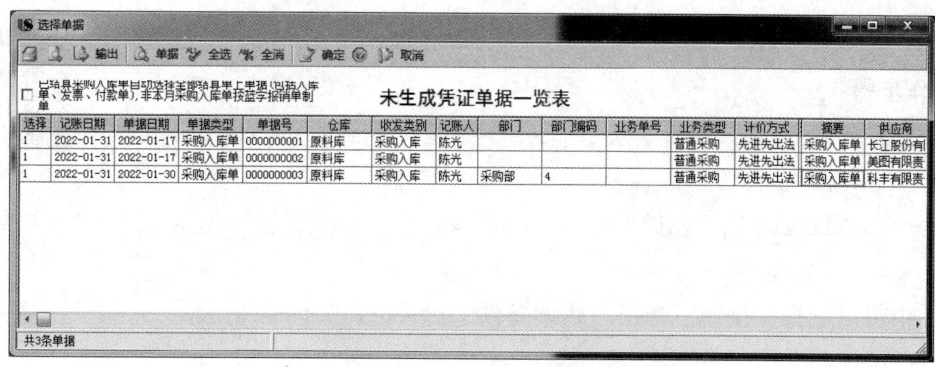

选择	记账日期	单据日期	单据类型	单据号	仓库	收发类别	记账人	部门	部门编码	业务单号	业务类型	计价方式	摘要	供应商
1	2022-01-31	2022-01-17	采购入库单	0000000001	原料库	采购入库	陈光				普通采购	先进先出法	采购入库单	长江股份有
1	2022-01-31	2022-01-17	采购入库单	0000000002	原料库	采购入库	陈光				普通采购	先进先出法	采购入库单	美图有限责
1	2022-01-31	2022-01-30	采购入库单	0000000003	原料库	采购入库	陈光	采购部	4		普通采购	先进先出法	采购入库单	科丰有限责

图6-25 选中未生成凭证单据1

(7) 单击“确定”按钮，系统列示凭证一览表，如图6-26所示。

简易桌面 | 月平均单价查询表 | 生成凭证

凭证类别 记 记账凭证

选择	单据类型	单据号	摘要	科目类型	科目编码	科目名称	借方金额	贷方金额	借方数量	贷方数量	科目方向	存货编码	存货名称
1	采购入库单	0000000001	采购入库单	存货	1403	原材料	131,000.00		20.00		1	H01	CHK
				对方	1402	在途物资		131,000.00		20.00	2	H01	CHK
				存货	1403	原材料	32,000.00		10.00		1	H02	FDS
				对方	1402	在途物资		32,000.00		10.00	2	H02	FDS
		0000000002		存货	1403	原材料	16,590.00		1,498.00		1	H03	HYH
				对方	1402	在途物资		16,590.00		1,498.00	2	H03	HYH
		0000000003		存货	1403	原材料	12,000.00		1,000.00		1	H03	HYH
				对方	1402	在途物资		12,000.00		1,000.00	2	H03	HYH
合计							191,590.00	191,590.00					

图6-26 采购入库凭证一览表

(8) 单击“生成”按钮，生成采购入库凭证。

(9) 单击“保存”按钮，凭证左上角出现“已生成”标志，如图6-27所示。

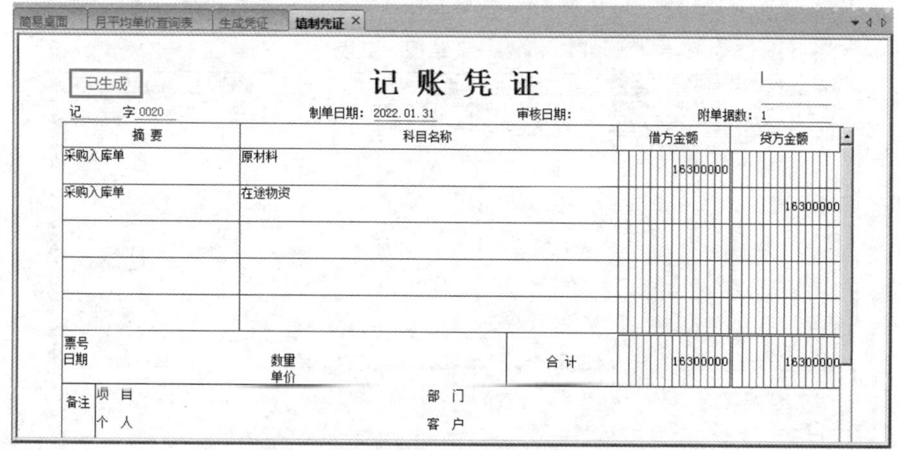

图6-27 已保存的记账凭证

(10) 单击“下张”按钮，继续保存第2张和第3张记账凭证。

7. 产成品入库制单

产成品入库制单

操作步骤：

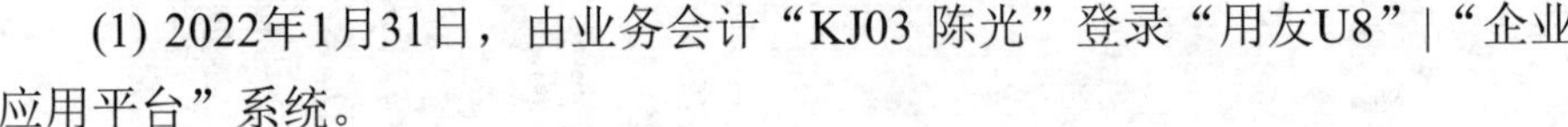

(1) 2022年1月31日，由业务会计“KJ03 陈光”登录“用友U8”|“企业应用平台”系统。

(2) 单击“供应链”|“存货核算”|“财务核算”|“生成凭证”选项，打开“生成凭证”界面。

(3) 单击“选择”按钮，弹出“查询条件”对话框，如图6-28所示，选中“产成品入库单”复选框。

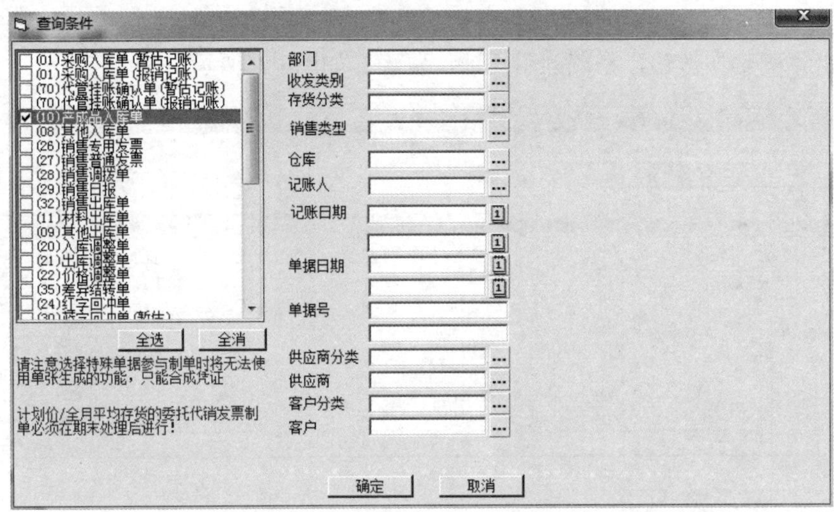

图6-28　生成产生品入库凭证“查询条件”对话框

(4) 单击“确定”按钮，进入“未生成凭证单据一览表”界面。

(5) 单击“全选”按钮，如图6-29所示。

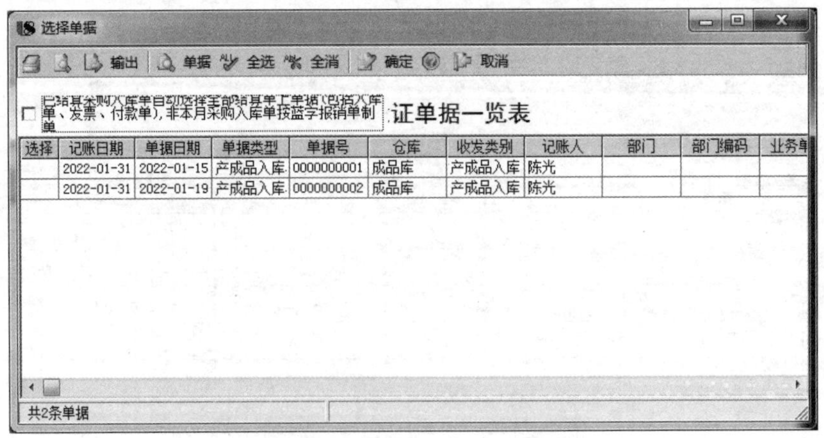

选择	记账日期	单据日期	单据类型	单据号	仓库	收发类别	记账人	部门	部门编码	业务单
	2022-01-31	2022-01-15	产成品入库	0000000001	成品库	产成品入库	陈光			
	2022-01-31	2022-01-19	产成品入库	0000000002	成品库	产成品入库	陈光			

图6-29　选中未生成凭证单据

(6) 单击“确定”按钮，系统列示凭证一览表，如图6-30所示。

(7) 单击“生成”按钮，生成产成品入库凭证。

(8) 单击“保存”按钮，凭证左上角出现“已生成”标志，如图6-31所示。

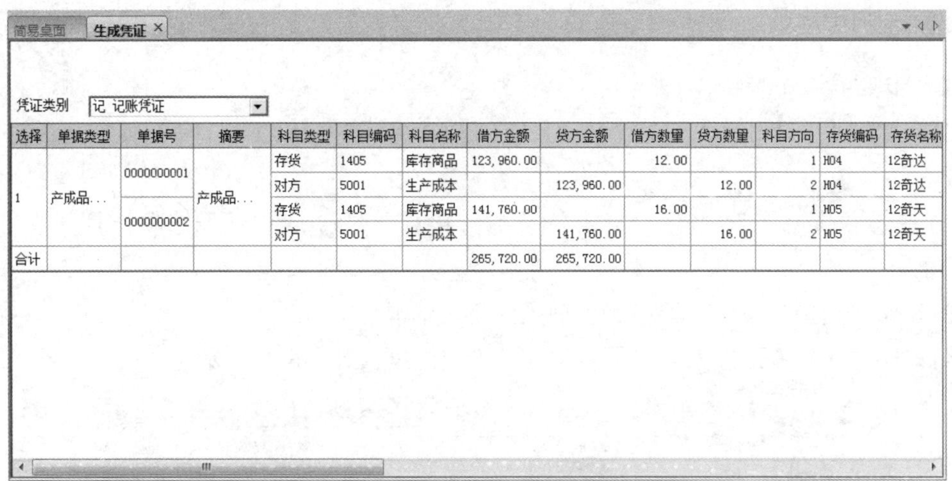

简易桌面　生成凭证

凭证类别　记 记账凭证

选择	单据类型	单据号	摘要	科目类型	科目编码	科目名称	借方金额	贷方金额	借方数量	贷方数量	科目方向	存货编码	存货名称
1	产成品...	0000000001	产成品...	存货	1405	库存商品	123,960.00		12.00		1	H04	12奇达
				对方	5001	生产成本		123,960.00		12.00	2	H04	12奇达
		0000000002		存货	1405	库存商品	141,760.00		16.00		1	H05	12奇天
				对方	5001	生产成本		141,760.00		16.00	2	H05	12奇天
合计							265,720.00	265,720.00					

图6-30　产成品入库凭证一览表

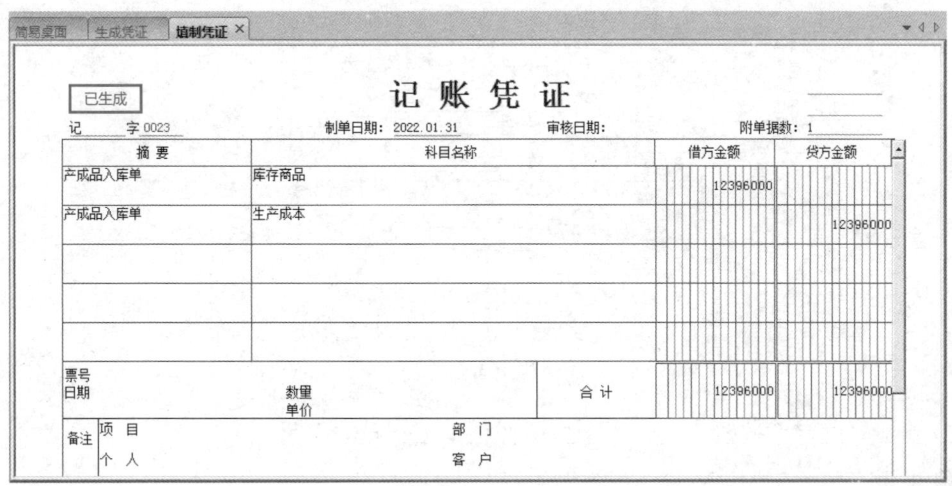

简易桌面　生成凭证　填制凭证

已生成

记账凭证

记　字 0023　制单日期：2022.01.31　审核日期：　附单据数：1

摘要	科目名称	借方金额	贷方金额
产成品入库单	库存商品	12396000	
产成品入库单	生产成本		12396000
票号 日期	数量 单价 合计	12396000	12396000

备注　项目　部门　个人　客户

图6-31　已保存的产成品入库凭证

(9) 单击“下张”按钮，继续保存第2张记账凭证，如图6-32所示。

简易桌面　生成凭证　填制凭证

已生成

记账凭证

记　字 0024　制单日期：2022.01.31　审核日期：　附单据数：1

摘要	科目名称	借方金额	贷方金额
产成品入库单	库存商品	14176000	
产成品入库单	生产成本		14176000
票号 日期	数量 单价 合计	14176000	14176000

备注　项目　部门　个人　客户

图6-32　已保存的第2张产成品入库凭证

8. 销售出库制单

销售出库制单

操作步骤：

(1) 2022年1月31日，由业务会计“KJ03 陈光”登录“用友U8”|“企业应用平台”系统。

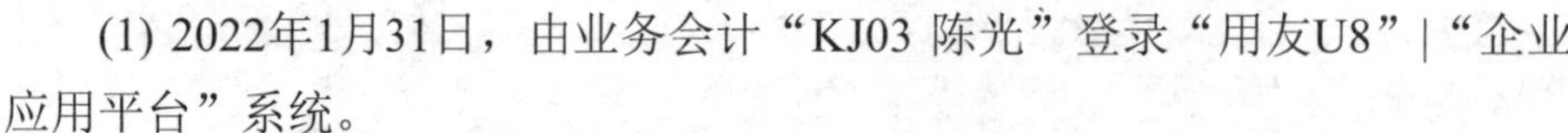

(2) 单击“供应链”|“存货核算”|“财务核算”|“生成凭证”选项，打开“生成凭证”界面。

(3) 单击“选择”按钮，弹出“查询条件”对话框。

(4) 选中“销售专用发票”“销售出库单”复选框，如图6-33所示。

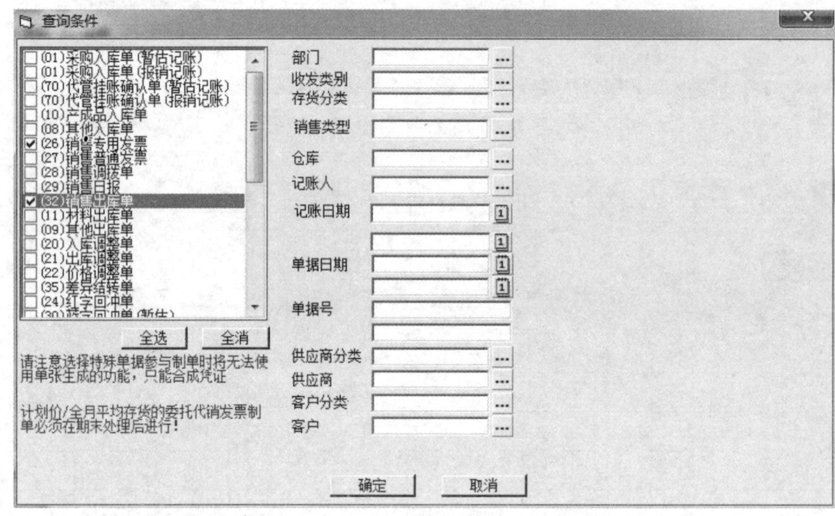

图6-33　生成销售出库“查询条件”对话框

(5) 单击“确定”按钮，进入“未生成凭证单据一览表”界面。

(6) 单击“全选”按钮，如图6-34所示。

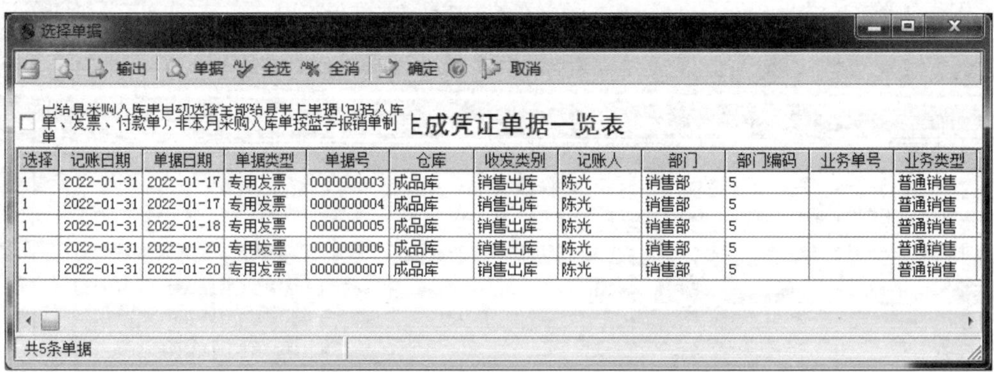

选择	记账日期	单据日期	单据类型	单据号	仓库	收发类别	记账人	部门	部门编码	业务单号	业务类型
1	2022-01-31	2022-01-17	专用发票	0000000003	成品库	销售出库	陈光	销售部	5		普通销售
1	2022-01-31	2022-01-17	专用发票	0000000004	成品库	销售出库	陈光	销售部	5		普通销售
1	2022-01-31	2022-01-18	专用发票	0000000005	成品库	销售出库	陈光	销售部	5		普通销售
1	2022-01-31	2022-01-20	专用发票	0000000006	成品库	销售出库	陈光	销售部	5		普通销售
1	2022-01-31	2022-01-20	专用发票	0000000007	成品库	销售出库	陈光	销售部	5		普通销售

图6-34　选中未生成凭证单据

(7) 单击“确定”按钮，系统列示凭证一览表，如图6-35所示。

(8) 单击“生成”按钮，生成销售出库凭证。

(9) 单击“保存”按钮，凭证左上角出现“已生成”标志，如图6-36所示。

(10) 单击“下张”按钮，逐一对生成的记账凭证进行保存。

简易桌面 | 生成凭证

凭证类别 记 记账凭证

选择	单据类型	单据号	摘要	科目类型	科目编码	科目名称	借方金额	贷方金额	借方数量	贷方数量	科目方向	存货编码	存货名称
1	专用发票	0000000003	专用发票	对方	6401	主营业...	52,984.00		5.00		1	H04	12奇达
				存货	1405	库存商品		52,984.00		5.00	2	H04	12奇达
				对方	6401	主营业...	106,674.12		12.00		1	H05	12奇天
				存货	1405	库存商品		106,674.12		12.00	2	H05	12奇天
		0000000004		对方	6401	主营业...	31,790.40		3.00		1	H04	12奇达
				存货	1405	库存商品		31,790.40		3.00	2	H04	12奇达
		0000000005		对方	6401	主营业...	26,668.53		3.00		1	H05	12奇天
				存货	1405	库存商品		26,668.53		3.00	2	H05	12奇天
		0000000006		对方	6401	主营业...	-8,889.51		-1.00		1	H05	12奇天
				存货	1405	库存商品		-8,889.51		-1.00	2	H05	12奇天
		0000000007		对方	6401	主营业...	44,447.55		5.00		1	H05	12奇天
				存货	1405	库存商品		44,447.55		5.00	2	H05	12奇天
合计							253,675.09	253,675.09					

图6-35 销售出库凭证一览表

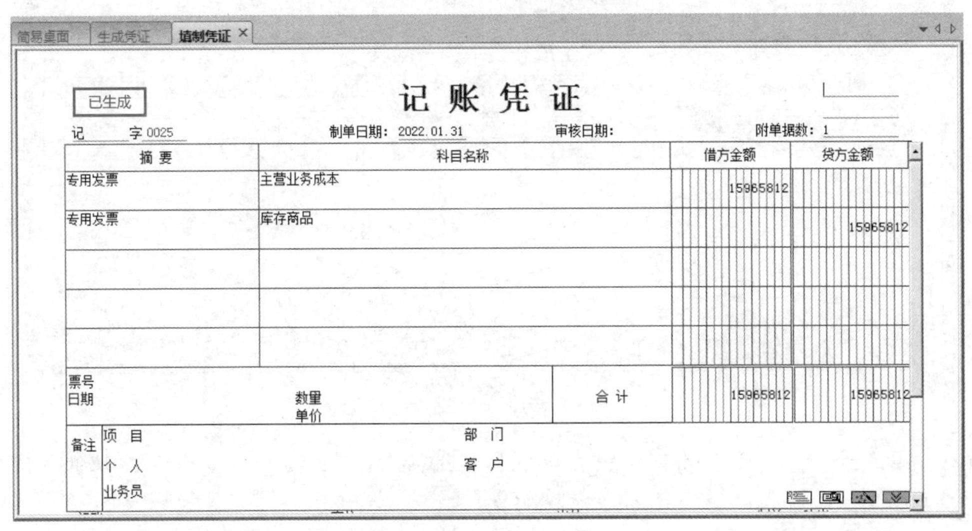

简易桌面 | 生成凭证 | 填制凭证

已生成

记账凭证

记 字 0025　　制单日期：2022.01.31　　审核日期：　　附单据数：1

摘要	科目名称	借方金额	贷方金额
专用发票	主营业务成本	15965812	
专用发票	库存商品		15965812
票号 日期	数量 单价 合计	15965812	15965812

备注　项 目　　部 门

个 人　　客 户

业务员

图6-36 已保存的销售出库凭证

9. 其他出入库单制单

其他出入库单制单

操作步骤：

(1) 2022年1月31日，由业务会计“KJ03 陈光”登录“用友U8”|“企业应用平台”系统。

(2) 单击“供应链”|“存货核算”|“财务核算”|“生成凭证”选项，打开“生成凭证”界面。

(3) 单击“选择”按钮，弹出“查询条件”对话框。

(4) 选中“其他入库单”和“其他出库单”复选框，如图6-37所示。

(5) 单击“确定”按钮，进入“未生成凭证单据一览表”界面。

(6) 单击“全选”按钮，如图6-38所示。

(7) 单击“确定”按钮，系统列示凭证一览表。

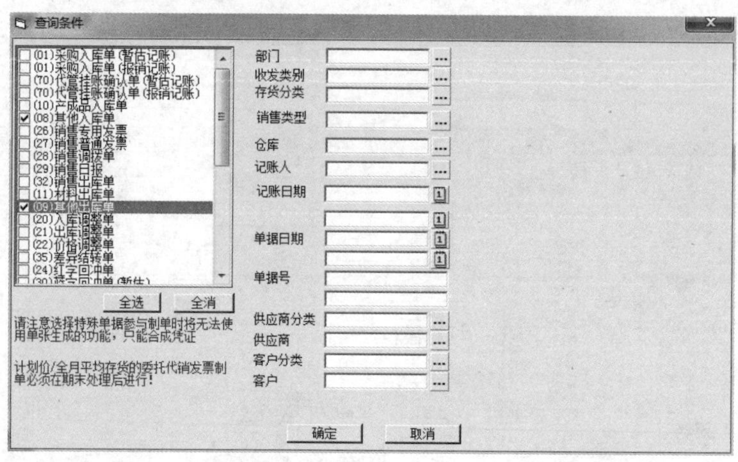

图6-37　生成其他出入库单凭证“查询条件”对话框

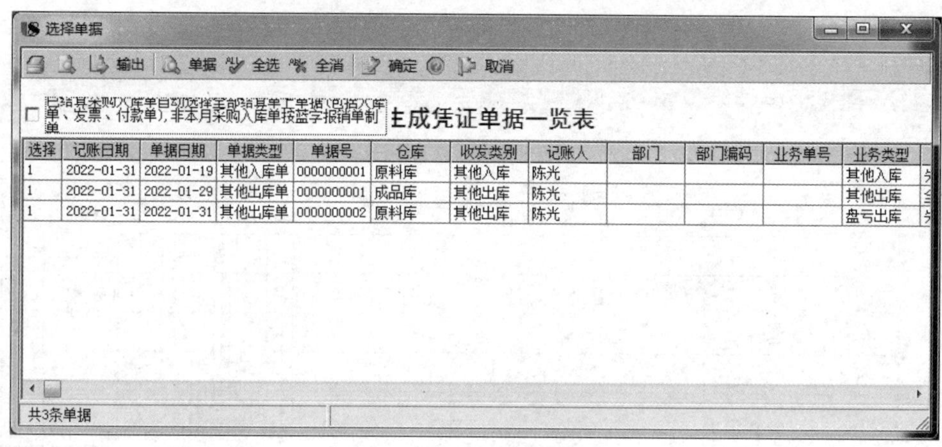

未生成凭证单据一览表

选择	记账日期	单据日期	单据类型	单据号	仓库	收发类别	记账人	部门	部门编码	业务单号	业务类型
1	2022-01-31	2022-01-19	其他入库单	0000000001	原料库	其他入库	陈光				其他入库
1	2022-01-31	2022-01-29	其他出库单	0000000001	成品库	其他出库	陈光				其他出库
1	2022-01-31	2022-01-31	其他出库单	0000000002	原料库	其他出库	陈光				盘亏出库

共3条单据

图6-38　选中未生成凭证单据

(8) 分别输入第1张凭证的其他出库单的科目编码“6711 营业外支出”，其他入库单的科目编码“6301 营业外收入”，如图6-39所示。

生成凭证

凭证类别　记 记账凭证

选择	单据类型	单据号	摘要	科目类型	科目编码	科目名称	借方金额	贷方金额	借方数量	贷方数量	科目方向	存货编码	存货名称
1	其他出库单	0000000001	其他出库单	对方	6711	营业外...	21,193.60		2.00		1	H04	12奇达
				存货	1405	库存商品		21,193.60		2.00	2	H04	12奇达
	其他入库单		其他入库单	存货	1403	原材料	6,500.00		10.00		1	H01	CHK
				对方	6301	营业外...		6,500.00		10.00	2	H01	CHK
	其他出库单	0000000002	其他出库单	对方	1901	待处理...	108.00		9.00		1	H03	HYH
				存货	1403	原材料		108.00		9.00	2	H03	HYH
合计							27,801.60	27,801.60					

图6-39　其他出入库凭证一览表

(9) 单击“生成”按钮，生成其他出库凭证，如图6-40所示。

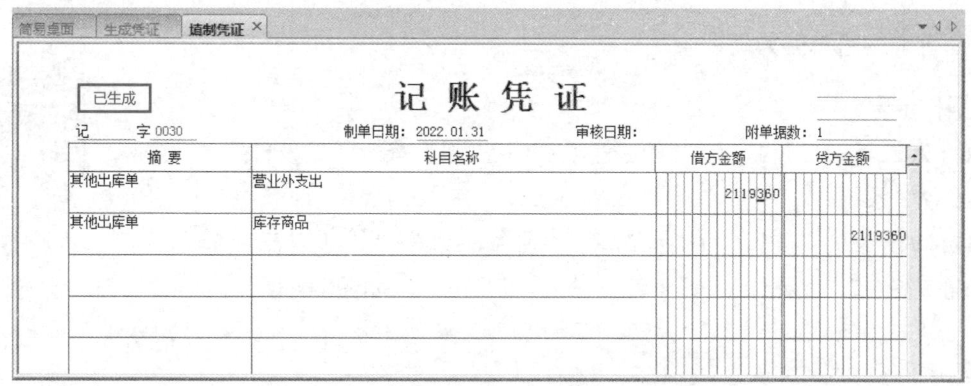

图6-40 其他出库凭证

(10) 单击“保存”按钮，凭证左上角出现“已生成”标志。

(11) 单击“下张”按钮，逐一对生成的记账凭证进行保存。

(12) 将账套备份至“D:\222账套备份\任务17备份”文件夹中，以便完成接下来的任务。

拓展任务

(1) 在未进行产成品成本分配前，能否对“产成品入库单”进行单据记账的操作？

(2) 在采购、销售及库存系统未结账的情况下能否进行库存商品平均单价的计算？能否计算销售商品的成本？

(3) 在生成记账凭证时，凭证上没有相应的会计科目，应该怎么办？

(4) 在什么情况下需要对存货进行平均单价的计算？

(5) 在什么情况下要使用“特殊单据记账”功能？

(6) 应在哪个功能中查询核算系统中所生成的记账凭证？

(7) 应在哪个功能中删除已生成的记账凭证？

(8) 应在哪个功能中取消对正常单据的记账操作？

(9) 如何取消核算系统的“月末处理”？

(10) 认识在信息化的条件下财务业务一体化管理对企业管理信息化的重要意义。

任务18 查询核算账表并结账

具体任务

- 查询购销单据记账凭证。
- 查询成品库的存货明细账。
- 对核算系统进行结账。

业务处理过程

1. 查询购销单据凭证列表

查询购销单据凭证列表

操作步骤：

(1) 2022年1月31日，由账套主管“KJ01 王强”登录“用友U8”|“企业应用平台”系统。

(2) 单击“供应链”|“存货核算”|“财务核算”|“凭证列表”选项，打开“查询条件”对话框。选择查询月份为“1月份”，如图6-41所示。

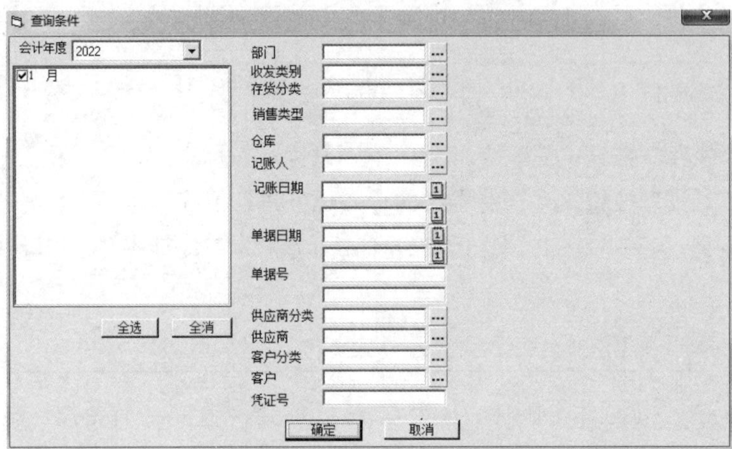

图6-41 “查询条件”对话框

(3) 单击“确定”按钮，进入“凭证列表”界面，如图6-42所示。

简易桌面 凭证列表

选择	凭证日期	凭证类型	凭证号	凭证摘要	业务号	制单
	2022-01-31	记	20	采购入库单	2022IA0000000000001	陈光
	2022-01-31	记	21	采购入库单	2022IA0000000000002	陈光
	2022-01-31	记	22	采购入库单	2022IA0000000000003	陈光
	2022-01-31	记	23	产成品入库单	2022IA0000000000004	陈光
	2022-01-31	记	24	产成品入库单	2022IA0000000000005	陈光
	2022-01-31	记	25	专用发票	2022IA0000000000006	陈光
	2022-01-31	记	26	专用发票	2022IA0000000000007	陈光
	2022-01-31	记	27	专用发票	2022IA0000000000008	陈光
	2022-01-31	记	28	专用发票	2022IA0000000000009	陈光
	2022-01-31	记	29	专用发票	2022IA0000000000010	陈光
	2022-01-31	记	30	其他出库单	2022IA0000000000012	陈光
	2022-01-31	记	31	其他出库单	2022IA0000000000013	陈光
	2022-01-31	记	32	其他入库单	2022IA0000000000011	陈光

图6-42 “凭证列表”界面

(4) 单击“单据”按钮，可以查询生成该张凭证的业务单据。

(5) 单击“凭证”按钮，可以查询该张凭证的详细内容。

❖ 提示：

✧ 在凭证列表中删除凭证，只是将总账系统中的凭证做作废处理。

✧ 总账中已审核的凭证在存货核算系统中不能删除。

✧ 存货核算系统只能对总账中的有效凭证和有错凭证进行删除。

2. 查询成品库的存货明细账

查询成品库的存货明细账

操作步骤：

(1) 2022年1月31日，由账套主管“KJ01 王强”登录“企业应用平台”系统。

(2) 单击“供应链”|“存货核算”|“账表”|“账簿”|“明细账”选项，打开“明细账查询”对话框。

(3) 选择仓库为“成品库”，如图6-43所示。

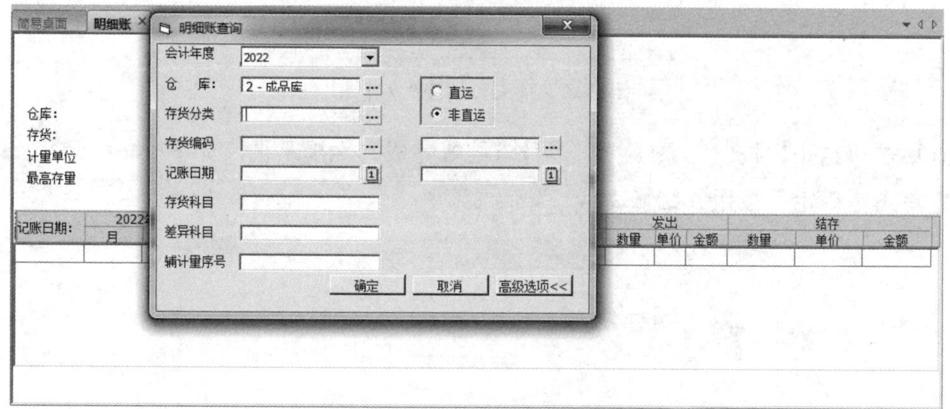

图6-43　输入明细账查询条件

(4) 单击“确定”按钮，进入“明细账”界面，如图6-44所示。

简易桌面　明细账

明细账

仓库：(2) 成品库

存货：(H04)12奇达　　　　规格型号：

计量单位：台　　　　存货代码：

最高存量：　　　　最低存量：　　　　安全库存量：

记账日期:	2022年		凭证号	摘要		收入			发出			结存		
	月	日		凭证摘要	收发类别	数量	单价	金额	数量	单价	金额	数量	单价	金额
				期初结存								23.00	10,736.00	246,928.00
2022-01-31	1	31	记 23	产成品入库	产成品入库	12.00	10,330.00	123,960.00				35.00	10,596.80	370,888.00
2022-01-31	1	31	记 25	专用发票	销售出库				5.00	6.80	384.00	30.00	10,596.80	317,904.00
2022-01-31	1	31	记 26	专用发票	销售出库				3.00	6.80	700.40	27.00	10,596.80	286,113.60
2022-01-31	1	31	记 30	其他出库单	其他出库				2.00	6.80	193.60	25.00	10,596.80	264,920.00
				1月合计		12.00		123,960.00	10.00		368.00	25.00	10,596.80	264,920.00
				本年累计		12.00		123,960.00	10.00		368.00			

图6-44　成品库的明细账

3. 对核算系统进行结账

操作步骤：

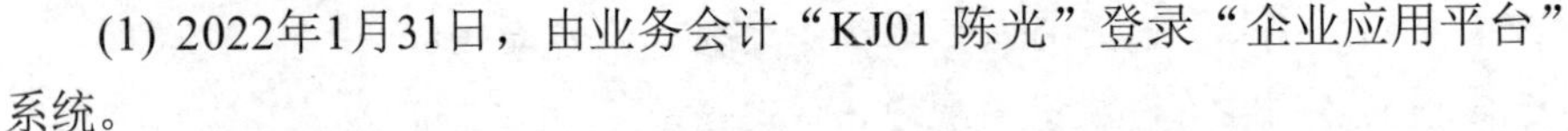

(1) 2022年1月31日，由业务会计“KJ01 陈光”登录“企业应用平台”系统。

(2) 单击“核算”|“业务核算”|“月末结账”选项，打开月末“结账”对话框，如图6-45所示。

结账

会计月份	起始日期	结束日期	是否结账
1	2022-01-01	2022-01-31	否
2	2022-02-01	2022-02-28	否
3	2022-03-01	2022-03-31	否
4	2022-04-01	2022-04-30	否
5	2022-05-01	2022-05-31	否
6	2022-06-01	2022-06-30	否
7	2022-07-01	2022-07-31	否
8	2022-08-01	2022-08-31	否
9	2022-09-01	2022-09-30	否
10	2022-10-01	2022-10-31	否
11	2022-11-01	2022-11-30	否
12	2022-12-01	2022-12-31	否

月结检查 取消月结检查 结账 取消结账 帮助 退出

图6-45　月末“结账”对话框

(3) 单击“结账”按钮。系统弹出“月末结账完成！”提示框，如图6-46所示。

(4) 单击“确定”按钮。结账完成。

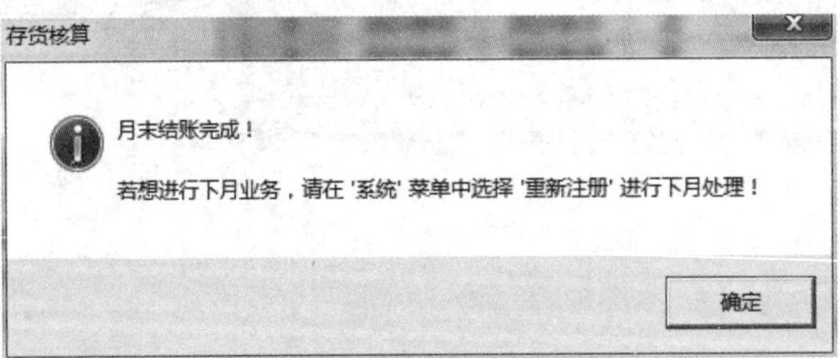

图6-46　月末结账完成提示

(5) 将账套备份至“D:\222账套备份\任务18备份”文件夹中，以便完成接下来的任务。

❖ 提示：

- ✧ 由于本会计月的单据可以压单下月记账，因此，应检查本会计月工作是否已全部完成。只有在当前会计月所有工作全部完成的前提下，才能进行月末结账，否则会遗漏某些业务。
- ✧ 月末结账之前用户一定要进行数据备份，否则数据一旦发生错误，将造成无法挽回的后果。月末结账后将不能再做当前会计月的业务，只能做下个会计月的日常业务。

拓展任务

(1) 存货核算系统中的“单据列表”功能与库存系统中的“单据列表”功能有何不同?

(2) 在“凭证”功能中可以进行哪些操作?

(3) 在什么功能中可以查询到“入库汇总表”及“出库汇总表”?

(4) 在“收发存汇总表”中可以查询到哪些信息?

(5) 在核算系统中删除记账凭证,在总账中将会出现什么标记?

(6) 在“明细账”中可以查询到哪些信息?

(7) 对总账系统的所有凭证进行审核和记账。

(8) 在总账系统中结转期间损益,并对结转期间损益的自动转账凭证进行审核和记账。

(9) 利用报表模板生成“资产负债表”和“利润表”。

(10) 了解“企业内部控制应用指引第18号—信息系统”的内容。

附录A 综合实验一

任务导入

经过“任务1”至“任务18”的业务处理，四方公司已经完成了2022年1月份的全部业务的会计核算与业务处理工作。现在开始进行2022年2月份的会计核算和业务处理。

具体任务

- 恢复“222账套备份/任务18备份”。

❖ 提示：

222账套中综合实验一的初始数据，即书中222账套从“任务1”至“任务18”及所进行的总账业务处理(在总账系统中审核记账凭证、记账及生成结转期间损益转账凭证、审核并记账)及结账后的结果。

- 可以独立完成全部业务操作，或者以小组为单位，模拟一个企业的财务与业务人员，完成四方公司2022年2月的日常业务处理并进行期末业务处理。

建议：

如果以小组为单位完成任务，建议每小组4~6人，其角色分别为会计主管、会计、出纳、采购员、销售员和仓库管理员。此综合实验还可以作为期末考试用案例。

案例

(1) 2022年2月1日，销售部和伟力公司、碧兴公司分别达成如附表A-1所示的销售协议，增值税税率均为13%。

附表A-1 销售部和伟力公司、碧兴公司达成的销售协议

购货单位	存货	数量	无税单价	预发货日期
伟力公司	12奇达	1	18 820	2月6日
	12奇天	3	12 900	2月6日
碧兴公司	12奇达	2	18 800	2月6日
	12奇天	3	12 900	2月6日

(2) 2022年2月3日，采购部与兄弟公司和长江公司分别达成如附表A-2所示的订货协议，增值税税率均为13%。

附表A-2 采购部与兄弟公司和长江公司达成的订货协议

供货单位	存货	数量	单价	计划到货日期
兄弟公司	HYH	1000	11.08	2月18日
	FDS	10	3 200	2月18日
长江公司	CHK	15	6 600	2月18日

(3) 2022年2月6日，将伟力公司和碧兴公司订购的“12奇达”和“12奇天”按订单从成品库发货，并按订货价开出销售专用发票。

(4) 2022年2月15日，产品库完工入库“12奇达”10台、“12奇天”10台。

(5) 2022年2月18日，收到碧兴公司网银行转账42 488元，支付2022年2月6日购买“12奇达”2台的货税款。

(6) 2022年2月18日，由采购部向兄弟公司订购的HYH和FDS到货并验收到原料库。HYH为1000千克，FDS为10台，分别收到一张100元的运费发票(运费税率为9%)和一张专用发票(增值税税率为13%)。

(7) 2022年2月20日，经与兄弟公司协商，将2月18日到货的全部应付款(货款48 680.4元，运费100元)以预付账款抵付。

(8) 2022年2月20日，由采购部向长江公司订购的CHK到货，验收到原料库，入库数量为14.8千克，收到一张专用发票(增值税税率为13%)，发票数量为15千克，发生定额内损耗0.2千克。

(9) 2022年2月25日，未进行订货处理，直接向长江公司采购3台FDS，并开出单价为3 000元的采购专用发票(增值税税率为13%)，货物已验收入库(原料库)；当即网银转账10 170元支付全部货税款。

(10) 2022年2月完工入库“12奇达”10台，总成本为103 000元；“12奇天”10台，总成本为88 000元。

(11) 完成2022年2月所有业务处理，生成相应凭证并登记相关账簿，并完成2月份结账工作。

附录B 综合实验二

任务导入

一、企业基本信息

1. 财务部人员及其分工(见附表B-1)

附表B-1　财务部人员及其分工

姓名	岗位	操作权限
沈　莹	财务主管	账套主管
张建平	总账会计	公用目录设置、总账、应收款、应付款、存货
刘　洁	出纳	总账、应付管理、应收管理、采购管理、销售管理
史　为	业务主管	公用目录设置、采购管理、销售管理、库存管理
陈　铁	仓库管理员	公用目录设置、库存管理

2. 单位信息

企业名称为“宏图股份有限公司”，从2022年1月起使用“用友U8 企业管理软件”处理会计业务，同时启用“总账”“采购”“销售”“库存”“存货”“应收款”“应付款”系统。企业执行“2007年新会计制度科目”，不需要对存货、客户及供应商进行分类。企业的开户行为“工商银行北京分行中关村分理处”(银行账号为123-12345678)。

3. 职员档案(见附表B-2)

附表B-2　职员档案

职员名称	所属部门
01-沈　莹	1-财务部
02-张建平	1-财务部
03-刘　洁	1-财务部
04-史　为	2-业务部
05-陈　铁	2-业务部
06-黄　华	3-行政部
07-王小云	3-行政部

4. 客户档案(见附表B-3)

附表B-3 客户档案

客户名称	税号	开户行	账号
01-天狮股份有限公司	90-120	工商银行沈阳分行	024432156789
02-大成有限责任公司	80-560	工商银行沈阳分行	024321456789
03-三点三股份有限公司	20-210	工商银行北京分行	010213456789
04-宏桥有限责任公司	10-543	工商银行北京分行	010123456789

5. 供应商档案(见附表B-4)

附表B-4 供应商档案

供应商名称	供应商简称
01-当代股份有限公司	当代公司
02-双安有限责任公司	双安公司
03-君泰股份有限公司	君泰公司
04-诺奇有限责任公司	诺奇公司

6. 结算方式(见附表B-5)

附表B-5 结算方式

结算方式编码	结算方式名称
1	现金结算
2	转账支票
3	银行汇票
4	网银转账

7. 计量单位(见附表B-6)

附表B-6 计量单位

序号	计量单位编码	计量单位名称	计量单位组编码	计量单位组名称	计量单位组类别
1	01	千克	01	无换算计量单位组	无换算率
2	02	台	01	无换算计量单位组	无换算率
3	03	次	01	无换算计量单位组	无换算率

8. 总账系统期初余额(见附表B-7)

附表B-7 总账系统期初余额

科目名称	方向	期初余额
库存现金(1001)	借	20 000
银行存款(1002)	借	80 800
应收账款(1122)	借	22 600
原材料(1403)	借	130 000
库存商品(1405)	借	47 400
固定资产(1601)	借	420 000
累计折旧(1602)	贷	21 440

（续表）

科目名称	方向	期初余额
短期借款(2001)	贷	190 320
应付账款(2202)	贷	9 040
实收资本(或股本)(4001)	贷	500 000

其中应收账款为2021年12月11日销售给天狮公司A产品10台，每台售价2 000元(增值税税率为13%)的货税款22 600元；应付账款为2021年12月16日向当代公司购买甲材料10千克，单价800元(增值税税率为13%)的货税款9 040元。

其中存货的期初余额如附表B-8所示。

附表B-8　存货的期初余额

存货名称	计量单位	数量	单价	金额	合计	仓库
甲材料	千克	100	800	80 000	130 000	原料库
乙材料	千克	100	500	50 000		
A产品	台	20	1 170	23 400	47 400	成品库
B产品	台	30	800	24 000		

9. 存货档案(见附表B-9)

附表B-9　存货档案

存货名称	计量单位	存货属性
11-甲材料	千克	外购、生产耗用
12-乙材料	千克	外购、生产耗用
21-A产品	台	内销、自制
22-B产品	台	内销、自制
91-运费	次	应税劳务

10. 仓库档案(见附表B-10)

附表B-10　仓库档案

仓库名称	所属部门	计价方式
01-原料库	行政部	先进先出法
02-成品库	行政部	全月平均法

11. 收发类别(见附表B-11)

附表B-11　收发类别

类别编码	类别名称	收发标志
1	入库	收
11	采购入库	收
12	产成品入库	收
13	其他入库	收
2	出库	发
21	材料领用出库	发
22	销售出库	发
23	其他出库	发

12. 采购类型(见附表B-12)

附表B-12　采购类型

采购类型名称	入库类别	是否默认值
01-材料采购	11-采购入库	是

13. 销售类型(见附表B-13)

附表B-13　销售类型

销售类型名称	出库类别	是否默认值
01-产品销售	22-销售出库	是
02-材料销售	22-销售出库	否

二、2022年1月发生的经济业务

(1) 2022年1月9日，企业向当代公司订购材料一批，税率均为13%，如附表B-14所示。

附表B-14　企业向当代公司订购的材料

供货单位	存货	数量	单价	计划到货日期
当代公司	甲材料	10	800	1月12日
	乙材料	10	500	1月12日

(2) 2022年1月10日，以网银转账方式支付办公用品费565元，其中增值税65元。

(3) 2022年1月11日，以转账支票支付行政部的设备修理费13 560元，其中增值税1 560元。

(4) 2022年1月12日，收到2022年1月9日向当代公司订购的甲材料和乙材料验收到的“原料库”。检验发票后当即以网银转账方式支付全部的货税款。

(5) 2022年1月12日，企业与天狮公司分别达成如附表B-15所示的销售协议，税率均为13%。

附表B-15　企业与天狮公司达成的销售协议

购货单位	存货	数量	报价	预发货日期
天狮公司	A产品	5	2 000	1月15日
	B产品	3	1 500	1月15日

(6) 2022年1月20日，产品库完工入库A产品10台，B产品10台。

(7) 2022年1月15日，将天狮公司订购的A产品和B产品按订单从“成品库”发货并开具发票。

(8) 2022年1月18日，收到天狮公司购买A产品和B产品的全部货税款。

(9) 经计算本月完工产品总成本分别为：A产品总成本12 350元；B产品总成本8 260元。

具体任务

- 设置操作员、建立账套并设置操作员的权限。
- 进行基础设置。

- 录入总账系统的期初余额。
- 分别进行采购管理、应付款管理、销售管理、应收款管理、库存管理和存货核算系统的初始化。
- 分别录入采购管理、应付款管理、销售管理、应收款管理、库存管理和存货核算系统的期初余额，录入余额后与总账系统进行对账。
- 分别进行采购管理系统和存货核算系统的期初记账。
- 分别完成总账管理、采购管理、应付款管理、销售管理、应收款管理、库存管理和存货核算系统日常业务处理的操作。
- 分别完成总账管理、采购管理、应付款管理、销售管理、应收款管理、库存管理和存货核算系统的期末业务处理。
- 编制资产负债表和利润表。

经验分享

1. 关于系统管理的操作

在设置操作员时应自行设置操作员的编号。

在设置账套时应自行设置账套号和账套名称，企业执行“2007年新会计制度科目”，不对存货、客户和供应商进行分类，分类编码方案要结合企业的期初资料进行设定。

在建立账套后应直接启用“总账”“财务报表”“采购”“应付款”“销售”“应收款”“库存”和“存货”系统，启用日期均为“2022年1月1日”。

在设置操作员权限时可以充分考虑企业工作岗位的划分而自行设置。

2. 关于基础设置

根据所给资料依次按基础设置的菜单顺序进行相应的基础设置，基础设置中的编号一律按已设定的编码规则自行设定。

在设置会计科目时应在充分考虑企业的期初数据资料和日常业务处理需要的情况下设定。由于企业同时启用总账系统和供应链系统，因此，在设置会计科目时应将往来类科目设置为供应商及客户往来类会计科目，并受控于应付及应收系统，而现金及银行存款类科目则应设置为日记账及银行存款的银行账科目。

3. 关于录入总账系统的期初余额

由于总账系统的期初余额中包括往来账的期初余额，并且往来款类的会计科目已经设置了供应商及客户往来的辅助核算，因此，在录入往来类期初余额时就录入其明细账内容。

在录入完成全部的期初余额后应进行试算平衡。

4. 关于供应链系统的初始化

首先要充分考虑各系统的参数设置，如果觉得系统的初始设置不符合企业的要求，可以进行修改。此案例可以默认系统的设置，不做修改。

进行应付款管理系统的初始设置。

进行应收款管理系统的初始设置。

进行存货核算系统各种科目的设置，此设置直接影响由系统自动生成凭证时是否可以直接生成对应的会计科目，可以参考书中相应的例题进行设置。

5. 关于录入供应链系统的期初余额

录入采购系统的期初余额，实际上就是录入暂估入库和在途物资的余额，即使没有期初余额，也要执行采购系统的“期初记账”；录入应付系统的期初余额，实际上就是录入供应商往来的期初余额，单据类型是“采购专用发票”。录入期初余额后要与总账进行对账。

录入销售系统的期初余额，主要就是销售期初发货单；录入应收款系统的期初余额，实际上就是录入客户往来的期初余额，单据类型是“销售专用发票”。录入期初余额后要与总账进行对账。

存货的期初余额既可以在库存管理系统录入，也可以在存货核算系统录入，库存系统的期初数据录入完成后要进行批审，录入存货的期初余额后要分别对原料库和成品库进行记账。

6. 关于日常业务处理

此案例中的日常业务处理分别涉及总账管理、采购管理、应付款管理、销售管理、应收款管理、库存管理和存货核算等多个系统，应针对业务的内容分别找到ERP企业管理软件中的相应功能模块进行处理。

案例中日常费用的报销直接在总账系统中填制凭证即可。

采购业务的处理应分别在采购管理系统、应付款管理系统、库存管理系统和存货核算系统中进行业务处理和会计核算。其中，在采购管理系统中填制采购订单、采购到货单、采购发票，进行采购结算、采购付款处理；在库存系统中录入审核采购入库单；在存货核算系统中进行正常单据记账后分别生成采购入库成本核算的记账凭证。

第4笔业务可以采用现付的方式进行付款处理。

销售业务的处理应分别在销售管理系统、应收款管理系统、库存管理系统和存货核算系统中进行业务处理和会计核算。其中，在销售管理系统中填制销售订单、销售发货单、销售发票，进行销售收款处理；在库存系统中生成和审核销售出库单；在存货核算系统中进行正常单据记账后分别生成出库成本核算的记账凭证。

7. 关于期末业务处理

此业务分别进行采购管理、应付款管理、销售管理、应收款管理和库存管理的期末结账处理。

对存货系统进行产成品成本的分配处理，进行存货核算系统的正常单据记账、生成产成品入库的记账凭证。

对存货核算系统进行期末处理，生成销售成本结转的记账凭证。

在总账系统中审核所有记账凭证并进行记账。

在总账系统中进行“期间损益”自动转账凭证的设置，生成结转期间损益自动转账凭证。

更换操作员，对已经生成的结转期间损益的转账凭证进行审核并记账。

8. 关于编制会计报表

利用系统中已预置的会计报表模板生成会计报表。

在选择会计报表模板时一定要选择“2007年新会计制度科目”，时间为“2022年1月”。